全国高职高专规划教材——工学结合教材

成本会计实务

祁金祥　王　娟　主编

中国环境出版社・北京

图书在版编目（CIP）数据

成本会计实务/祁金祥，王娟主编. —北京：中国环境出版社，2016.1

全国高职高专规划教材. 工学结合教材

ISBN 978-7-5111-2565-1

Ⅰ. ①成… Ⅱ. ①祁… ②王… Ⅲ. ①成本会计—高等职业教育—教材 Ⅳ. ①F234.2

中国版本图书馆 CIP 数据核字（2015）第 239046 号

出 版 人 王新程
责任编辑 黄晓燕 候华华
责任校对 尹 芳
封面设计 宋 瑞

出版发行 中国环境出版社
（100062 北京市东城区广渠门内大街 16 号）
网 址：http://www.cesp.com.cn
电子邮箱：bjgl@cesp.com.cn
联系电话：010-67112765（编辑管理部）
010-67112735（环评与监察图书分社）
发行热线：010-67125803，010-67113405（传真）
印 刷 北京市联华印刷厂
经 销 各地新华书店
版 次 2016 年 1 月第 1 版
印 次 2016 年 1 月第 1 次印刷
开 本 787×960 1/16
印 张 19.5
字 数 356 千字
定 价 33.00 元

编审人员

主　　编　祁金祥（南通科技职业学院）

王　娟（江苏工程职业技术学院）

副 主 编　孙佳勇（河北科技大学唐山分院）

顾美君（南通科技职业学院）

蔡　平（南通科技职业学院）

编写人员　魏永新（南通欣利财税咨询有限公司）

王　越（江苏省南通市地方税务局法规处）

郁　东（江苏公证天业会计师事务所南通分所）

主　　审　丛学年（江苏洋河集团）

序　言

工学结合人才培养模式经由国内外高职高专院校的具体教学实践与探索，越来越受到教育界和用人单位的肯定和欢迎。国内外职业教育实践证明，工学结合、校企合作是遵循职业教育发展规律，体现职业教育特色的技能型人才培养模式。工学结合、校企合作的生命力就在于工与学的紧密结合和相互促进。在国家对高等应用型人才需求不断提升的大环境下，坚持以就业为导向，在高职高专院校内有效开展结合本校实际的“工学结合”人才培养模式，彻底改变了传统的以学校和课程为中心的教育模式。

《全国高职高专规划教材——工学结合教材》丛书是一套高职高专工学结合的课程改革规划教材，是在各高等职业院校积极践行和创新先进职业教育思想和理念，深入推进工学结合、校企合作人才培养模式的大背景下，根据新的教学培养目标和课程标准组织编写而成的。

本套丛书是近年来各院校及专业开展工学结合人才培养和教学改革过程中，在课程建设方面取得的实践成果。教材在编写上，以项目化教学为主要方式，课程教学目标与专业人才培养目标紧密贴合，课程内容与岗位职责相融合，旨在培养技术技能型高素质劳动者。

前　言

本书是按照2000年7月1日起施行的《会计法》、2007年1月1日起实施的会计准则体系和2013年1月1日起实施的《小企业会计准则》等要求，针对会计及相关专业学生在成本会计工作岗位上中所需要的基本技能进行分解，本着“项目导向、任务驱动”原则，设计出一系列工作情境。

本书将你置身于一个生产型企业的成本会计岗位，你在会计工作过程中要解决一系列的问题，根据这些问题设计成四篇，分别是：第1篇：成本核算的基础知识认知（成本会计认知和认知成本核算要求和程序）；第2篇：成本核算的基本技能训练（要素费用、辅助生产费用、制造费用、生产损失和完工产品与月末在产品成本的归集与分配）；第3篇：成本核算的实务技能训练（品种法、分批法、分步法、分类法和定额法的实际运用）；第4篇：成本核算的拓展技能训练（成本报表编制、成本分析和成本控制）。

本书汇聚了“政、行、企、校”的智慧与力量。以企业会计准则体系和会计基础工作规范等相关法律法规为依据，在多年会计实战和教学经验的基础上，邀请了政府税务专家、行业协会专家、上市公司财务总监和具有丰富的实践教学经验的“双师型”骨干教师编写了《成本会计实务》教材。本教材吸收了我们近几年教学改革的最新成果，力求使教室还原为工作场所、教学内容工作情境化，开展理实一体“教、学、做”相融合的仿真教学。

本书由祁金祥和王娟任主编，孙佳永、顾美君和蔡平任副主编，魏永新、王越、郁东等参加编写。本书由江苏洋河集团财务总监丛学年先生审稿，在审定过程中提出了许多宝贵意见。在编写的过程中，得到了南通科技职业学院和江苏工程职业技术学院的各位领导的大力支持，在此表示衷心的感谢。

书中难免有错误和不当之处，敬请广大读者批评指正。

编者

2015 年 7 月

目　录

第 1 篇　成本核算的基本知识认知

学习目标

通过本篇的学习，要求学生理解成本和成本的作用，掌握和理解成本会计对象；了解认知成本会计工作，理解成本核算的原则和要求，掌握支出、费用和产品成本之间的关系和成本核算的账户设置和基本程序，培养良好的职业岗位兴趣和职业道德。

单元导航

市场经济机制下的企业竞争主要是产品价格和质量的竞争，而价格的竞争归根到底是成本的竞争。企业经济效益的好坏、市场竞争力的强弱在很大程度上取决于成本的高低，因此，成本是一个企业生存和发展的核心问题。作为未来财会行业“准职业人”的各位同学毕业后很多人会在企业的会计岗位上从事成本核算工作或其他相关工作，成长为企业管理的骨干甚至企业家。你想认识成本、了解成本，并掌握与成本相关的核算和管理的知识与方法吗？好吧，就让我们从成本会计的基本知识认知开始吧！

本篇通过两个项目来介绍成本会计的基础知识。项目一认知成本会计，具体介绍成本和成本的作用、成本会计对象和成本会计工作；项目二认知成本核算要求和程序，具体介绍认知成本核算的原则和要求、费用的分类和成本核算的账户设置和基本程序。

学习建议

本篇以认知学习为主，介绍成本会计的基本理论和基础知识，是学好本课程的前提，要认真把握，为后续学习奠定基础。

支出、费用和产品成本之间的关系是本篇的重点，在学习时不能死记硬背，要理解和掌握它们的内在规律；成本核算要求和程序也是重点，可通过企业认知实习的方式熟悉成本核算岗位的工作职责。

项目 1　认知成本会计

案例引入

张三、李四和王五是大学时的好友，他们分别毕业于会计学、市场营销和计算机专业。毕业后他们合办了一家公司，专门从事会计核算软件的开发生产和销售业务。该公司的办公和生产经营用房是租用的，每年租金 15 万元，购买设备 30 万元，可使用 5 年，第一年度共购进用于软件开发和生产的材料 10 万元，用于推销产品发生的开支 15 万元，职工工资 20 万元，办公费用 5 万元，支付市有关管理部门罚款 5 万元，全年总收入 95 万元。看到这种情况，王五说："收入 95 万元，成本 100 万元，辛辛苦苦干了一年还亏了 5 万元，不合算。"李四接着说："真是的，还不如受聘到雾都计算机公司搞营销，每年还能拿到 5 万元工资，但你说成本 100 万元是不对的，应该说支出共 100 万元。"张三听了以后，忍不住笑着说："你们说的都不正确，不是成本或支出 100 万元，确切地讲，应该是成本、费用和支出 100 万元；另外，今年也不是亏本 5 万元，而是盈利近 20 万元。但李四说的，如不办该公司，而是受聘到雾都计算机公司搞营销能拿到的 5 万元工资，对李四个人来说也是成本。"听了张三的话，他们俩都闹糊涂了：到底怎么回事呢？成本还这么麻烦和重要？本项目内容将给你明确的回答。

现代社会，企业间竞争异常激烈，优胜劣汰成为必然。作为生产企业来说，企业竞争实质上是产品竞争。产品竞争优势的决定因素很多，如价格、款式、质量、售后服务等，但价格是最重要的一个因素。因为企业达到一定的经营管理水平后，产品竞争就是价格竞争。价格取决于成本。因此，正确核算并加强成本管理成为企业内部管理追求的重要目标。现代成本会计也正是适应这种要求而产生和发展的。本章作为全书的总括，主要对成本概念、成本信息的作用以及成本会计的对象、成本会计的职能和任务进行了阐述，同时还介绍了为完成成本会计任务而建立的组织机构形式。

任务 1.1　认知成本和成本的作用

一、成本的经济实质

成本作为一个价值范畴，在社会主义市场经济中是客观存在的。加强成本管理，努力降低成本，无论对提高企业经济效益，还是对提高整个国民经济效益，都是极为重要的。而要做好成本管理工作就必须首先从理论上充分认识成本的经济实质。

马克思指出：按照资本主义方式生产的每一个商品的价值 W，用公式来表示是 $W=C+V+M$，其中 C 为不变资本，即生产资料价值；V 为可变资本，即劳动力价值；M 为剩余价值。如果从这个产品价值 W 中减去剩余价值 M，那么，在商品中剩下的只是一个在生产要素上耗费去的资本价值 $C+V$ 的等价物或补偿价值。只是补偿商品使资本家自身耗费的东西，所以对资本家来说，这就是商品的成本价格。马克思在这里称为商品的“成本价格”的那部分商品价值，指的就是商品成本。

社会主义市场经济与资本主义市场经济有着本质的区别。但两者都是商品经济，在社会主义市场经济中，企业作为自主经营、自负盈亏的商品生产者和经营者，其基本的经营目标就是向社会提供商品，满足社会的需要，同时要以商品的销售收入抵偿自己在商品的生产经营中所支出的各种费用，并取得盈利。只有这样，才能使企业以致整个社会得以发展。因此，商品价值、成本、利润等经济范畴，在社会主义市场经济中，仍然有其存在的客观必然性。

在社会主义市场经济中，产品的价值仍然由三个部分组成：①已耗费的生产资料转移的价值 C；②劳动者为自己劳动所创造的价值 V；③劳动者为社会劳动所创造的价值 M。从理论上讲，上述的前两部分，即 $C+V$，是商品价值中的补偿部分，构成商品的理论成本。

综上所述，可以对成本的经济实质概括为：生产经营过程中所耗费的生产资料转移的价值和劳动者为自己劳动所创造的价值的货币表现，也就是企业在生产经营中所耗费的资金的总和。

知识链接

成本趣解

“成”就是成功、完成，即完成我们事先设想的预期目标。“成”字左边是个“人”，一条腿是跪着的，右边是个“戈”，这说明只有人拿着武器去战斗才可能成功，不付出牺牲不可能成功。当然，这里的牺牲不是指去杀人，而是借用战争术语，其实质是指我们要付出艰苦努力和辛勤汗水。

“本”是指资本、本钱、投入。“本”字上面是个“木”字，代表树干和果实；下面是个“一”字，代表土地，象征事物下面有个根。这说明什么？说明万法归一。学佛的人说：“菩萨畏因，众生畏果。”即众生只关注结果、关注成功，而菩萨却关注原因、关注根本！根本的问题解决了，果报是自然而然的了。这就是随顺道，是天人合一。道家的“道德”两字也是这样，儒家的“知行”也是这个意思。

成本，是指为了达成目标，通过人的努力所付出的代价。从前文我们可以看到，成功需要人们拿起武器，付出牺牲。提到武器，我们不得不提到《孙子兵法》。孙子说：“攻城为下，攻心为上。”仅靠投入来获得成功不是好办法，而开动脑筋，研究事物的成因，以最低的投入来获得成功，这才是根本。

应当指出的是，以上只是从理论上说明了成本的经济实质和成本应包括的客观内容，就实际工作中的成本计算来说，还需要说明以下两个方面的问题：

1. 在实际工作中，成本的开支范围是由国家通过有关法规制度来界定的

为了促使企业加强经济核算，减少生产损失，对于劳动者为社会劳动所创造的某些价值，如财产保险费等，以及一些不形成产品价值的损失性支出，如工业企业的废品损失、季节性和修理期间的停工损失等，也计入了成本。可见，实际工作中的成本开支范围与理论成本包括的内容是有一定差别的。就上述的废品损失、停工损失等损失性支出来说，从实质上看，并不形成产品价值，它不是产品的生产性耗费，而是纯粹的损耗，按其性质并不属于成本的范围。但是考虑到经济核算的要求，将其计入成本，可促使企业改进经营管理。当然，对于成本实际开支范围与成本经济实质的背离，必须严格限制，否则，成本的计算就失去了理论依据。

2. “成本”概念是就企业生产经营中所发生的全部劳动耗费而言的，即是一个“全部成本”的概念

在实际工作中，是将成本范畴全部对象化，从而计算产品的全部成本，还是将其按一定的标准分类，一部分计入产品成本，另一部分计入期间费用，则取决于成本核算制度。

如按照现行工业企业会计制度的规定，企业应采用制造成本法计算产品成本，从而将企业生产经营中所发生的全部劳动耗费相应地分为产品制造成本（生产成本）和经营管理费用（期间费用）两大部分。在这里，产品的制造成本是指为制造产品而发生的各种费用的总和，包括耗用的原材料、生产工人工资和福利费以及全部制造费用。期间费用则包括管理费用、销售费用和财务费用，在制造成本法下，这些费用不计入产品成本，而是直接计入当期损益。

二、成本的作用

成本的经济实质决定了成本在经济管理工作中具有十分重要的作用。

（1）成本是补偿生产耗费的尺度。

为了保证企业再生产的不断进行，必须对生产耗费，即资金耗费进行补偿。企业是自负盈亏的商品生产者和经营者，其生产耗费是用自身的生产成果，即销售收入来补偿的。而成本（既包括制造成本，也包括期间费用）就是衡量这一补偿份额大小的尺度。如果企业不能按照成本来补偿生产耗费，企业资金就会短缺，再生产就不能按原有的规模进行。可见，成本是划分生产经营耗费和企业纯收入的依据，在一定的销售收入中，成本越低，企业纯收入就越多。成本作为补偿生产耗费尺度的作用，对经济发展有着重要的影响。

（2）成本是综合反映企业经济核算的重要指标。

成本是一项综合性的经济指标，企业经营管理中各方面工作的业绩，都可以直接或间接地在成本上反映出来。例如，产品设计的好坏、生产工艺的合理程度、固定资产的利用情况、原材料消耗的节约与浪费、劳动生产率的高低、产品质量的高低、产品产量的增减以及供、产、销各环节的工作是否衔接协调等，都可以通过成本直接或间接地反映出来。

成本是综合反映企业经济核算的指标，因而可以通过对成本的计划、控制、监督、考核和分析等来促使企业以及企业内各单位加强经济核算，努力改进管理，降低成本，提高经济效益。例如，通过正确确定和认真执行企业以及企业内部各单位的成本计划指标，可以事先控制成本水平和监督各项费用的日常开支，促使企业及企业内部各单位努力降低各种耗费；又如通过成本的对比和分析，可以及时发现在物化劳动和活劳动消耗上的节约或浪费情况，总结经验，找出工作中的薄弱环节，采取措施挖掘潜力，合理地使用人力、物力和财力，从而降低成本，提高经济效益。

（3）成本是制定产品价格的一项重要因素。

在商品经济中，产品价格是产品价值的货币表现。产品价格应大体上符合其价值。无论是国家还是企业，在制定产品价格时都应遵循价值规律的基本要求。但在现阶段，人们还不能直接计算产品的价值，而只能计算成本，通过成本间接地、相对地掌握产品的价值。因此，成本就成了制定产品价格的重要因素。

当然，产品的定价是一项复杂的工作，应考虑的因素很多，例如国家的价格政策及其他经济政策、各种产品的比价关系、产品在市场上的供求关系及市场竞争的态势等，所以产品成本只是制定产品价格的一项重要因素。

（4）成本是企业进行决策的重要依据。

努力提高在市场上的竞争能力和经济效益，是社会主义市场经济条件下对企业的客观要求。而要做到这一点，企业首先必须进行正确的生产经营决策。进行生产经营决策，需要考虑的因素很多，成本是其中应考虑的主要因素之一。这是因为，在价格等因素一定的前提下，成本的高低直接影响着企业盈利的多少；而较低的成本，可以使企业在市场竞争中处于有利地位。

任务 1.2　认知成本会计对象

一、成本会计的对象

成本会计是以成本费用为对象，通过费用的归集和分配，从而计算产品成本，提供管理上所需成本费用信息的一种专业会计。因此，成本会计的对象就是成本会计核算和监督的内容，即成本费用。明确成本会计的对象，对于确定成本会计的任务，研究和运用成本会计的方法，更好地发挥成本会计在经济管理中的作用，有着重要的意义。

前一个任务对成本的经济实质进行了说明。从理论上讲，成本所包括的内容，也就是成本会计应该核算和监督的内容，但为了更为详细、具体地了解成本会计的对象，还必须结合企业的具体生产经营过程和现行企业会计准则的有关规定来加以说明。下面以工业企业为例，说明成本会计核算和监督的内容。

工业企业的基本生产经营活动就是生产和销售产品。在产品的生产过程中，即从原材料投入生产到产品完工的整个过程中，一方面制造出产品，另一方面要发生各种各样的生产耗费。这一过程中的生产耗费，概括地讲，包括劳动资料与劳动对象等物化劳动耗费和活劳动耗费两大部分。其中房屋、机器设备等作为固定资产的劳动资料，在生产过程中长期发挥作用，直至报废而不改变其实物形态，但其价值则随着固定资产的磨损，通过计提折旧的方式，逐渐地、部分地转移到所制造的产品中去，构成产品生产成本的一部分；原材料等劳动对象在生产过程中或者被消耗掉，或者改变其实物形态，其价值也随之一次性全部地转移到新产品中去，也构成产品生产成本的一部分；生产过程是劳动者借助于劳动工具对劳动对象进行加工、制造产品的过程，通过劳动者对劳动对象的加工，才能改变原有劳动对象的使用价值，并且创造出新的价值来。其中劳动者为自己劳动所创造的那部分价值，则以工资形式支付给劳动者，用于个人消费，因此，这部分工资也构成产品生产成本的一部分。具体来说，在产品的制造过程中发生的各种生产耗费，主要包括原料及主要材料、辅助材料、燃料等的支出，生产单位（如工厂、车间）固定资产的折旧，直接生产人员及生产单位管理人员的薪酬以及其他一些货币支出等。所有这些支出，就构成了企业在产品制造过程中的全部生产费用，而为生产一定种类、一定数量产品而发生的各种生产费用支出的总和就构成了产品的生产成本。上述产品制造过程中各种生产费用的支出和产品生产成本的形成，就是成本会计应核算和监督的主要内容。

在产品的销售过程中，企业为销售产品也会发生各种各样的费用支出。例如，应由企业负担的运输费、装卸费、包装费、保险费、展览费、差旅费、广告费，以及专设销售机构的人员薪酬和其他经费等。所有这些为销售本企业产品而发生的费用，构成了企业的销售费用。销售费用也是企业在生产经营过程中所发生的一项重要费用，其支出和归集过程，也成为成本会计应核算和监督的内容。

企业的行政管理部门为组织和管理生产经营活动，也会发生各种各样的费用。例如，企业行政管理部门人员的薪酬、固定资产折旧费和修理费、工会经费、业务招待费、无形资产摊销等。这些费用统称为管理费用。企业的管理费用，也是企业在生产经营过程中所发生的一项重要费用，其支出和归集过程，也成为成本会计应核算和监督的内容。

此外，企业为筹集生产经营所需资金等也会发生一些费用。例如，利息净支出、汇兑净损失、金融机构的手续费等。这些费用统称为财务费用。财务费用也是企业在生产经营过程中发生的费用，其支出和归集过程，也成为成本会计应核算和监督的内容。

上述的销售费用、管理费用和财务费用，与产品生产没有直接联系，而是按发生的期间归集，直接计入当期损益，因此，它们构成了企业的经营管理费用（期间费用）。

因此，对于工业企业来说，可以把其成本会计的对象概括为：工业企业生产经营过程中发生的产品生产成本和经营管理费用（期间费用）。

商品流通企业、交通运输企业、施工企业、房地产开发企业、农业企业等其他行业企业的生产经营过程虽然各有其特点，但按照现行会计准则的有关规定，从总体上看，它们在生产经营过程中所发生的各种费用，同样是部分形成企业的生产经营业务成本，部分作为期间费用直接计入当期损益。

综上所述，从企业会计准则的有关规定出发，可以把成本会计的对象概括为：企业生产经营过程中发生的生产经营业务成本和有关的经营管理费用（期间费用），简称成本、费用。所以，成本会计实际上是成本、费用会计。

以上按照现行企业会计准则的有关规定，对成本会计的对象进行了概括性的阐述。但成本会计不仅应该按照现行会计准则的有关规定为企业正确确定利润和进行成本管理提供可靠的生产经营业务成本和期间费用信息，而且应该从企业内部经营管理的需要出发，提供多方面的成本信息。例如，为了进行短期的生产经营的预测和决策，应计算变动成本、固定成本、机会成本和差别成本等；为了加强企业内部的成本控制和考核，应计算可控成本和不可控成本；为了进一步提高成本信息的决策相关性，还可以计算边际成本、目标成本、标准成本、责任成本，等。上述按照现行制度的有关规定所计算的成本（包括生产经营业务成本和期间费用），可称为财务成本；为企业内部经营管理的需要所计算的成本，可称为管理成本。财务成本和管理成本组成了多元化的成本体系。因此，现代成本会计的对象，总括地说应该包括各行业企业的财务成本和管理成本。现代成本会计就是以这些成本为对象的一种专业会计。

二、支出、费用与产品成本之间的关系

由于成本是一种耗费可见成本与费用的渊源，而费用又与支出有关。因此，要深刻理解成本会计的对象，对支出、费用、成本之间的关系必须有明确的认识。下面我们以工业生产企业为例，简要说明它们之间的联系与区别。

1．支出

支出是指企业在生产经营活动中发生的一切开支与耗费。一般而言，企业的支出可分为资本化支出、费用化支出、所得税支出、营业外支出和利润分配支出五大类。

（1）资本化支出，是指该支出的发生与资产的形成有关，计入资产成本。如企业购建固定资产和无形资产支出、投资性房地产支出、对外投资支出等。

（2）费用化支出，是指一项支出的发生与费用形成有关，直接计入当期费用。如企业为生产产品而发生的材料费、人工费、制造费用，为经营管理而发生的销售费用、管理费用、财务费用。

（3）所得税支出，是指企业在取得经营所得与其他所得的情况下，按国家税法规定计算缴纳的税金支出。所得税支出作为企业的一项特殊费用，发生时作为

所得税费用，冲减当期损益。

（4）营业外支出，是指企业发生的与企业生产经营活动没有直接关系的各项支出，如企业被没收的财物以及违反法律规定支付的各项滞纳金、罚款支出、企业对外赞助、捐赠支出、固定资产盘亏支出以及各种非常损失等。这些支出与企业生产经营活动没有直接联系，作为一项损失，发生时直接冲减当期损益。

（5）利润分配支出，是指在企业利润分配环节的支出，即企业向投资者分配的利润，如支付的现金股利等；这项支出既不形成资产，也不形成费用，也不作为损失，发生时直接作为利润分配支出，减少当期未分配利润。

2．费用

费用是指企业为销售商品、提供劳务等日常活动所发生的经济利益的流出。具体体现为企业在获取商品销售或劳务提供等收入过程中，对企业拥有或控制的资产的耗费。企业在生产经营活动过程中为获取营业收入需提供商品或劳务，在提供商品或劳务过程中会发生各种耗费，如原材料费用、动力费用、人工费用、固定资产折旧费等。这些耗费或为制造产品而发生，或为实现产品销售而发生，或为以后期间取得收入而发生。费用按其同产品生产的关系可划分为生产费用和期间费用两类。

（1）生产费用，是指产品生产过程中发生的物化劳动和活劳动的货币表现，如直接材料、直接人工和制造费用等耗费，这些费用同产品生产有着密切关系，发生时直接或间接计入产品成本。

（2）期间费用，是指在企业经营管理活动过程中发生的各项费用，如销售费用、管理费用和财务费用等，这些费用同产品的生产没有直接关系，发生时不计入产品成本，而直接计入当期损益。

费用是企业支出的构成部分，在企业支出中，凡是与企业的日常生产经营活动有关的经济利益的流出部分可列为费用，否则，不能列为费用。

3．产品成本

生产费用和产品成本是两个既相互联系又相互区别的概念。生产费用按一定的产品加以归集和汇总，就是产品成本。所以，生产费用是产品成本的基础，而产品成本则是对象化的生产费用。但生产费用反映的是一定时期内发生的费用，而产品成本则是反映某一时期内某种产品所应承担的费用。根据权责发生制原则，企业某一期间发生的生产费用与归属产品的期间并不完全一致，即归属于当期产品成本中的生产费用有一部分是当期发生的，有一部分则可能是以前会计期间发生的；归属于本期间的生产费用也不一定就归属于当期产品成本，可能会由以后期间的产品来负担。所以，企业某一会计期间实际发生的生产费用总和，不一定等于该期间产品成本的总和。

工业企业的支出、费用、产品成本之间的关系如图 1-1 所示。

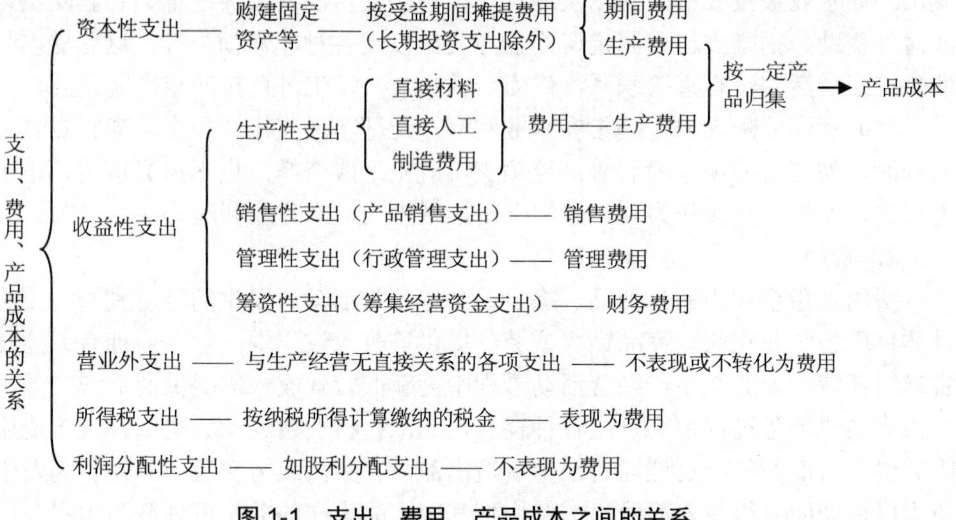

图 1-1　支出、费用、产品成本之间的关系

任务 1.3　认知成本会计工作

知识链接

最早的成本会计

中国成本会计萌芽于西汉，但是千百年来，它一直未能从专业会计中分离出来，成为一门独立的学科。据《汉书·食货志》记载，西汉时期我国酿酒业已经初步区分成本、费用、盈利的概念，当时的成本计算一般采用类似现在的“制造成本法”，并计算盈利。在西汉以前，人们对生产盈利的认识尚处于自然盈利观的阶段，西汉时期人们开始突破自然盈利的观念，树立生产盈利的观念。在盈利计算上初步有了一定的分类，并以货币为计量单位综合地考察某一方面的盈利。在湖北江陵凤凰山 10 号汉墓出土的大量竹简，也能充分证明这一点。江陵凤凰山 10 号汉墓葬于汉惠帝四年（公元前 191 年）至汉景帝四年（公元前 153 年）之间。墓中出土的竹简大都是有关商业组织的契约和簿记，其中有不少是记载我国的经营成本的核算，如：丙组简是该年六月十六日至十月十日出售货物的流水账。它是序时明细账，每笔都有日期、付出商品的名称、教量、单位、单价、销售数量、收入金额等，与后来的中式簿记通用的流水账相似。销售流水账是成本计算的条件，因此早在西汉，我国民间小型商业就采取“捞锅底账”，即通过盘点存货，采取“存除两抵”的方法计算盈亏。

由此可知，我国的成本会计渊源甚古，只不过它一直未能从各行业会计中分离出来而已。成本会计从各专业会计中分离出来，成为一门独立的学科，源于西方。

成本会计学最早产生于 16 世纪的欧洲，但自 16 世纪产生后，在整整 200 年的时间里，一直未能引起人们的足够重视。1675 年，法国学者雅克·萨里瓦出版《健全的商人》，该书奠定了成本核算的基础。但是，该书所论及的成本核算只限于商业企业，故影响不大。

为成本会计的成长树立起里程碑的，首推生活于 19 世纪末期至 20 世纪初期瑞典学者舍尔。舍尔视成本核算为会计中最重要的组成部分。20 世纪初，他在其著作中阐述了成本核算的几项著名理论和方法，因此被称为舍尔理论。舍尔理论的出现，标志着成本会计走向成熟。至此，成本会计开始以一门独立学科的面貌活跃在会计历史舞台上，并逐步在世界各国运用和发展。

我国最早研究和讲授成本会计学，是在“中华民国”时期。1935 年，我国著名会计学家、中国现代会计之父潘序伦先生撰写的《会计学》，对成本会计问题作了深入研究。除此之外，他还译著了一系列成本会计专著，为我国成本会计学的发展奠定了基础。同时他还在大学会计系、经济系开设“成本会计学”课程，要求学生们熟练地掌握成本会计的基本原理和方法。1950 年 2 月，潘序伦出版了《初级成本会计》，开启新中国出版成本会计著作之先河。

一、成本会计工作的组织

为了充分发挥成本会计的职能作用，圆满完成成本会计的任务，企业必须科学地组织成本会计工作。一般来说，企业应根据本单位生产经营的特点、规模的大小和机构的设置，以及成本管理的要求等具体情况来组织成本会计工作。成本会计工作的组织，主要包括设置成本会计机构，配备必要的成本会计人员，制定科学、合理的成本会计制度等。现分别说明如下：

1．成本会计机构

企业的成本会计机构，是在企业中直接从事成本会计工作的机构。一般而言，大中型企业应在专设的会计部门中，单独设置成本会计机构，专门从事成本会计工作；在规模较小、会计人员不多的企业，可以在会计部门中指定专人负责成本会计工作。另外，企业的有关职能部门和生产车间，也应根据工作需要设置成本会计组或者配备专职或兼职的成本会计人员。

成本会计机构内部，既可以按成本会计所担负的各项任务分工，也可以按成本会计的对象分工，在分工的基础上建立岗位责任制，使每一个成本会计人员都明确自己的职责，每一项成本会计工作都有人负责。

企业内部各级成本会计机构之间的组织分工（也称为成本会计工作的组织形式），有集中工作和分散工作两种基本方式。

所谓集中工作方式，是指企业的成本会计工作，主要由厂部成本会计机构集中进行；车间等其他单位的成本会计机构或人员只负责原始记录和原始凭证的填制，并对它们进行初步的审核、整理和汇总，为厂部成本会计机构进一步工作提供基础资料。这种工作方式的优点是：便于厂部成本会计机构及时地掌握整个企业与成本有关的全面信息；便于集中使用电子计算机进行成本数据处理；同时，还可以减少成本会计机构的层次和成本会计人员的数量。但这种工作方式不便于直接从事生产经营活动的各单位和职工及时掌握本单位的成本信息，从而不便于成本的及时控制和责任成本制的推行。

所谓分散工作方式，是指成本会计工作中的计划、控制、核算和分析分散由车间等其他单位的成本会计机构或人员分别进行；成本考核工作由上一级成本会计机构对下一级成本会计机构逐级进行。厂部成本会计机构除对全厂成本进行综合的计划、控制、分析和考核以及汇总核算外，还应负责对各下级成本会计机构或人员进行业务上的指导和监督。成本的预测和决策工作一般仍由厂部成本会计机构集中进行。分散工作方式的优缺点与集中工作方式正好相反。

一般而言，大中型企业由于规模较大、组织结构复杂、会计人员数量较多，为了调动各级各部门控制成本费用、提高经济效益的积极性，一般应采用分散工作方式；小型企业为了提高成本会计工作的效益和降低成本管理的费用，则一般可采用集中工作方式。

2．成本会计人员

在成本机构中，配备适当数量思想品德优秀、精通业务的成本会计人员是做好会计工作的关键。就思想品德而言，要求成本会计人员应具备脚踏实地、实事求是、敢于坚持原则的作风和高度的敬业精神；就业务素质而言，要求成本会计人员不仅要具备较为全面的会计知识，而且要掌握一定的生产技术和经营管理方面的知识。

为了充分调动和保护会计人员的工作积极性，国家在有关的会计法规中对会计人员的职责、权限、任免、奖惩以及会计人员的技术职称，都作了明确的规定。这些规定对于成本会计人员也是完全适用的。

成本会计机构和成本会计人员应在企业总会计师和会计主管人员的领导下，忠实地履行自己的职责，认真完成成本会计的各项任务，并从降低成本、提高企业经济效益的角度出发，参与制定企业的生产经营决策。为此，成本会计人员应经常深入生产经营的各个环节，结合实际情况，向有关人员和职工宣传解释国家的有关方针、政策和制度，以及企业在成本管理方面的计划和目标等，并督促他们贯彻执行；深入了解生产经营的实际情况，注意发现成本管理中存在的问题并提出改进成本管理的意见和建议，当好企业负责人的参谋。

根据成本会计人员的职责，应赋予他们相应的权限。这些权限主要有：成本会计人员有权要求企业有关单位和人员认真执行成本计划，严格遵守国家的有关法规、制度和财经纪律；有权参与制订企业生产经营计划和各项定额，参加与成本管理有关的生产经营管理会议；有权督促检查企业各单位对成本计划和有关法规、制度、财经纪律的执行情况。成本会计工作是一项涉及面很宽、综合性很强的管理工作，尤其是在市场经济体制的不断发展和完善、科学技术的不断进步的形势下，按照市场经济的要求，依靠技术进步，降低成本，增强企业的竞争能力，提高企业的经济效益，已经成为成本会计工作的重要内容。为此，成本会计人员必须刻苦钻研业务，认真学习有关的业务知识和业务技术，不断充实和更新自己的专业知识，提高自己的素质，以适应新形势的要求。

知识链接

成本会计应具备的知识和能力

（1）财税方面的知识和能力。

熟练掌握会计准则、会计制度和税法中所有与成本核算有关的知识，根据企业的生产经营特点和管理要求，确定企业成本核算办法。

（2）业务方面的知识和能力。

了解企业产品设计、生产工艺等相关知识，确定成本核算对象，并正确归集分配生产费用，计算产品成本。

（3）财务分析方面的知识和能力。

掌握财务分析的各种方法，正确编制各种成本、费用报表，并进行成本报表分析，找出成本升降的原因，提出降低成本、费用的途径，提高成本管理水平。

二、成本会计的职能

成本会计的职能是指成本会计作为一种管理经济活动的活动，在企业生产经营活动中所发挥的功能。成本会计的职能在不同的历史时期体现为不同的内容。最初的成本会计职能仅是成本核算，而且核算的目的仅是为了确定商品的价格和经营盈亏。后来，随着经济的发展，生产复杂程度的增加，对企业的生产经营管理提出了更高的要求。泰勒制度的产生与推行，使企业生产管理走上了科学管理的道路。这一方面促进了生产的发展，同时也促进了成本会计理论和方法的发展，使成本会计的职能在成本核算的基础上扩大到了成本控制和成本分析。第二次世界大战以后，由于生产和资本日益集中，企业规模越来越大，企业生产经营更加复杂，产品更新换代的周期大大缩短，市场竞争十分激烈。在这样的经济环境下，要求成本会计必须与管理科学紧密结合，从而使成本会计的职能又增加了预测、决策、计划和考核等方面内容。因此，现代成本会计的职能包括成本核算、成本分析、成本预测、成本决策、成本计划、成本控制和成本考核七项职能。

1．成本核算

成本核算是根据一定的成本核算对象，采用适当的成本核算方法，按规定的成本项目，通过各费用要素的归集和分配，从而计算出各成本核算对象的总成本和单位成本的方法。成本核算是成本会计工作的核心，它既是对生产经营过程中发生的生产耗费进行如实反映的过程，也是进行反馈和控制的过程。通过成本核算可以反映成本计划的完成情况，可以进行存货计价，确定企业当期利润，同时也是企业制定产品销售价格的重要依据。并且，它还为企业进行成本预测、编制下期成本计划提供可靠的资料，同时也为以后的成本分析和成本考核提供必要的依据。

2．成本分析

成本分析是指利用成本核算的资料与本期计划成本、上年同期实际成本、本企业历史先进成本以及国内外同类产品先进成本进行比较，用以了解成本变动情况，揭示产品成本差异并分析产生差异的原因。通过成本分析，可以深入了解成本变动的规律，寻找节约劳动消耗、降低成本的途径，以便改进企业经营管理，提高企业经济效益。

3．成本预测

成本预测是指根据成本的有关数据，以及可能发生的企业内外环境变化和可能采取的各项措施，运用一定的技术方法对未来的成本水平及其发展趋势作出的科学估计。通过成本预测，可以减少生产经营管理的盲目性，提高成本管理的科学性与预见性。

成本预测主要是对新项目，如新产品生产、新技术应用、产品结构变化等，对产品生产成本产生的影响进行预测。在成本预测时，既要参考历史成本资料，又要与同行业、同类企业、同类产品的成本资料进行分析、比较，还要分析有关构成成本的料、工、费价格变化趋势和人力、物力、财力资源情况，以及产品销售市场与前景。在进行周密调查的基础上，进行具体的计算和分析，以作出尽可能正确的预测。

4．成本决策

成本决策是在成本预测的基础上，根据其他有关资料，在若干个与生产经营和成本有关的方案中，选择最优方案以确定目标成本。作出最优化的成本决策，是编制成本计划的前提，也是提高经济效益的途径。

5．成本计划

成本计划是根据成本决策所确定的目标成本，具体指出在计划期内为完成规定的任务所应达到的水平，并提出为达到规定的成本水平所应采取的各项措施。成本计划是进行成本控制、成本分析和成本考核的依据。做好成本计划工作，对于提高企业领导和员工降低产品成本的自觉性，控制生产费用，挖掘降低产品成本的潜力，具有十分重要的意义。

6．成本控制

成本控制是将预先确定的成本标准作为企业生产经营过程中所发生各项费用的限额，对成本发生和形成过程以及影响成本的各种因素进行限制与监督，使之能按预定的计划进行的一种管理活动。通过成本控制可以防止浪费，及时揭示存在的问题，消除生产中的损失，保证成本目标的实现。成本控制包括事前控制和事中控制。

7．成本考核

成本考核是定期对成本计划及其有关指标的实际完成情况进行总结和评价，以监督和促使企业加强成本管理责任制，履行经济责任，提高成本管理水平。成本考核一般与奖惩制度结合，以调动各责任人努力完成目标成本的积极性。

成本会计的各项职能是相互联系、相互依存的。成本预测是成本决策的前提，成本决策是成本预测的结果；成本计划是成本决策所确定目标的具体化；成本控制是对成本计划实施进行的监督；成本核算是对成本计划是否完成的检验；成本分析是对计划完成与否的原因进行的检查；成本考核则是实现成本计划的重要手段。这七项职能中，成本核算是基础，没有成本核算，其他各项职能都无法进行。

上述成本会计的职能，也是成本会计的具体内容。其中只对生产经营业务成本和经营管理费用进行成本核算和分析的成本会计是狭义的成本会计；而对生产经营业务成本、经营管理费用和专项成本进行预测、决策、计划、控制、计算、分析和考核的成本会计是现代的广义的成本会计。本教材以狭义成本会计为主，并对狭义成本会计以外的内容也作了简单的阐述，这主要是从成本会计完整性考虑的。考虑到与财务管理、管理会计的关系问题，本教材对这部分内容仅作归纳性的扼要说明。另外，在阐述狭义成本会计内容时，又是以狭义成本会计对象中的产品成本阐述为主要内容，对经营管理费用只是在费用的归集和分配时作简单介绍，其他内容不作专门说明，主要考虑与财务会计的衔接。

三、成本会计的法规和制度

成本会计的法规和制度是成本会计工作必须遵循的规范，是会计法规和制度的重要组成部分。成本会计的法规和制度按适用范围和制定权限划分，可分为全国性成本会计法规制度和特定会计主体的成本会计制度。制定和执行成本会计的法规和制度可以使企业成本会计工作合法、有序，并保证成本会计资料真实、规范、及时和有效。

全国性成本会计法规制度是由国家统一制定的，主要包括三个层次：第一层是指《中华人民共和国会计法》；第二层是指《企业财务通则》和《企业会计准则》；第三层是指《企业会计制度》、《金融企业会计制度》和《小企业会计制度》。这三类财会法规制度，是企业进行会计工作的基本要求。

另外，企业作为会计个体，其生产经营特点和管理要求各不相同。因此，各企业为了具体规范本企业的成本会计工作，完成成本会计工作任务，还应根据国家的各种成本会计法规和制度，结合本企业生产经营的特点和管理的要求，具体制定本企业的成本会计制度、规程或办法，作为企业进行成本会计工作具体的、直接的依据。

各行业企业由于生产经营的特点和管理的要求不同，所制定的成本会计制度有所不同，就工业企业来说，成本会计制度一般应包括以下几个方面的内容：

（1）关于成本预测和决策的制度。

（2）关于成本定额的制度和成本计划编制的制度。

（3）关于成本控制的制度。

（4）关于成本核算规程的制度。

（5）关于责任成本的制度。

（6）关于企业内部结算价格和内部结算办法的制度。

（7）关于成本报表的制度。

（8）其他有关成本会计的制度。

成本会计制度是开展成本会计工作的依据和行为规范，其是否科学和合理，会直接影响成本会计工作的成效。因此，成本会计制度的制定，是一项复杂而细致的工作。在成本会计制度的制定过程中，有关人员不仅应熟悉国家有关法规、制度的规定，而且应深入基层做广泛、深入的调查和研究工作，在反复试点、具有充分依据的基础上进行成本会计制度的制定工作。成本会计制度一经制定，就应认真贯彻执行。但随着时间的推移，实际情况往往会发生变化，出现新的情况，这时应根据变化了的情况，对成本会计制度进行修订和完善，以保证成本会计制度的科学性和先进性。

四、成本会计的任务

成本会计的任务是成本会计职能的具体化，也是人们期望成本会计应达到的目的和对成本会计的要求。成本会计作为会计的一个重要分支，具有计算和监督两大基本职能，是企业经营管理的重要组成部分。因此，成本会计应担负的任务一方面取决于企业经营管理的要求，另一方面也必然要受到成本会计对象的制约。具体说来，成本会计在企业经营管理中应承担以下几方面的任务：

（1）进行成本预测，参与经营决策，编制成本计划，为企业有计划地进行成本管理提供基本依据。

在社会主义市场经济中，企业应在遵守国家的有关政策、法令和制度的前提下，按照市场经济规律的要求，正确地组织自己的生产经营活动。为此，企业必须在经营管理中加强预见性和计划性。也就是说，面对市场，企业应在分析过去的基础上，科学地预测未来，周密地对自身的各项经济活动实行计划管理。成本会计作为一项综合性很强的价值管理工作，应充分发挥自己的特点，在成本的计划管理中发挥主导作用。为了使企业成本管理工作有计划地进行和对费用开支有效地进行控制，成本会计工作应在企业各有关方面的配合下，根据历史成本资料、市场调查情况以及其他有关方面（如生产、技术、财务等）的资料，采用科学的方法来预测成本水平及其发展趋势，拟订各种降低成本的方案，进而实施成本决策，选出最优方案，确定目标成本；然后再根据目标成本编制成本计划，制定成本费用的控制标准以及降低成本应采取的主要措施，以作为对成本实行计划管理、建立成本管理的责任制、开展经济计算和控制费用支出的基础。

（2）严格审核和控制各项费用支出，努力节约开支，不断降低成本。

企业作为自主经营、自负盈亏的商品生产者和经营者，应贯彻增产节约的原则，加强经济计算，不断提高自己的经济效益，这是社会主义市场经济对企业的客观要求。在此方面，成本会计担负着极为重要的任务。为此，成本会计必须以国家有关成本费用开支范围和开支标准，以及企业的有关计划、预算、规定、定额等为依据，严格控制各项费用的开支，监督企业内部各单位严格按照计划、预算和规定办事，并积极探求节约开支、降低成本的途径和方法，以促进企业经济效益的不断提高。

（3）及时、正确地进行成本核算，为企业的经营管理提供有用的信息。

按照国家有关法规、制度的要求和企业经营管理的需要，及时、正确地进行成本核算，提供真实、有用的成本信息，是成本会计的基本任务。这是因为，成本核算所提供的信息，不仅是企业正确地进行存货计价、正确地确定利润和制订产品价格的依据，同时也是企业进行成本管理的基本依据。在成本管理中，对各项费用的监督与控制主要是在成本核算过程中，利用有关计算资料来进行的；成本预测、决策、计划、考核、分析等也是以成本核算所提供的成本信息为基本依据的。

（4）考核成本计划的完成情况，开展成本分析。

在企业的经营管理中，成本是一个极为重要的经济指标，它可以综合反映企业以及企业内部有关单位的工作业绩。因此，成本会计必须按照成本计划等的要求，进行成本考核，肯定成绩，找出差距，鼓励先进，鞭策落后。成本是综合性很强的指标，其计划的完成情况是诸多因素共同作用的结果。因此，在成本管理工作中，还必须认真、全面地开展成本分析工作。通过成本分析，揭示影响成本升降的各种因素及其变动原因，以便正确评价企业以及企业内部各有关单位在成本管理工作中的业绩，揭示企业成本管理工作中的问题，从而促进成本管理工作的改善，提高企业的经济效益。

综上所述，成本会计的任务包括：成本预测、决策、核算、计划、控制、计算、考核和分析。其中，进行成本核算，提供真实、有用的成本资料，是成本会计的基本任务和中心环节。有鉴于此，本书的主要内容是：全面、系统地阐述工业企业成本核算的基本原理和各种成本核算方法（品种法、分批法、分步法、分类法和定额法），以及成本报表的编制与分析。

项目小结

成本的经济实质概括为：生产经营过程中所耗费的生产资料转移的价值和劳动者为自己劳动所创造的价值的货币表现，也就是企业在生产经营中所耗费的资金的总和。

成本的经济实质决定了成本在经济管理工作中具有十分重要的作用：①成本是补偿生产耗费的尺度；②成本是综合反映企业工作质量的重要指标；③成本是制定产品价格的一项重要因素；④成本是企业进行决策的重要依据。

成本会计是会计的一个分支，它是以成本费用为对象，通过费用的归集和分配，从而计算产品成本，提供管理上所需成本费用信息的一种专业会计。

成本会计的对象可以概括为：企业生产经营过程中发生的生产经营业务成本和有关的经营管理费用（期间费用），简称成本、费用。所以，成本会计实际上是成本、费用会计。

支出、费用和产品成本关系密切，既相互联系，又相互区别。

成本会计职能是成本会计所具有的功能。成本会计职能在不同历史时期体现为不同内容。最初成本会计职能仅是成本核算，现代成本会计职能包括成本核算、成本分析、成本预测、成本决策、成本计划、成本控制和成本考核七项职能，这七项职能也是成本会计的内容。

成本会计的任务受制于成本会计的对象和职能。因此，成本会计任务一般包括：

（1）进行成本预测、成本决策、编制成本计划和费用预算。

（2）核算成本、费用，并对其进行审核和控制。

（3）定期进行成本分析并考核其成果。

为发挥成本会计的职能作用，完成成本会计任务，必须科学地组织成本会计工作。成本会计工作组织具体包括两个方面，即设置成本会计机构，配置成本会计人员。

项目训练

1．如何理解成本的经济实质？

2．简述支出、费用和产品成本之间的关系？

3．简述成本会计的作用。

4．如何理解成本会计的对象？

5．如何理解成本会计的职能及其所包括的各项具体职能之间的关系？

6．简述成本会计的任务。

7．简述成本会计工作组织的内容。

8．在集中工作和分散工作两种方式下，企业内部各级成本会计机构之间如何进行组织分工？

项目 2　认知成本核算要求和程序

案例引入

永远自行车厂是一个只有 20 名职工的小厂，专门生产儿童三轮车。本月为生产产品发生了下列支出：钢管 50 000 元，橡胶轮胎 10 000 元，油漆 1 000 元，其他配件 2 000 元，车间电费 2 000 元，厂部电费 1 000 元，工人工资 20 000 元，厂长等管理人员工资 8 000 元，设备租金 2 000 元，机器修理费 500 元，生产设备折旧费 2 000 元。章敏强是到该厂财务科进行课程实习的会计专业大学生，科长要求他对上述费用进行分类，最后章敏强分类的结果如表 2-1 所示。

表 2-1　章敏强对永远自行车厂费用的分类　　单位：元

结果一		结果二		结果三	
项目	金额	项目	金额	项目	金额
外购材料	63 000	产品成本	90 500	直接材料	66 000
外购动力	3 000	生产费用	90 500	直接人工	20 000
人工费用	28 000	期间费用	9 000	制造费用	4 500
折旧费	2 000				
修理一费	500				

同样的支出怎么会有三种结果？这到底是怎么回事呢？

由上一项目可知，成本实际上是一个广义的概念，任何一项活动的付出都可以看做是为实现该活动目的而发生的成本。但只有产品成本涵盖的内容最全面、最能揭示成本的本质，因而产品成本核算就理所当然地成了成本会计的核心内容。由于产品成本实质上是产品生产过程中的各种劳动耗费和补偿价值，是反映企业生产经营管理工作质量的综合性指标，同时又是确定产品价格的基础，从而决定了对其核算的严肃性和规范性。鉴于产品成本的特殊性，所以本章所述的“成本核算”专指“产品成本核算”，内容包括产品成本核算原则、产品成本核算要求、费用要素和成本项目以及产品成本核算的基本程序等。目的在于为以后有关项目的产品成本具体核算提供原则要求和基本思路。

任务 2.1 认知成本核算的原则和要求

一、成本核算的主要原则

成本核算是成本会计的核心内容，是成本会计最基本的职能，是成本会计的根源。成本核算提供的信息是企业生产经营决策的重要依据，因此，成本核算必须讲究质量，使提供的成本信息符合企业会计准则和相关会计制度规定，达到正确、及时、有用、有效的要求。要提高成本核算的质量，在进行成本核算时就必须遵守成本核算的原则。成本核算的原则主要有合法性原则、相关性原则、可靠性原则、可比性原则、重要性原则、分期核算原则和配比原则。

1．合法性原则

合法性原则是指计入成本的费用都必须符合法律、法规、制度等的规定。例如，凡属于增加固定资产而发生的各项资本性支出，按规定应作为固定资产增加的，不能计入成本费用；又如，销售费用、管理费用、财务费用应作为期间费用处理，不计入产品成本等。

2．相关性原则

相关性原则要求成本会计提供的成本信息能帮助信息使用人员解决成本核算与管理的有关问题，并为未来决策提供有用信息。及时反馈成本信息，找出成本的上升原因，有利于成本控制，以达到降低成本的目的；成本信息还有助于经营决策人员预测未来，从而使其作出最佳的抉择。

3．可靠性原则

可靠性原则就是指成本会计所提供的成本信息与客观的经济业务应当相互一致，不能人为地提高或降低成本，以保证成本核算信息的质量正确可靠。

4．可比性原则

可比性原则是指成本核算时所采用的方法（如耗用材料费用的归集和分配方法、折旧费的计提方法、辅助生产费用和制造费用的分配方法等）前后各期必须一致，使各期的成本资料有统一的口径，前后连贯，互相可比，否则，会影响成本计算的正确性与成本信息资料的可比性。坚持可比性原则并不是说对成本核算中所采用的方法就不能作必要的变动。如果变更成本核算方法是为了适应客观环境变化的需要，是为了取得并提供更加正确、更加有用的成本信息，即变动是必要的，但在进行这种变动时，必须在成本会计以及财务会计的报表中将由于方法变动对成本水平的影响充分披露出来。

5．重要性原则

重要性原则是指对于成本有重大影响的项目，应作为重点，力求精确；而对于那些不太重要的琐碎项目，就可以从简处理，不必要求过细、过严。例如，生产产品直接耗用的原材料应该直接计入有关产品成本，而对于那些虽是直接耗用，但数额不大的零星材料，可以作为消耗材料计入制造费用。

重要性原则也是对上述有关原则的补充。例如，按照权责发生制原则，凡属于由本期负担的费用，虽未支付，也应当作为本期的费用；但如果费用数额较小，对成本核算影响不大，也可以根据重要性原则在实际支付时计入支付月份的成本。

6．分期核算原则

企业的生产活动是持续不断的，为了获取一定期间内所生产产品的成本信息，必须将企业的生产活动按一定阶段（如月、季、年）划分为各个时期，分别计算各期产品的成本。成本核算的分期，必须与会计年度的分月、分季、分年相一致，以便于利润的计算。

必须指出，成本核算的分期与产品的成本计算期不能混为一谈。不论生产情况如何，成本核算工作包括费用的归集和分配，都必须按月进行。至于完工产品的成本计算，它与生产类型有关，既可以是定期的，也可以是不定期的。

7．配比原则

为了确定某一会计期间的营业利润，除需确定本期营业收入外，还应确定费用的归属期，将应由本期承担的费用与本期相应的收入相配比。也就是说，对于为实现本期收入而发生应由本期承担的费用，不论其是否已经支付，都要与本期收入配比；凡不是为实现本期收入所发生的费用，不应由本期承担（即应计入以前各期，或应由以后各期承担），即使其已在本期支付，也不应计入本期，以便正确提供各期的成本信息。

二、成本核算的基本要求

成本核算是成本管理的一个重要环节。为了充分发挥成本核算的作用，正确、及时地为有关方面提供有用的成本信息，在成本核算中应贯彻以下要求。

（一）从管理的要求出发，做到算管结合，算为管用

所谓算管结合，是指算的过程本身也是管的过程，算与管两者是相互结合的。成本核算作为成本管理的组成内容，不应只是对企业生产费用进行事后的记录和计算，还应在生产费用发生之前做好审核和控制，即根据有关的法规和制度、计划或定额，审核该项费用应不应该支出，是否符合计划或定额；应该支出的费用，应不应该计入产品成本，是否符合成本开支范围。从这个意义上说，成本核算本

身也就是对生产费用支出的管理。

所谓算为管用，是指成本核算要从管理的要求出发，提供的成本信息应当满足企业经营管理的需要。具体来讲，如何进行成本核算，计算什么的成本，是算得细一些还是粗一些，设置哪些会计科目等，都要考虑管理的要求。在具体工作中，这些问题处理得是否正确，衡量的标准就是看提供的核算资料能否满足管理的需要。当然，在满足管理需要的前提下，还应分清主次，区别对待，主要从细，次要从简，细而有用，简而有理。

（二）遵守成本开支范围

成本开支范围主要是根据成本的客观经济内涵、会计准则规范的分配原则和企业实行独立核算的要求而规定的。在成本开支范围中明确规定哪些费用应计入成本，哪些费用不应计入成本，这样，可以使产品成本正确地反映企业生产消耗水平，使各企业的成本开支口径取得一致。为此，每个企业都应严格遵守成本开支范围，认真贯彻会计准则对成本开支的有关规定，这是做好成本会计工作、保证成本核算质量的重要条件。

1．应计入成本、费用的项目

（1）生产经营过程中实际消耗的原材料、辅助材料、备品配件、外购半成品、燃料、动力、包装物以及运输、装卸、整理等费用。

（2）企业直接从事产品生产人员的薪酬。

（3）固定资产折旧费、租赁费、修理费和低值易耗品的摊销费等。

（4）为组织管理生产经营活动所发生的制造费用、销售费用、管理费用、财务费用和所得税费用。其中制造费用可计入产品成本，销售费用、管理费用、财务费用和所得税费用不应计入产品成本，而应直接计入当期损益。

2．不应列入成本、费用的项目

（1）购置和建造固定资产的支出、购入无形资产和其他长期资产的支出。

（2）对外界的投资以及分配给投资者的利润。

（3）被没收的财物以及违反法律规定支付的各项滞纳金、罚款以及企业对外赞助、捐赠支出。

（4）法律规定不得列入成本费用的其他支出。

问题思考

某生产企业2014年8月有关数据如下：

（1）购进材料30万元，其中50%被生产领用；

（2）薪酬总额 15 万元，其中，生产工人薪酬 8 万元，生产车间主任和其他管理人员薪酬 1 万元，企业幼儿园管理人员薪酬 6 000 元，厂部管理人员薪酬 4 万元，销售人员薪酬 1.4 万元；

（3）贷款购买设备的利息 6 000 元（设备在安装中），购买生产用材料借款支付的利息 3 000 元；

（4）厂部办公楼折旧 1 万元，生产设备计提折旧 3 000 元；

（5）支付环保部门罚款 2 万元。

请计算该企业 8 月生产费用和期间费用各为多少？

（三）正确划分各种费用界限

为了正确计算产品成本和期间费用，必须正确划分以下几方面费用的界限：

（1）正确划分生产经营管理费用（应计入产品成本和期间费用）与非生产经营管理费用（不应计入产品成本和期间费用）的界限。

企业的经济活动是多方面的，费用和支出的用途也不同。根据成本费用开支的标准和范围，首先应划清该不该计入产品成本和期间费用的各项支出。具体包括：

1）划清资本化支出和费用化支出的界限，资本化支出与资产的构建有关直接计入资产成本，不作为费用，如购建固定资产和无形资产等的支出。

2）划清成本费用和损失的界限，如固定资产盘亏净损失、非常损失、捐赠支出等，这些支出与生产经营无关，应列作损失，不作为费用。

（2）正确划分生产成本和期间费用的界限。

为生产经营管理活动所发生的各项费用应划分为两大类：一类是为进行产品生产而发生的各项生产费用，如直接材料、直接人工和制造费用，应当归属于生产成本，直接计入当期产品成本；另一类是为管理和组织生产经营活动而发生的各项销售费用、管理费用、财务费用，应当归属于期间费用，不计入产品成本，直接计入当期损益。

（3）正确划分各期间的费用界限。

为了定期分析和考核产品成本和期间费用计划的完成情况，每个企业都必须定期核算费用，计算产品成本和期间费用。为此，应按照权责发生制原则，正确划分各期间的费用界限。应由本期产品成本和期间费用负担的费用，应该全部计入本期产品成本期间费用；本期发生，应由以后各期产品成本和期间费用负担的费用，应该计入长期待摊费用，分配计入以后各期产品成本和期间费用。

（4）正确划分各种产品的费用界限。

在生产多种产品的企业，为了分析和考核各种产品成本计划的完成情况，必须分别计算各种产品的成本。为此，应由本月产品成本负担的生产费用，还必须在各种产品之间进行划分。凡能分清应由某种产品负担的费用，应直接计入该产品成本；分不清应由哪种产品负担的费用，即各种产品共同发生的费用，则应采用既合理又简便的方法，分配计入各种产品成本。在划分各种产品的费用界限时，特别要注意划清盈利产品与亏损产品、可比产品与不可比产品之间的费用界限。要防止在这些产品之间任意增减费用，借以掩盖成本超支，或以盈补亏、弄虚作假的错误做法。

（5）正确划分完工产品和在产品的费用界限。

月末，将各项生产费用计入各种产品之后，如果该种产品已全部完工，那么，计入这种产品的生产费用就是该种产品的完工产品成本。如果该种产品全部未完工，那么，计入这种产品的生产费用就是该种产品的在产品成本。如果该种产品既有完工产品又有未完工的在产品，那么计入这种产品的生产费用，还应采用适当的分配方法在完工产品与月末在产品之间进行分配，以便计算完工产品成本和月末在产品成本。要防止任意提高或降低月末在产品费用，人为地调节完工产品成本的错误做法。

问题思考

以江苏省南通市某一高校的餐厅为例，在成本项目设定上，是否可以设立“直接材料”、“直接人工”、“制造费用”项目？如可以，哪些属于“直接材料”、“直接人工”、“制造费用”，试举例说明。

总结以上所述可以看出，划分费用界限的过程，也就是计算产品成本和期间费用的过程；费用划分的是否正确，直接影响产品成本计算的准确性。检查和评价成本计算工作是否正确、合理，也主要看上述几方面的费用界限划分是否正确、合理。

（四）正确确定财产物资的计价和价值结转方法

企业在生产经营过程中消耗的生产资料的价值，要转移到产品成本和期间费用中去，因此，这些财产物资的计价和价值结转的方法，也会影响产品成本和期间费用的水平。与流动资产有关的，如材料成本的组成内容、材料按实际成本计价进行核算时发出材料成本的计算方法（先进先出法、一次加权平均法、移动加权平均法、个别计价法等）、材料按计划成本计价进行核算时材料成本差异率的种类（个别差异率、分类差异率、综合差异率、本月差异率、上月差异率）等。与固定资产有关的，如固定资产原值的计算方法、折旧方法、折旧率的种类和高低以及折旧期限长短等。与固定资产和流动资产共同相关的，如固定资产与低值易耗品的划分标准、低值易耗品的摊销方法等。为了正确地计算产品成本和期间费用，对于各种财产物资的计价和价值的结转，都应采用既合理又简便的方法；国家有统一规定的，应采用国家统一规定的方法。各种方法一经确定，就不能随意变动，要保持相对稳定，以保证成本信息的可比性。

（五）加强成本核算的基础工作

为了对成本费用进行审核、控制，正确计算产品成本，防止费用失控、成本失真、盈亏不实等虚假情况的发生，必须做好以下各项基础工作：

1. 制定各项费用的消耗定额

根据企业当前的设备条件和技术水平，充分考虑企业职工群众的积极因素，制定和修订原材料、燃料、动力和工时等项消耗定额，不仅是编制产品成本计划和期间费用计划，分析和考核成本、费用水平的依据，也是审核和控制各项耗费的标准。在计算产品成本时，往往还要以产品的原材料和工时的定额消耗量或定额费用作为分配实际费用的标准。可见，制定和修订各种定额，是进行成本审核、控制和正确进行成本核算的前提。常见的定额制定方法主要有：

（1）经验估计法，它是由定额制定人员同生产工人、技术人员等根据以往经验，参考有关资料，共同分析估计确定定额的方法。

（2）统计分析法，它是根据过去积累的记录和统计资料，通过分析计算得出定额的方法。

（3）技术测定法，它是通过分析和改进现实的生产技术组织条件，进行技术测定和计算制定出定额的方法。

2. 加强材料物资的计量和验收

为了正确地进行成本核算，必须建立和健全材料物资的计量、收发、领退和盘点制度。对材料物资的收发、领退，半成品的内部转移和产成品的入库等，均应填制相应的凭证，经过一定的审批手续，并经过计量、验收或交接，防止任意领发和转移。库存的材料、半成品和产成品，车间的在产品和半成品，均应按照规定进行盘点，防止丢失、积压、毁损变质或被贪污盗窃。上述各项工作，不仅是正确进行成本核算所必需的，也是进行生产管理、物资管理和资金管理所必需的。

3. 建立和健全原始记录

原始记录是反映生产经营活动的原始资料，是进行成本核算和管理的依据。因此，对于生产过程中材料的领用、工时和动力的耗费、半成品的内部转移，以及产品质量的检验和产成品入库等，均要作出真实的原始记录。原始记录对于劳动工资、设备动力、生产技术管理等方面，以及有关的计划统计工作，也有重要意义。会计部门应会同企业生产、计划统计、劳动工资、物资供销等部门，制定既符合各方面管理需要，又符合成本核算和管理要求，既科学又简便易行的原始记录制度，并组织有关人员认真贯彻执行，以便正确、及时地为成本核算工作打好基础。

（1）材料物资原始记录，包括材料物资验收入库单、领料单、退料单、废料收回单、材料报损报废单、材料盘盈盘亏报告单等。

（2）劳动工资原始记录，包括职工录用通知单、调动通知单、变更职务职级通知单、考勤表、请假单、加班加点记录单、工资结算单、工资和奖金分配支付表等。

（3）产品加工原始记录，包括加工工艺单、个人和班组生产记录、在产品盘存记录表、在产品盘盈盘亏报告单、设备运转记录、动力消耗单等。

（4）产品原始记录，包括在产品、半成品工序转移单、产品质量检验单、产品入库单、出库单、发货记录单、产成品盘盈盘亏报告单等。

（5）固定资产原始记录，包括固定资产验收单、盘盈盘亏报告单、验资报告等。

（6）财务会计业务处理原始记录，包括现金收款单和支款单、报销单、转账通知单等。

4．建立和完善厂内价格的制定工作

为了分析和考核企业内部各单位成本计划的完成情况，分清企业内部各单位之间的经济责任，以及简化和加速核算工作，在计划管理基础较好的企业，应对材料、半成品和厂内各车间相互提供的劳务（如修理、运输等）制定厂内计划价格，作为内部结算的依据和考核的标准。厂内计划价格应尽可能接近实际并相对稳定，年度内一般不作变动。制定了厂内价格的企业，对日常材料领用、半成品转移，以及各车间、部门之间相互提供劳务，都应先按计划价格结算，月末再采用一定方法计算和调整价格差异，据以计算实际的成本和费用。

5．建立成本管理和成本核算责任制度

建立成本管理和成本核算责任制度，加强企业内部各车间、各部门的经济责任制，划清责任，合理分配和归集生产费用，计算产品成本。

（六）确定成本计算对象和成本计算方法

成本计算对象是指发生的成本费用。成本计算对象的确定，是进行成本核算工作的前提之一。只有确定了成本计算对象，才能对企业的生产费用进行归集和分配。

企业生产类型不同，或者成本管理的要求不同，产品成本计算对象和相应选用的成本计算方法也应有所不同。

1．企业生产类型

工业企业生产类型的划分，包括生产组织和工艺过程两个方面。

（1）按照生产组织的特点划分，可分为大量生产、成批生产和单件生产三种类型。

① 大量生产，是指不断地重复制造品种相同产品的生产。它的主要特点是：企业生产的产品品种较少，每种产品产量大，生产较稳定，如冶金、纺织、造纸、发电等工业的生产都是大量生产。

② 成批生产，是指按照产品的批别和数量进行的生产。它的主要特点是：企业生产的产品品种较多，各种产品品种数量多少不等，每隔一定时期才重复生产一批，如服装、机械、五金零件、塑料制品等。成批生产还可分为大批生产和小批生产，小批生产近于单件生产。

③ 单件生产，是指按照需用单位的要求生产个别性质特殊的产品。它的主要特点是：企业生产的产品品种较多，每种产品生产一件后，不再重复生产或不定期重复生产，如玉石雕刻、船舶、重型机械等。

（2）按照工艺过程的特点划分，可分为单步骤生产和多步骤生产两种类型。

① 单步骤生产，也称简单生产，是指生产工艺不可间断，或者不能分散在不同地点进行，也不能由几个企业协作进行的生产。一般情况下，单步骤生产周期较短，如发电、铸造等。

② 多步骤生产，也称复杂生产，是指产品的生产工艺过程是由许多在工艺上可以间断的加工步骤组成的，这种生产可以由几个车间（或阶段）在不同的时间和地点协作进行。这种生产又由于加工方式不同，可分为连续式多步骤生产和装配式多步骤生产两种。连续式多步骤生产是指将原材料加工成为产成品要经过若干个连续的加工步骤，前一步骤加工的产品（半成品），是后一步骤继续加工的主要原材料，直至最后步骤加工为产成品。装配式多步骤生产是指先将各种原材料进行平行加工，制成各种零件或部件，然后再装配成为产成品。

2. 成本计算对象和成本计算方法的确定

成本计算对象应按照工业企业的生产类型，结合成本管理的要求来确定。

（1）成本计算对象的确定。

① 以产品种类为成本计算对象，指在工艺过程不可间断的单步骤生产中，往往是大量地、重复生产着一种或几种产品，在这种类型的生产中，没有必要分步骤来计算产品成本，因此，成本计算对象可确定为每种产品。

② 以产品种类及其各加工步骤为成本计算对象，指在多步骤连续式生产中，生产也往往是重复大量生产。如果成本管理上只要求计算企业最终产品的成本，不要求计算每个加工步骤中的半成品成本，成本计算对象可确定为每种产品；如果成本管理上不仅要求计算企业最终产品的成本，而且要求计算各加工步骤的半成品成本，这样，产品成本计算的对象是各种产品及其各加工步骤的半成品。

③ 以产品批次为成本计算对象，指在多步骤装配式生产中，由于产品的批量较小，一批产品同时完工，因而成本计算对象可以按照产品的批次来确定。如果是大量、大批的装配式生产，管理上又要求计算各种零部件的成本，其成本计算对象可确定为每批产品及其零部件。

总之，生产组织和工艺过程的特点以及成本管理上的要求决定着成本计算对象的确定与成本计算方法的选择，具体内容见表 2-2。

表 2-2　生产特点和管理要求与成本计算对象的关系

<table>
<tr><th>生产组织特点</th><th>工艺过程特点</th><th>成本管理上的要求</th><th>成本计算对象</th><th>成本计算方法</th></tr>
<tr><td rowspan="2">大量生产</td><td>单步骤生产</td><td>管理上只要求计算完工产品成本</td><td rowspan="2">每种产品</td><td rowspan="2">品种法</td></tr>
<tr><td>多步骤生产</td><td>管理上不要求分步骤计算的多步骤生产</td></tr>
<tr><td rowspan="2">大量生产</td><td rowspan="2">连续式
多步骤生产</td><td>管理上要求分步骤计算半成品成本和最终完工产品成本</td><td>每种产成品和各个加工步骤中的半成品</td><td rowspan="2">分步法</td></tr>
<tr><td>管理上不要求计算各步骤的半成品成本，但要求计算各步骤的加工费用</td><td>每种产成品和各加工步骤</td></tr>
<tr><td>单件
小批生产</td><td rowspan="2">装配式
多步骤生产</td><td>管理上要求分批计算产品成本</td><td>某件或某批产品（或者加工订单）</td><td>分批法</td></tr>
<tr><td>大量
大批生产</td><td>管理上要求计算各种零部件的成本和产成品的装配成本</td><td>每批零部件和产成品</td><td>分步法</td></tr>
</table>

（2）成本计算的方法。不同的生产工艺过程、生产组织特点及成本管理的要求，形成了下列不同的成本计算方法：

①品种法，单步骤大量生产或多步骤大量、大批生产而不要求按步骤核算的，以整个企业或某一封闭式车间生产的某种产品为成本计算对象，形成品种法。

②分批法，多步骤单件、小批生产，以整个企业或封闭式车间生产的某一件或某一批产品为成本计算对象，形成分批法。

③分步法，多步骤大量、大批生产并要求按步骤核算的，以各步骤生产的半成品和最后步骤的产成品为成本计算对象，形成分步法。

以上三种方法是产品成本计算的基本方法。此外，为适应简化成本核算或加强成本控制与分析等要求，还可产生与上述三种成本计算基本方法相结合而形成的其他产品成本计算方法，如分类法、定额法、标准成本法和变动成本法等。

任务 2.2 认知费用的分类

为了科学地进行成本管理，正确计算产品成本和期间费用，必须对企业生产经营过程中发生的各种费用进行合理分类。费用可以按照不同的标准来划分。

一、费用按经济内容分类

企业生产经营过程中发生的各种费用按其经济内容划分，可分为劳动对象方面的费用、劳动手段方面的费用和活劳动方面的费用三大类，称为企业费用的三要素。为了具体地反映企业一定时期各种费用的构成和水平，还应在此分类的基础上，将企业费用进一步划分为以下 10 个费用要素：

（1）外购材料，是指企业为生产商品、提供劳务等耗费的一切从外部购进的原料及主要材料、外购半成品、辅助材料、包装物、修理用备件和低值易耗品等。

（2）外购燃料，是指企业为生产商品、提供劳务等耗费的一切从外部购进的各种燃料，包括固体、液体、气体燃料。

（3）外购动力，是指企业为生产商品、提供劳务等耗费的从外部购进的各种动力，包括电力、蒸汽等。

（4）职工工资，是指企业为生产商品、提供劳务等应支付的职工工资。

（5）职工福利费，是指企业按职工工资总额的比例计提的福利费。

（6）折旧费，是指企业按照规定计提的固定资产折旧费。

（7）修理费用，是指企业为修理固定资产而发生的支出。

（8）利息费用，是指企业应计入财务费用的借款利息费用支出减去存款利息收入后的净额。

（9）税金，是指应计入企业管理费用的各种税金，包括房产税、土地使用税、车船使用税和印花税。

（10）其他费用，是指不属于以上各要素的费用，例如邮电费、差旅费、租赁费、保险费、外部加工费等。

按照上述费用要素反映的费用，称为要素费用。

费用按经济内容分类的作用在于：可以反映企业在一定时期内发生了哪些费用、数额各是多少，据以分析各时期费用的结构和各种费用支出的水平；由于这种分类反映了外购材料和燃料费用以及职工工资的实际支出，因而可以为编制材料采购资金计划和劳动工资计划、核定储备资金定额和考核储备资金周转速度提供资料。

但是，这种分类不能说明各项费用的用途，因而不便于分析各种费用支出是否合理、节约。

二、费用按经济用途分类

企业发生的各种费用按其经济用途分类，首先应分为应计入产品成本的生产费用和不计入产品成本而直接计入当期损益的期间费用。

（一）生产费用按经济用途分类

计入产品成本的生产费用在生产过程中的用途也各不相同，有的直接用于产品生产，有的间接用于产品生产。为了具体地反映计入产品成本的生产费用的各种用途，还应将其进一步划分为若干个项目，即产品生产成本项目，简称产品成本项目或成本项目。

工业企业一般应设立以下成本项目：

（1）直接材料，是指直接用于产品生产、构成产品实体的原材料、辅助材料、设备配件、外购半成品、燃料、动力、包装物及其他直接材料。

（2）直接人工，是指直接参加产品生产、劳务提供等人员的薪酬。

知识链接

哈莱-戴维森公司排除直接人工成本的分类

哈莱-戴维森摩托分公司多年来在制造过程中使用三种成本分类——直接材料、直接人工和制造费用。20世纪80年代中期，哈莱-戴维森公司特别管理者小组比较分析了产品制造成本的结构与在会计制度中“收集，检查并报告”资料所花费的管理成本，见表2-3。

表2-3 产品制造成本结构与管理成本效果比较

	产品制造成本结构	管理成本效果
直接材料	54%	25%
制造费用	36%	13%
直接人工	10%	62%

与将直接人工追溯为一个单独的成本种类相联系的管理成本包括：工作人员填写工时卡的时间、管理者检查工时卡的时间、工作时间记录人工资料以及对资料报告表查错的时间、成本会计员检查直接人工及差异资料的时间。

哈莱-戴维森公司得出结论，把直接人工追溯给产品不符合“成本—效益”原则。直接人工成本只占总制造成本的10%，但需要花费管理上62%的费用来追溯所有的制造成本。这家公司现在把所有的人工成本作为制造费用的一部分。它使用了直接材料与制造费用两部分分类。

（3）制造费用，是指各生产单位为生产产品、提供劳务等所发生的各项间接费用。包括：生产单位管理人员的薪酬和生产单位的房屋、建筑物、机器设备等的折旧费、经营租赁费，以及机物料消耗、低值易耗品摊销、取暖费、水电费、办公费、差旅费、运输费、保险费、设计制图费、试验检验费、劳动保护费、季节性停工损失、修理期间的停工损失和其他制造费用等。

企业应当根据生产经营的特点和成本管理的要求，选择适合本企业的成本项目。例如，燃料和动力费比较大的企业，可以将“直接材料”项目分成“原材料”、“燃料及动力”两个成本项目。经常有停工损失的企业，可以增设“停工损失”成本项目。需要单独设置废品损失的企业，可以增设“废品损失”成本项目。企业成本项目一经确定，不得随意变更。

将计入产品成本的生产费用划分为若干成本项目的作用在于：可以按照费用的用途考核各项费用定额或计划的执行情况，分析费用支出是否合理、节约。为此，产品成本不仅要分产品计算，还要分成本项目计算。产品成本计算的过程，也就是计入产品成本的生产费用，按其经济用途划分，最后按成本项目计入各种产品成本的过程。

（二）期间费用按经济用途的分类

期间费用按其经济用途可分为销售费用、管理费用和财务费用。

1．销售费用

销售费用是指企业销售商品和材料以及提供劳务的过程中发生的各项费用。主要包括：

（1）一般销售费用，是指企业销售商品和材料以及提供劳务的过程中发生的运输费、装卸费、包装费、保险费、商品维修费、预计产品质量保证损失等。

（2）展览费和广告费，展览费是指企业为自己的产品、劳务参加展览和展销活动而支付的费用，广告费是指企业为推销自己的产品、劳务所支付的宣传和广告费。

（3）专设销售机构的经费，是指企业专设销售机构所发生的职工薪酬、业务费、差旅费、办公费、折旧费、修理费、低值易耗品摊销等经营费用。

2．管理费用

管理费用是指企业行政管理部门为组织和管理生产经营活动而发生的各项费用。包括开办费、公司经费、工会经费、职工教育经费、董事会费、劳动保险费、聘请中介机构费、咨询费、诉讼费、业务招待费、房产税、车船税、土地使用税、印花税、技术转让费、矿产资源补偿费、研究和开发费用、排污费、绿化费、折旧费、修理费、无形资产摊销、材料、库存商品盘亏和毁损等费用项目等。

（1）开办费，是指企业在筹建期间发生的职工薪酬、办公费、培训费、差旅费、印刷费、注册登记费及不计入固定资产价值的借款费用等。

（2）公司经费，是指企业行政管理部门的职工薪酬、办公费、差旅费、机物料消耗、低值易耗品摊销等费用。

（3）工会经费，是指企业按规定计提并拨给工会的经费。

（4）职工教育经费，是指企业按规定计提并用于职工教育方面的经费。

（5）劳动保险费，是指企业用于职工劳动保险方面的经费。

（6）董事会费，是指企业董事会及其成员为执行职能而发生的各项费用，包括差旅费、会议费、董事会成员津贴等。

（7）聘请中介机构费，是指企业聘请中介机构所支付的费用，如聘请会计师事务所进行查账验资、资产评估等支付的费用。

（8）咨询费，是指企业向有关机构进行科学技术、经营管理咨询所支付的费用，包括聘请经济技术顾问、法律顾问等支付的费用。

（9）诉讼费，是指企业因起诉或应诉而发生的各项费用。

（10）业务招待费，是指企业为生产经营业务的合理需要而发生的各项招待性费用。

（11）税金，是指企业按照规定缴纳的，应计入当期管理费用的四项税金，包括房产税、车船税、土地使用税、印花税。

（12）技术转让费，是指企业因使用非专利技术所支付的费用。

（13）矿产资源补偿费，是指企业在生产经营过程中利用国家矿产资源所支付的矿产资源补偿费。

（14）研究和开发费用，是指企业在无形资产的研究和开发过程中所发生的不予以资本化而计入当期损益的研究和开发费用。

（15）排污、绿化费，是指企业按规定为减少污染、美化环境而支付的各项费用。

（16）折旧费，是指企业行政管理部门计提的固定资产折旧费。

（17）修理费，是指企业生产车间和行政管理部门等发生的固定资产修理费等后续支出。

（18）无形资产摊销，是指企业持有的、生产经营用无形资产账面价值的分期摊销额。

（19）其他费用，是指企业没有包括在上述项目中的其他管理费用。

3．财务费用

财务费用，是指为筹集生产经营资金而发生的各项费用。包括利息支出（减利息收入）、汇兑损益、金融机构手续费、企业发生或收到现金折扣等。具体内容如下：

（1）利息支出（减利息收入），是指企业生产经营期间各种负债的应计利息支出减去各项存款利息收入以后的净额。不包括利息支出应予以资本化的部分。

（2）汇兑损益，是指企业生产经营期间因汇率变动发生的汇兑损失减去汇兑收益以后的净额。

（3）金融机构手续费，是指企业生产经营期间因筹集资金和办理各种结算业务而支付给银行和非银行金融机构的各项手续费。

（4）现金折扣，是指在赊销方式下，债权人为了鼓励债务人早日付款而给予的债务折扣。发生现金折扣时，债权人给予对方现金折扣而少收的金额，作为融资代价，计入当期财务费用，债务人因享受现金折扣而少支付的金额，作为一项收益，冲减当期财务费用。

三、生产费用的其他分类

1．生产费用按与生产工艺的关系分类

计入产品成本的生产费用按与生产工艺的关系，可以分为直接生产费用和间接生产费用。

（1）直接生产费用，是指由于生产工艺本身引起的、直接用于产品生产的各项费用，例如原材料费用、生产工人工资和福利费等。

（2）间接生产费用，是指与生产工艺没有直接联系、间接用于产品生产的各项费用，例如车间机物料消耗、车间管理人员工资和车间固定资产折旧费等。

2．生产费用按计入成本的方法分类

计入产品成本的生产费用按计入产品成本的方法，可以分为直接计入费用和间接计入费用。

（1）直接计入费用，是指可以分清哪种产品所耗用、可以直接计入某种产品成本的费用。

（2）间接计入费用，是指不能分清哪种产品所耗用、不能直接计入某种产品成本，而必须按照一定标准分配计入有关的各种产品成本的费用。

生产费用按与生产工艺的关系分类和按计入产品成本的方法分类之间的联系表现在：直接生产费用大多是直接计入费用，间接生产费用大多是间接计入费用。但也不都是如此。例如，在只生产一种产品的企业或车间中，直接生产费用和间接生产费用都可以直接计入该种产品成本，都是直接计入费用；在用同一种原材料、同时生产出几种产品的联产品生产（如石油提炼）企业中，直接生产费用和间接生产费用都不能直接计入某种产品成本，而是间接计入费用。

3．生产费用按与产品产量的关系分类

计入产品成本的生产费用按与产品产量的关系，可以分为变动费用和固定费用。

（1）变动费用，是指生产费用总额随着产品产量的变动而呈正比例变动的费用，例如产品直接耗用的原材料费用、采用计件工资制的生产工人薪酬等费用。

（2）固定费用，是指一定产量范围内总额相对固定的费用，即不随产品产量变动而变动其总额的费用，例如生产管理人员薪酬、房屋建筑物折旧费等。

区分变动费用和固定费用，有利于进行成本分析，寻求降低成本的途径。变动费用随着产量变动而变动，降低变动费用主要应从降低单位产品的消耗着手；固定费用与产量变动的关系不大，降低固定费用主要应从提高产量和减少费用的绝对额着手。此外，区分变动费用和固定费用，还有利于进行成本和利润的预测。

任务 2.3 认知成本核算的账户设置和基本程序

一、成本核算的账户设置

（一）产品成本（生产费用）核算的账户设置

为了核算和监督企业生产过程中发生的各项费用，正确计算产品、劳务成本，需要设置有关成本类账户，组织生产费用的总分类核算和明细分类核算，计算产品、劳务的实际总成本和单位成本。

不同行业的企业，可以根据本行业的生产特点和成本管理的要求确定成本类账户的名称和核算内容。工业企业一般设置“生产成本”、“制造费用”等账户，施工企业一般设置“工程施工”、“机械作业”等账户，交通运输企业一般设置“劳务成本”等账户，农业企业一般设置“农业生产成本”等账户，房地产开发企业一般设置“开发成本”等账户。下面主要介绍工业企业“生产成本”和“制造费用”账户的设置与运用。

1．“生产成本”账户

“生产成本”账户用来核算企业进行工业性生产发生的各项生产成本。工业性生产包括生产各种产品（包括产成品、自制半成品等）、自制材料、自制工具、自制设备等。企业对外提供劳务发生的成本，应当另行设置“劳务成本”账户组织核算。

工业企业的生产，根据各生产单位任务的不同可以分为基本生产和辅助生产。基本生产是指为完成企业主要生产任务而进行的产品生产或劳务供应。辅助生产是指为企业基本生产单位或其他部门服务而进行的产品生产或劳务供应，如企业内部的供水、供电、供气、自制材料、自制工具和运输、修理等。

为了进行产品成本的总分类核算，应设置“生产成本”总账账户。为了分别核算基本生产成本和辅助生产成本，还应在该总账账户下，分设“基本生产成本”和“辅助生产成本”两个二级账户。为了简化核算，也可将“生产成本”账户分设为“基本生产成本”和“辅助生产成本”两个总账账户。业务量较小的企业还可以将“生产成本”和“制造费用”两个总账账户合并为“生产费用”一个总账账户。本书按照一般工业企业的情况，设置“生产成本”和“制造费用”两个总账账户，在“生产成本”总账账户下设置“基本生产成本”和“辅助生产成本”两个二级账户。

（1）“生产成本——基本生产成本”账户。“生产成本——基本生产成本”账户，是为了归集企业进行基本生产活动而发生的各项生产费用和计算基本生产产品成本而设置的。该账户借方登记为进行基本生产所发生的各项生产费用，贷方登记结转完工入库的产品成本；期末如有余额在借方，表示月末在产品成本，即生产过程占用的资金。该账户应按产品品种等成本计算对象分设明细账，一般称之为产品成本明细账或产品成本计算单。账内按成本项目分设专栏（或专行），用来登记各该产品的月初在产品成本、本月生产费用、本月完工产品成本和月末在产品成本。其格式如表 2-4、表 2-5 所示。

表 2-4　产品成本明细账（成本计算单）

产品名称：甲产品　　　　2014 年 5 月　　　　单位：元

月	日	摘要	产量（件）	直接材料	直接人工	制造费用	成本合计
4	30	月初在产品成本		29 000	3 000	4 000	36 000
5	31	本月生产费用		77 300	6 550	7 300	91 150
5	31	生产费用累计数		106 300	9 550	11 300	127 150
5	31	本月在产品成本	500	62 800	5 050	5 300	73 150
5	31	单位成本		125.6	10.1	10.6	146.3
5	31	月末在产品成本		43 500	4 500	6 000	54 000

表 2-5　产品成本明细账（成本计算单）

产品名称：甲产品　　2014 年 5 月　　单位：元　　产量：500 件

成本项目	月初在产品成本	本月生产费用	生产费用累计	完工产品成本		月末在产品成本
				总成本	单位成本	
直接材料	29 000	77 300	106 300	62 800	125.6	43 500
直接人工	3 000	6 550	9 550	5 050	10.1	4 500
制造费用	4 000	7 300	11 300	5 300	10.6	6 000
合计	36 000	91 150	127 150	73 150	146.3	54 000

上列产品成本明细账，虽然未标明借方、贷方和余额，但其结构不外乎这三个部分：上月末在产品成本即本月初在产品成本，为月初借方余额；本月生产费用为本月借方发生额；本月完工产成品成本为贷方发生额；月末在产品成本为月末借方余额。

在产品种类比较多的企业，为了按车间和产品成本项目汇总反映全部产品的总成本，还可设“基本生产成本”科目的二级账。其格式如表 2-6 所示。

表 2-6　基本生产成本二级账务

产品名称：甲产品　　2014 年 5 月　　单位：元

月	日	摘要	直接材料	直接人工	制造费用	成本合计
4	30	月初在产品成本	87 060	9 650	12 080	108 790
5	31	本月生产费用	261 000	28 950	36 500	326 450
5	31	生产费用累计数	348 060	38 600	48 580	435 240
5	31	本月在产品成本	217 560	25 100	30 780	273 440
5	31	月末在产品成本	130 500	13 500	17 800	161 800

在设置基本生产成本二级账的情况下，生产成本总账、二级账和明细账应按照平行登记的规则进行登记。二级账作为总账与明细账的中介，还可以配合车间经济核算，为考核和分析各车间产品总成本提供资料。

（2）“生产成本——辅助生产成本”账户。辅助生产是指为基本生产服务而进行的产品生产和劳务供应，例如工具、模具、修理用备件等产品的生产和修理、运输、供电、供水等劳务的供应。辅助生产提供的产品和劳务，有时也对外销售，但不是主要目的。“生产成本——辅助生产成本”账户就是为了归集进行辅助生产所发生的各项费用，计算辅助生产产品和劳务的成本而设置的。该账户借方登记为进行辅助生产而发生的各项费用，贷方登记完工入库产品的成本和分配转出的劳务费用；期末如有余额在借方，表示辅助生产在产品的成本，即辅助生产在产品占用的资金。该账户应按辅助生产车间和生产的产品、劳务分设明细账，账中按辅助生产的成本项目或费用项目设专栏或专行进行明细登记。

2.“制造费用”账户

为了归集和分配车间（或分厂）为生产产品和提供劳务而发生的制造费用，反映制造费用计划的执行情况，核算中应设置“制造费用”账户。该账户的借方登记实际发生的制造费用，贷方登记分配转出的制造费用。除季节性生产企业外，该账户月末应无余额。“制造费用”账户应按车间、部门设置明细账，账内按费用项目设立专栏。如果辅助生产车间规模小、费用少，为了简化核算工作，也可不在辅助生产车间单设“制造费用”明细账，发生的制造费用直接计入“生产成本——辅助生产成本”账户及其明细账的借方。

（二）期间费用核算的账户设置

为了正确核算企业直接计入当期损益的期间费用，应当设置“销售费用”、“管理费用”、“财务费用”等账户。

1.“销售费用”账户

为了核算企业在产品销售过程中发生的各项费用，反映销售费用计划的执行情况，核算中应设置“销售费用”账户。该账户的借方登记实际发生的各项销售费用，贷方登记期末转入“本年利润”账户的销售费用；期末结转后该账户应无余额。“销售费用”账户的明细账应按费用项目设置专栏，进行明细登记。

2.“管理费用”账户

为了核算企业行政管理部门为组织和管理生产经营活动而发生的各项管理费用，反映管理费用计划的执行情况，核算中应设置“管理费用”账户。该账户借方登记实际发生的各项管理费用，贷方登记期末转入“本年利润”账户的管理费用；期末结转后该账户应无余额。“管理费用”账户的明细账，应按费用项目设置专栏，进行明细登记。

3.“财务费用”账户

为了核算企业为筹集生产经营资金而发生的各项费用，反映财务费用计划的执行情况，核算中应设置“财务费用”账户。该账户的借方登记实际发生的各项财务费用，贷方登记应冲减财务费用的利息收入、汇兑收益和期末转入“本年利润”账户的财务费用；期末结转后该账户应无余额。“财务费用”账户的明细账应按费用项目设置专栏，进行明细登记。

（三）跨期费用核算的账户设置

为了正确划分各项费用的界限，企业应当设置“长期待摊费用”等账户。长期待摊费用是指企业已经发生但应由本期和以后各期负担的摊销期在 1 年以上的各项费用，如以经营租赁方式租入固定资产发生的改良支出等。

“长期待摊费用”账户借方登记企业发生的各项长期待摊费用，贷方登记分期摊销计入“管理费用”、“销售费用”等的数额；期末余额在借方，表示企业已经发生尚未摊销完毕的长期待摊费用数额。

如果需要单独核算废品损失和停工损失，还应设置“废品损失”和“停工损失”账户。

此外，为了结转已完工入库产品成本，还涉及“库存商品”账户；为了将销售费用、管理费用和财务费用作为期间费用直接计入当月损益，还涉及“本年利润”账户；为了登记不能计入产品成本和期间费用，而应计入固定资产价值的在建工程成本的各种费用，还涉及“在建工程”和“固定资产”等账户。

二、成本核算的基本程序

成本核算程序就是指生产过程的费用计入产品成本的过程，也称成本流程。因此，成本核算的基本程序也就是产品成本和期间费用的计算程序，即根据成本核算的要求，按照成本计算对象，将企业在生产经营过程中发生的各项费用，逐步进行分配和归集，最后计算出各种产品的生产成本和各项期间费用。

成本费用核算的基本程序可归纳如下：

1．确定成本计算对象

所谓成本计算对象，就是费用归集的对象，或费用承担的载体。成本计算对象的确定是设置明细账、归集费用、计算产品生产成本的前提。由于企业的生产特点、管理要求、规模大小、管理水平的不同，企业成本计算对象也不相同。对工业企业而言，产品成本计算的对象包括产品品种、产品批别、产品生产步骤三种。企业应根据自身的生产特点和管理要求，选择合适的产品成本计算对象。

2．确定成本项目

如前所述，成本项目是指生产费用要素按照经济用途划分成的若干项目。通过成本项目，可以反映成本的经济构成以及产品生产过程中不同的资金耗费情况。因此，企业为了满足成本管理的需要，可以在直接材料、直接人工、制造费用三个成本项目的基础上进行必要的调整，如单设其他直接支出、废品损失、停工损失等成本项目。

3．确定成本计算期

成本计算期是指成本计算的间隔期，即多长时间计算一次成本。产品成本计算期的确定，主要取决于企业生产组织的特点。通常，在大量大批生产情况下，产品成本的计算期间与会计期间相一致；在单件小批生产情况下，产品成本的计算期间与产品的生产周期相一致。

4．生产费用的审核

对企业生产经营过程中发生的各项费用支出，要根据有关的法规、制度和成本、费用开支范围，进行严格的审核和控制，确定费用应不应该开支；应开支的费用应不应该计入产品成本。然后，将应该计入产品成本的费用，按产品成本项目，直接计入或按照一定标准分配计入各有关的产品成本。

5．生产费用的归集和分配

生产费用的归集和分配，就是将应该计入本月产品成本的各种要素费用在有关产品之间，按产品成本项目进行归集和分配。归集和分配的原则为：产品生产直接发生的生产费用直接作为产品成本的构成内容，直接计入该产品成本；为生产服务发生的间接费用，可先按地点和用途进行归集汇总，然后分配计入各受益产品。产品成本计算的过程也就是生产费用的分配和汇总过程。

6．计算完工产品成本与月末在产品成本

对于月末既有完工产品又有未完工在产品的产品，将归集在该种产品成本明细账的月初在产品费用和本月生产费用之和，在完工产品与月末在产品之间采用适当的方法进行分配，计算出该种产品的完工产品成本和月末在产品成本。

为了在具体讲述成本核算之前，能够对成本核算程序先有一个总括的了解，下面结合前述的成本核算一般程序和成本核算的主要会计账户，以图 2-1 列示成本核算的账务处理程序。

知识链接

（1）对发生的要素费用进行归集与分配。

（2）分配其他费用。

（3）分配辅助生产成本。

（4）分配制造费用。

（5）计算并结转完工产品成本。

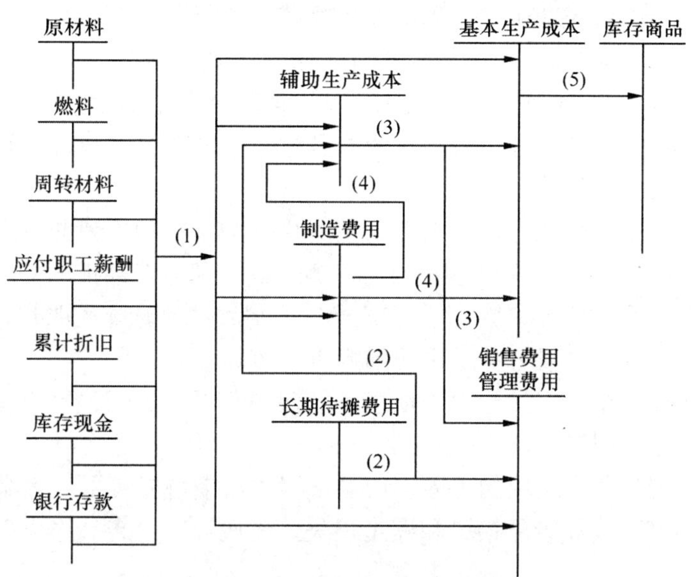

图 2-1 成本流转核算程序

项目小结

产品成本是反映企业生产经营管理经济核算的综合性指标。为了保证该指标的数据质量，产品成本核算时应遵循：合法性原则、相关性原则、可靠性原则、可比性原则、重要性原则、分期核算原则和配比原则。

产品成本核算过程，既是对生产耗费进行归类反映的过程，也是对成本计划实施检验和控制的过程。为了通过对该过程的核算，使成本会计的任务得以很好完成，除遵循成本核算原则外，还应做到以下六个方面要求：一是从成本管理的要求出发，算管结合，算为管用。二是遵守成本开支范围。三是正确划分各种费用界限，即：①正确划分生产经营管理费用和非生产经营管理费用界限；②正确划分生产成本和期间费用界限；③正确划分各个期间的费用界限；④正确划分各种产品的费用界限；⑤正确划分完工产品与月末在产品的费用界限。四是正确确定财产物资的计价和价值结转方法。五是加强成本核算基础工作。六是确定适当的成本计算对象和成本计算方法。

为了科学地进行成本管理，正确计算产品成本和期间费用，必须对企业生产经营过程中发生的各种费用进行合理的分类。费用可以按照不同的标准来划分。

为了核算和监督企业生产过程中发生的各项费用，正确计算产品、劳务成本，需要设置有关成本类账户。工业企业一般设置“生产成本”、“制造费用”等账户，施工企业一般设置“工程施工”、“机械作业”等账户，交通运输企业一般设置“劳务成本”等账户，农业企业一般设置“农业生产成本”等账户，房地产开发企业一般设置“开发成本”等账户。

在“生产成本”总账账户下设置“基本生产成本”和“辅助生产成本”两个二级账户。“生产成本——基本生产成本”账户，一般按产品成本的计算对象，如产品品种等进行明细分类核算。“生产成本——辅助生产成本”账户，一般按辅助生产车间和生产的产品或劳务分设明细账进行核算。

为了正确核算企业直接计入当期损益的期间费用，应当设置“销售费用”、“管理费用”、“财务费用”账户。

为了正确划分各项费用的界限，应当设置“长期待摊费用”等账户。

如果需要单独核算废品损失和停工损失，还应设置“废品损失”和“停工损失”账户。

产品成本核算是一项复杂的工作，为了保证这项工作顺利进行，一般要遵循如下成本核算程序：确定成本计算对象、确定成本项目、确定成本计算期间、审核生产费用、生产费用的归集和分配以及计算完工产品成本和月末在产品成本。

项目训练

一、思考题

1. 简述成本核算的原则和基本要求。

2. 为了正确计算产品成本，应该划清哪几个方面的费用界限？

3. 为了正确计算产品成本，应该做好哪些基础工作？

4. 简述费用的基本分类。

5. 什么是要素费用？ 什么是成本项目？

6. 为了进行成本核算需要设置哪些主要账户？它们各反映什么内容？

7. 简述成本核算的一般程序。

8. 生产费用和期间费用如何计入产品成本和当期损益？

二、练习题

1. 资料：某公司 2014 年 8 月发生有关支出资料如下表所示：

某公司 2014 年 8 月发生有关支出

发生的与支出相关的经济业务	生产费用	期间费用			营业外支出	资本性支出
		管理费用	财务费用	销售费用		
1．支付本月生产人员薪酬 320 000 元						
2．支付广告费 30 000 元						
3．公司经理出差报销差旅费 4 200 元						
4．产品生产直接领用原材料 60 000 元						
5．购买办公用品 4 800 元						
6．支付本月银行短期借款利息 9 800 元						
7．支付本月行政管理人员薪酬 58 000 元						
8．财务科购买电脑 1 台，价值 4 800 元						
9．支付银行手续费 2 000 元						
10．购买印花税票 100 元						
11．罚款支出 500 元						
12．向灾区捐款 15 000 元						
13．支付劳动保险费用 16 500 元						
14．支付机器设备的日常修理费 1 000 元						
15．出售固定资产净损失 2 000 元						
16．销售产品的运费、包装费、保险费等 8 000 元						
17．购买专用车床 2 台，价值 585 000 元						
18．支付专设销售机构办公经费 14 000 元						
19．在建工程领用原材料 7 000 元						
20．购入专利权一项，价值 51 000 元						
21．支付车间办公费、劳动保护费 5 000 元						
合计						

要求：按“正确划分各种费用界限”的要求填列上表相关专栏，并求出合计数。

2．资料：某企业 2014 年 9 月有关费用资料如下：

（1）生产产品耗用原料及主要材料 80 000 元、辅助材料 1 000 元、燃料 2 000 元。

（2）本月生产工人薪酬 10 000 元、车间管理人员薪酬 5 000 元、企业管理人员薪酬 40 000 元、销售人员薪酬 10 000 元。

（3）生产车间发生办公费 5 000 元、水电费 5 000 元、保险费 3 000 元。

（4）企业管理部门办公费 10 000 元、电话费 1 000 元。

（5）购买专利权一项，支付 7 000 元。

（6）支付固定资产修理费 6 000 元。

（7）支付办公楼的改建支出 100 000 元。

（8）支付本季度短期借款利息 9 000 元，其中前两个月已计提 6 000 元，本月负担 3 000 元。

（9）产品销售过程中发生广告费、展览费、包装费、运输费等 10 000 元。

（10）处置报废的固定资产，清理费用 4 000 元。

（11）月末计提固定资产折旧费 7 000 元，其中车间计提 4 000 元，管理部门计提 2 000 元，销售部门计提 1 000 元。

上月生产的 1 000 件甲产品全部完工，本月生产的 2 000 件甲产品部分完工，完工比例为 80%，其余 20%为月末在产品。

要求：按“正确划分各种费用界限”的要求来分析计算：

（1）本月发生的生产费用。

（2）本月发生的期间费用。

（3）本月完工产品的生产成本。

第 2 篇　成本核算的基本技能训练

学习目标

通过本篇学习，使学生掌握企业生产过程中费用的归集和分配，计算出完工产品与月末在产品成本。重点掌握每一环节发生的费用的归集和分配，能熟练地根据企业实际情况，选择适合企业特点的标准，计算和分配各项费用，登记生产成本明细账。本篇章是成本核算的基本技能训练，涉及的分配方法较多，技术性较强，涉及不同的岗位。在学习过程中，学生要培养严谨的作风，注重方法的学习和技能的训练，树立全局观念和团队合作精神，提高分析问题与解决问题的能力。

单元导航

在第 1 篇，我们认知了成本、费用与支出之间的关系。企业在一定时期发生的费用，经过归集和分配后，最终要由具体受益对象来承担，形成生产费用和期间费用。生产费用再经过归集和分配，最终要落实到受益的各种产品中去，形成产品成本。那么，企业发生的这些费用，有多少、又是怎样归集和分配到产品成本中去的呢？如何形成产品成本项目？最终完工产品成本又是如何计算出来的？实际上，生产费用的归集和分配可以分为三类：第一类是要素费用的归集和分配，如原材料、燃料及动力、职工薪酬、固定资产折旧等，其特点是直接根据原始凭证上确定的金额和注明的用途进行归集和分配；第二类是综合费用的归集和分配，如辅助生产费用、制造费用、生产损失等，其特点是选择相对合理的标准进行分配；第三类是基本生产费用的归集和分配，其特点是根据企业的生产类型，选择适当的成本计算方法，把生产成本中归集的费用总数在本月完工产品与月末在产品之间进行分配，以便分别计算出完工产品与月末在产品成本。

本篇我们将按上述结构顺序展开学习，通过五个项目来介绍生产费用的归集和分配的基本方法和基本技能：项目 3 是归集和分配要素费用；项目 4 是归集和分配辅助生产费用；项目 5 是归集和分配制造费用；项目 6 是归集和分配生产损失；项目 7 是计算完工产品与月末在产品成本。相信通过本篇章的学习，大家一定会有很清晰的思路，能顺利地完成生产费用到产品成本计算的整个过程。

学习建议

本篇主要介绍要素费用、辅助生产费用、制造费用和生产损失的归集和分配，以及完工产品与月末在产品成本的计算，是进行成本核算的基本技能。

在学习材料、动力费用的归集和分配时，应重点把握材料费用分配方法的实际运用及相关的会计处理；在学习职工薪酬的归集和分配时，应结合应付职工薪酬核算的相关内容；辅助生产费用的归集和分配是本篇的重点和难点内容之一，应理解辅助生产与基本生产的区别，在学习各种分配方法时，不能死记硬背，应通过对几种方法的对比来加强学习和理解；生产损失的归集和分配是本篇的主要内容之一，应重点掌握生产损失包括的内容，熟练掌握废品损失和停工损失的归集和分配方法；生产费用在完工产品与月末在产品之间的分配，既是本篇的重点内容也是难点内容，在学习时应结合不同行业、产品、企业规模等因素理解不同的分配方法，能根据不同企业的实际情况，合理选择适当的方法在完工产品与月末在产品之间进行生产费用的分配；要特别掌握好约当产量法和定额比例法，透彻理解其内涵，在计算约当产量时，注意“直接材料”项目按照投料程度确定完工程度，“直接人工”和“制造费用”项目按照加工程度确定完工程度。

项目 3　归集和分配要素费用

制造业企业发生的费用，按照经济内容（性质）划分，主要有劳动对象方面费用、劳动手段方面费用和活劳动方面费用三大类。为了具体反映制造企业各种费用的构成和水平，进一步划分为外购材料、外购燃料、外购动力、职工薪酬、计提折旧费、利息支出、税金支出、其他支出等具体要素费用。

发生的各要素费用需要按照一定分配方法进行分配。要素费用的一般分配方法如下：

1. 基本生产部门发生的要素费用

（1）直接用于产品生产并专门设有成本项目的费用。前述基本生产成本明细账，即产品成本明细账（或产品成本计算单）是按产品品种等成本计算对象设置和登记的，账内按成本项目分设专栏或专行。如果是某一种产品的直接计入费用，如构成产品实体的原材料费用、生产工人工资薪酬、工艺用燃料及动力费用等各种要素费用，应直接计入该种产品成本明细账的“原材料（直接材料）”、“燃料及动力”、“直接人工”等成本项目；如果是生产几种产品的间接计入费用，则应采用适当的分配方法，分配以后分别计入各该种产品成本明细账的“原材料（直接材料）”、“燃料及动力”、“直接人工”等成本项目。

（2）用于生产部门组织和管理生产的费用

直接用于产品生产但没有专设成本项目的各项费用，及基本生产部门组织和管理生产发生的各种费用，则计入“制造费用”总账及所属明细账有关的费用项目进行归集。月末分配计入各种产品“基本生产成本”总账及所属明细账的“制造费用”成本项目。

2．辅助生产部门发生的要素费用

对于直接或间接用于辅助生产的费用，全部计入“辅助生产成本”总账及所属明细账，或者分别计入“辅助生产成本”和“制造费用”总账及所属明细账有关项目进行归集，“制造费用”账户月末再分配计入“辅助生产成本”总账和所属明细账的“制造费用”成本项目。

3．销售机构、行政管理部门以及筹集资金发生的要素费用

在生产经营过程中发生的用于行政管理部门发生的费用、产品销售发生的费用，以及筹集资金发生的费用，不计入产品成本而应分别计入“销售费用”、“管理费用”、“财务费用”总账和所属明细账，作为期间费用期末转入“本年利润”账户。

小提示

对于购建固定资产的费用、购买无形资产的费用等资本性支出，符合资本化条件的，不计入产品成本和期间费用，计入“在建工程”、“无形资产”等科目。

4．直接用于产品生产的间接计入费用的分配方法

直接用于产品生产的间接计入费用的分配，应选用适当的分配标准（指分配依据的标准与分配对象有比较密切的联系，而且分配标准的资料比较容易取得，

计算比较简便）进行分配，常见的分配标准主要有三类：

（1）成果类，例如产品的重量、体积、面积、产量、产值等；

（2）消耗类，例如生产工时、机器工时、生产工资、原材料的消耗量、原材料费用等；

（3）定额类，例如定额消耗量、定额费用、定额工时等。

费用分配率的计算公式如下：

费用分配率=待分配的费用总额÷分配标准总额

某分配对象应分配的费用=该对象的分配标准额×费用分配率

小提示

各项要素费用的分配是通过编制各种费用分配表进行的，根据分配表编制会计分录，据以登记各种成本、费用总账科目及其所属明细账。

任务 3.1　归集和分配材料费用

案例引入

某年前 10 个月，冀中能源邯矿集团阳邑煤矿通过开展“百千万”成本管理活动减少成本支出 200 万元，与上年同期相比累计减少成本支出 150 万元。通过严抓落实，1—10 月全公司非生产性支出比计划降低了 40%。对皮带、矿工钢、搪材等经常性材料投入，派专人对运输、使用、复用各个环节实行“全程跟踪”。在采掘区队开展“一个螺丝螺母、一条柱头丝、一根搪材”回收复用竞赛，工作面搬家力争“零投入”。对供应科仓库和区队临时小仓库实行每旬一检查，盘活积压物资。1—10 份，节约材料费用 160 多万元，吨煤综合单位成本比计划降低 29.48 元，降低幅度为 11.34%。

材料是指企业在生产经营过程中耗用的原料及主要材料、外购半成品、辅助材料、包装材料、燃料、修理用备件、周转材料等。不论是耗用的外购材料还是耗用的自制材料，都应按照发生的部门（或地点）以及用途分别计入产品成本或当期损益。

任务 3.1.1　归集和分配材料费用

工作任务

通达公司是一家小家电生产企业，共设置一个基本生产车间（分别生产豆浆机、吹风机两种产品）、两个辅助生产车间（供水车间、供电车间）、厂部管理部门和销售部门。会计人员张三负责材料核算，李四负责成本核算，我们跟随张三、李四一起完成 2014 年 11 月材料费用的归集和分配工作。

知识准备

企业的材料费用包括在生产经营过程中经加工改变其形态或性质并构成产品主要实体的各种原料及主要材料、辅助材料、修理用备件、外购半成品、燃料、周转材料等的费用。企业的各种材料可以通过采购、接受投资、接受捐赠、进行债务重组、进行非货币性交易等方式取得。发生的材料费用通常列入“生产成本”账户的“直接材料”成本项目。

一、材料费用的内容

（1）原料及主要材料是指经过加工后，构成产品主要实体的各种原料和材料。例如，纺纱用的棉花、制造机械用的钢材等。

（2）辅助材料是指直接用于产品生产，有助于产品形成或便于生产，但不构成产品主要实体的各种材料。例如，印染用的漂白粉和维修机器设备用的润滑油、防腐剂等。

（3）外购半成品是指从外部购入的，经过加工和装配，构成产品主要实体的半成品及配套件。例如，生产自行车使用的内胎和外胎等。

（4）修理用备件（备品备件）是指为修理机器设备和运输设备等而购入的各种备件。例如，齿轮、轴承、阀门、轮胎等。

（5）包装材料是指包装用的纸、绳、铁皮、铁丝等。

（6）燃料是指用以产生热能的各种材料，包括固体燃料、液体燃料和气体燃料。例如，煤、焦炭、汽油、柴油、天然气等。

（7）周转材料是指企业能够多次使用、逐渐转移其价值但仍保持其原有形态的不被确认为固定资产的材料。例如，包装物和低值易耗品。

二、材料耗用的计量与计价

1. 材料实际成本的确定

材料应当以其实际成本入账。存货成本包括采购成本、加工成本和其他成本。

（1）材料的采购成本一般包括采购价格、进口关税和其他税金、运输费、装卸费、保险费以及其他可直接归属于材料采购的费用。其中，采购价格是指企业购入的材料的发票账单上列明的价款，但不包括按规定可以抵扣的增值税额；其他税金是指企业购买、自制或委托加工材料发生的消费税、资源税和不能从销项税额中抵扣的增值税进项税额等；其他可直接归属于材料采购的费用是指采购成本中除上述各项以外的可直接归属于材料采购的费用，如在材料采购过程中发生的仓储费、包装费、运输途中的合理损耗、入库前的挑选整理费用等。

（2）材料的加工成本是指在材料的加工过程中发生的追加费用，包括直接人工以及按照一定方法分配的制造费用。

（3）材料的其他成本是指除采购成本、加工成本以外的，使材料达到目前场所和状态所发生的其他支出。

小提示

（1）非正常消耗的直接材料、直接人工和制造费用，应在发生时计入当期损益。

（2）企业在材料采购入库后发生的仓储费用，应在发生时计入当期损益。

（3）不能归属于使材料达到目前场所和状态的其他支出，应在发生时计入当期损益。

2. 材料发出的计价方法

（1）材料采用实际成本核算。指每一种材料的收发结存量，都按其在采购（或委托加工、自制）过程中所发生的实际成本进行计价。这种计价方法通常适用于材料品种较少、收发料次数不多的企业。

采用实际成本法在材料发出时，有以下四种方法：先进先出法（在物价上涨时，期末存货成本接近市价，而发出成本偏低，利润偏高）、全月一次加权平均法、移动平均法、个别计价法。

（2）材料按计划成本核算。指每一种材料的收发结存量，都按预先确定的计划成本计价。这种计价方法通常适用于材料实际成本变动不大、品种多、收发料频繁的企业，从而可以简化材料日常收发核算的工作量。

按照计划成本进行存货核算，要对存货的计划成本和实际成本之间的差异进行单独核算，最终将计划成本调整为实际成本。

三、材料费用的分配方法

材料费用的分配方法主要有重量（体积、产量）比例分配法、材料定额耗用量分配法、材料定额费用分配法、材料实际耗用量分配法等。

1. 重量（体积、产量）比例分配法

重量（体积、产量）比例分配法是指以各种耗用材料所生产出产品的重量（体积、产量）为标准来分配材料费用的方法。如果各种产品共同耗用某种材料，其耗用量又与各产品的重量（体积、产量）有直接的关系，适宜采用这种方法。运用此方法时，产品应分配的材料费用计算公式如下：

$$\text{材料费用分配率}=\frac{\text{耗用该材料的实际费用}}{\text{各收益产品重量（体积、产量）之和}}$$

某受益产品应分配的材料费用=该受益产品重量（体积、产量）×材料费用分配率

2. 材料定额耗用量分配法

材料定额耗用量是指企业生产一定数量的产品按事先核定的单位产品材料定额耗用量计算确定的理论材料耗用数量。

材料定额耗用量分配法是指以各种材料费用受益产品的材料定额耗用量为分配标准，以单位材料定额耗用量应负担的材料费用为材料费用分配率，据以分配材料费用的方法。该方法适用于材料消耗比较单一、单位产品材料定额耗用量比较准确的产品。运用此方法时，产品应分配的材料费用计算公式如下：

受益产品材料定额耗用量=受益产品产量×单位产品材料定额耗用量被分配的材料费用

$$\text{材料费用分配率}=\frac{\text{被分配的材料费用}}{\text{各收益产品材料定额耗用量之和}}$$

3. 材料定额费用分配法

材料定额费用是指企业生产一定数量的产品按事先核定的单位产品定额费用计算确定的理论材料费用。

材料定额费用分配法是指以各种材料费用受益产品的材料定额费用为分配标准，以实际消耗的材料费用占各受益产品材料定额费用之和的比例为材料费用分配率，据以分配材料费用的方法。该方法适用于产品生产过程中消耗的材料品种较多，不宜按品种确定材料定额耗用量，但有比较合理的材料定额费用的产品。运用此方法时，产品应分配的材料费用计算公式如下：

受益产品材料定额费用=受益产品产量×单位产品材料定额费用被分配的材料费用

$$材料费用分配率=\frac{被分配的材料费用}{各收益产品材料定额费用之和}$$

某受益产品应分配的材料费用=该受益产品材料定额费用×材料费用分配率

4. 材料实际耗用量分配法

材料实际耗用量是指企业在生产产品过程中所记录的各种产品的材料消耗数量。材料实际耗用量分配法是指以各种产品的材料实际耗用量为分配标准，以材料的实际单价为材料费用分配率，据以分配材料费用的方法。该方法适用于能分清材料消耗对象，并有健全的材料消耗记录的产品。运用此方法时，产品应分配的材料费用计算公式如下：

$$材料费用分配率=\frac{被分配的材料费用}{各收益产品材料实际耗用量之和}$$

某受益产品应分配的材料费用=该受益产品材料实际耗用量×材料费用分配率

工作过程

一、确定材料耗用量

张三将本月的领料凭证进行汇总，编制材料耗用量汇总表。

通达公司领料单的格式如表 3-1 所示。

表 3-1 领料单

材料类别：原材料

领料部门：基本生产车间（豆浆机）　　2014 年 11 月 2 日　　领料单号：000 001

材料名称	规格	单位	数量/kg		备注
			请领	实发	
甲材料			***	***	
乙材料			***	***	

小提示

材料发出应根据领料单、限额领料单、领料登记表的领料凭证进行。会计部门应对领料凭证所列材料的种类、数量等进行审核，检查所领材料的种类和用途是否符合企业内部控制制度的要求，数量是否超过限额。生产所剩材料应编制退料单，据以退回仓库。对于企业已领未用、下月生产继续耗用的材料，为简化核算工作，可以采用“假退料”的办法，即实际实物不动，只是填制一份当月的退料单，表示该项余料已经退料，从当月领用数量中扣除，同时编制一份下月的领料单，表示该项余料又作为下月的领料出库。

张三月末编制的通达公司材料耗用量汇总表如表 3-2 所示。

表 3-2 材料耗用量汇总表

2014 年 11 月 2 日　　计量单位：千克

耗用部门		甲材料	乙材料	丙材料	丁材料	戊材料
基本生产车间	豆浆机	2 400	4 000			
	吹风机			1 000		
	一般耗用					600
辅助生产车间	供水车间			600		
	供电车间				400	
管理部门						400
销售部门						500
合计		2 400	4 000	1 600	3 400	1 500

二、确定材料单位成本

材料发出的计价取决于收入材料的入账价值，材料的计价可以按实际成本计价时发出材料的价值或计划成本计价时发出材料的价值确定。

该企业采用实际成本计价方法的加权平均法确定发出材料的单价。张三根据有关材料明细账计算本月甲材料的平均单价和实际成本：

本月甲材料加权平均单价=（10 000+30 000）÷（1 000+3 000）=10（元/千克）

本月发出甲材料实际成本=2 400×10=24 000（元）

月末结存甲材料实际成本=1 600×10=16 000（元）

本月甲材料明细账如表 3-3 所示。

表 3-3 甲材料明细账

材料类别：原材料　　　　　　　　　　　　　　　　　　　　计量单位：千克，元

材料编号：　　　　　　　　　　　　　　　　　　　　　　　最高存量：

材料名称及规格：甲材料　　　　　　　　　　　　　　　　　最低存量：

2014 年		凭证		摘要	收入			发出			结存		
月	日	种类	号码		数量	单价	金额	数量	单价	金额	数量	单价	金额
11	1			月初结存							1 000	10.00	10 000
11	2			生产领用				550			450		
11	8			外部购入	2 000	9.00	18 000				2 450		
11	12			生产领用				1 000			1 450		
11	22			生产领用				850			600		
11	25			外部购入	1 000	12.00	12 000				1 600		
11	30			合计	3 000		30 000	2 400	10.00	24 000	1 600	10.00	16 000

使用同样的方法，张三分别计算出本月乙材料、丙材料、丁材料和戊材料的单位成本分别为 4 元/千克、20 元/千克、12 元/千克和 25 元/千克，并编制通达公司本月材料费用汇总表（见表 3-4）。

表 3-4 材料费用汇总表

2014 年 11 月 30 日

<table>
<tr><th colspan="2">耗用部门</th><th>甲材料</th><th>乙材料</th><th>丙材料</th><th>丁材料</th><th>戊材料</th></tr>
<tr><td rowspan="3">基本生产车间</td><td>豆浆机</td><td>24 000</td><td>16 000</td><td></td><td rowspan="2">36 000</td><td></td></tr>
<tr><td>吹风机</td><td></td><td></td><td>20 000</td><td></td></tr>
<tr><td>一般耗用</td><td></td><td></td><td></td><td></td><td>15 000</td></tr>
<tr><td rowspan="2">辅助生产车间</td><td>供水车间</td><td></td><td></td><td>12 000</td><td></td><td></td></tr>
<tr><td>供电车间</td><td></td><td></td><td></td><td>4 800</td><td></td></tr>
<tr><td colspan="2">管理部门</td><td></td><td></td><td></td><td></td><td>10 000</td></tr>
<tr><td colspan="2">销售部门</td><td></td><td></td><td></td><td></td><td>12 500</td></tr>
<tr><td colspan="2">合计</td><td>24 000</td><td>16 000</td><td>32 000</td><td>40 800</td><td>37 500</td></tr>
</table>

三、编制材料费用分配表

张三根据材料费用汇总表，确定甲材料、乙材料、丙材料和戊材料能直接确

定归属对象，属于直接计入的材料费用，可以直接计入产品成本明细账的“直接材料”成本项目或有关费用明细账的相关成本项目；但丁材料为豆浆机、吹风机两种产品共同耗用，属于间接计入的材料费用，这就需要根据企业实际，采用既合理又简便的分配方法分配计入各产品成本明细账的“直接材料”成本项目。

采用重量（体积、产量）比例分配法、材料定额耗用量分配法、材料定额费用分配法和材料实际耗用量分配法编制材料费用分配表的过程如下：

（一）重量（体积、产量）比例分配法

假设通达公司豆浆机的产量为2 400个，吹风机的产量为1 200个，则丁材料费用按产量比例分配法分配如下：

丁材料费用分配率$=\frac{36\ 000}{2\ 400+1\ 200}=10$（元/千克）

豆浆机应分配的丁材料费用=2 400×10=24 000（元）

吹风机应分配的丁材料费用=1 200×10=12 000（元）

在实际工作中，通过编制丁材料费用分配表（见表3-5）来完成豆浆机、吹风机的丁材料费用分配。

表3-5 丁材料费用分配表（重量、体积、产量比例分配法）

2014年11月30日　　　　金额单位：元

应借账户			成本项目	分配标准/千克	费用分配率/（元/千克）	分配金额
总账账户	二级账户	明细账户				
生产成本	基本生产成本	豆浆机	直接材料	2 400		24 000
生产成本	基本生产成本	吹风机	直接材料	1 200		12 000
合计				3 600	10	36 000

（二）材料定额耗用量分配法

假设通达公司本月豆浆机、吹风机两种产品的产量分别为2 400个、1 200个，单位产品丁材料定额耗用量分别为1千克、0.5千克，则丁材料费用按材料定额耗用量分配法分配如下：

豆浆机丁材料定额耗用量=2 400×1=2 400（千克）

吹风机丁材料定额耗用量=1 200×0.5=600（千克）

丁材料费用分配率$=\frac{36\ 000}{2\ 400+600}=12$（元/千克）

豆浆机应分配的丁材料费用=2 400×12=28 800（元）

吹风机应分配的丁材料费用=600×12=7 200（元）

在实际工作中，通过编制丁材料费用分配表（见表 3-6）来完成豆浆机、吹风机的丁材料费用分配。

表 3-6　丁材料费用分配表（材料定额耗用量分配法）

2014 年 11 月 30 日　　　　金额单位：元

应借账户			成本项目	分配标准/千克	费用分配率/（元/千克）	分配金额
总账账户	二级账户	明细账户				
生产成本	基本生产成本	豆浆机	直接材料	2 400		28 800
生产成本	基本生产成本	吹风机	直接材料	600		7 200
合计				3 600	12	36 000

（三）材料定额费用分配法

假设通达公司本月豆浆机、吹风机两种产品的产量分别为 2 400 个、1 200 个，单位产品丁材料定额费用分别为 10 元、5 元，则丁材料费用按材料定额费用分配法分配如下：

豆浆机丁材料定额费用=2 400×10=24 000（元）

吹风机丁材料定额费用=1 200×5=6 000（元）

$$丁材料费用分配率=\frac{36\,000}{2400+6\,000}=1.2（元/千克）$$

豆浆机应分配的丁材料费用=24 000×1.2=28 800（元）

吹风机应分配的丁材料费用=6 000×1.2=7 200（元）

在实际工作中，通过编制丁材料费用分配表（见表 3-7）来完成豆浆机、吹风机的丁材料费用分配。

表 3-7　丁材料费用分配表（材料定额费用分配法）

2014 年 11 月 30 日　　　　金额单位：元

应借账户			成本项目	分配标准/千克	费用分配率/（元/千克）	分配金额
总账账户	二级账户	明细账户				
生产成本	基本生产成本	豆浆机	直接材料	24 000		28 800
生产成本	基本生产成本	吹风机	直接材料	6 000		7 200
合计				30 000	1.2	36 000

（四）材料实际耗用量分配法

假设通达公司本月豆浆机、吹风机两种产品共同耗用丁材料 3 000 千克，其中，豆浆机耗用 2 000 千克，吹风机耗用 1 000 千克，则丁材料费用按材料实际耗用量分配法分配如下：

$$丁材料费用分配率=\frac{36\,000}{2\,000+1\,000}=12（元/千克）$$

豆浆机应分配的丁材料费用=2 000×12=24 000（元）

吹风机应分配的丁材料费用=1 000×12 =12 000（元）

在实际工作中，通过编制丁材料费用分配表（见表 3-8）来完成豆浆机、吹风机的丁材料费用分配。

表 3-8 丁材料费用分配表（材料实际耗用量分配法）

2014 年 11 月 30 日　　　　金额单位：元

应借账户			成本项目	分配标准/千克	费用分配率/（元/千克）	分配金额
总账账户	二级账户	明细账户				
生产成本	基本生产成本	豆浆机	直接材料	2 000		24 000
生产成本	基本生产成本	吹风机	直接材料	1 000		12 000
合计				3 000	12	36 000

在实际工作中，通达公司是以豆浆机、吹风机两种产品的产量作为分配共同耗用的丁材料费用的标准，因此，月末编制的本月材料费用分配表如表 3-9 所示。

表 3-9 材料费用汇总表

2014 年 11 月 30 日　　　　金额单位：元

耗用部门		甲材料	乙材料	丙材料	丁材料	戊材料	合计
基本生产车间	豆浆机	24 000	16 000		24 000		64 000
	吹风机			20 000	12 000		32 000
	一般耗用					15 000	15 000
辅助生产车间	供水车间			12 000			12 000
	供电车间				4 800		4 800
管理部门						10 000	10 000
销售部门						12 500	12 500
合计		24 000	16 000	32 000	40 800	37 500	150 300

四、编制材料费用分配记账凭证

对发生的材料费用进行分配后，要编制材料费用分配表来反映分配结果，以便进行会计核算。在实际工作中，材料费用分配的过程是与材料费用分配表的编制结合在一起进行的。操作时，由仓储部门依据领料凭证（领料单、限额领料单、领料登记表等）及余料退回凭证、废料交库凭证等确定实际的材料发出数量，填制发出材料明细表；财会部门根据仓储部门提供的发出材料明细表，结合产量记录、定额资料或投料记录等分配材料费用，编制材料费用分配表；根据材料费用分配表和发出材料明细表等原始凭证，编制记账凭证，登记有关账簿。

根据材料费用分配表，材料核算员张三编制的材料费用分配记账凭证如表3-10所示。

表 3-10 材料费用分配记账凭证

2014 年 11 月 30 日　　　　转字第×号

摘要	一级科目	二级科目	明细科目	借方金额	贷方金额	记账
分配材料费用	生产成本	基本生产	豆浆机	64 000		
			吹风机	32 000		
		辅助生产	供水车间	12 000		
			供电车间	4 800		
	制造费用	一车间		15 000		
	销售费用			12 500		
	管理费用			10 000		
	原材料				150 300	
合计				150 300	150 300	

五、登记生产费用明细账

成本核算员李四根据分配材料费用的转字第×号记账凭证，登记在豆浆机、吹风机生产成本明细账中的“直接材料”成本项目中。

知识链接

一、燃料费用的归集和分配

燃料费用的分配程序与方法和原材料相同，可比照上述材料费用分配来进行。

如果燃料费用在产品成本中比重较大时，可以与动力费用一起专设“燃料及动力”成本项目，并增设“燃料”一级账户，将燃料费用单独进行归集与分配。

直接用于产品生产的燃料，在只生产一种产品或者是按照产品品种(或成本计算对象)分别领用，属于直接计入费用，可以直接计入各种产品成本明细账的“燃料及动力”成本项目；如果不能按产品品种分别领用，而是几种产品共同耗用的燃料，属于间接计入费用，则应采用适当的分配方法，在各种产品之间进行分配，然后再计入各种产品成本明细账的“燃料及动力”成本项目。

直接用于辅助生产、专设成本项目的燃料费用，用于基本生产和辅助生产但没有专设成本项目的燃料费用，应计入“辅助生产成本”、“制造费用”总账科目的借方及其所属明细账有关项目；用于产品销售以及组织和管理生产经营活动的燃料费用则应计入“销售费用”、“管理费用”总账科目的借方及所属明细账有关项目。

已领用的燃料费用总额，应计入“燃料”账户的贷方。不设“燃料”科目的，则计入“原材料——燃料”科目的贷方。

二、周转材料的归集与分配

周转材料主要包括企业能够多次使用，逐渐转移其价值但仍保持原有形态不确认为固定资产的包装物和低值易耗品等。

(一)包装物

1.包装物的内容

包装物是指为包装企业产品而储备、随同产品出售、出租或出借的各种包装容器，如箱、瓶、桶、坛、袋等。按其用途可分为：

(1)生产过程中用于包装产品作为产品组成部分的包装物；

(2)随同产品出售不单独计价的包装物；

(3)随同产品出售而单独计价的包装物；

(4)出租或出借给购买单位使用的包装物。

小提示

包装物与包装材料不同。各种包装材料，如纸、绳、铁皮、铁丝等，不是容器，属于原材料，在“原材料”科目中核算；

用于储存和保管产品的材料，不对外出售、出租和出借的包装容器，按其单位价值的大小和使用年限长短，属于低值易耗品或固定资产，应分别在“周转材料——低值易耗品”或“固定资产”科目中核算；

计划中单独列为企业商品产品的自制包装物，属于产成品，应在“库存商品”科目中核算。

2. 包装物费用的归集和分配

企业应该设置“周转材料——包装物”科目进行核算（日常核算的计价可以按计划成本进行，也可以按实际成本进行。按计划成本核算包装物，在发出时，应同时结转应负担的材料成本差异）。

（1）包装物的采购、自制和验收入库的核算，与原材料等的采购、自制和验收入库的核算相同。

（2）包装物发出。发出包装物的用途不同，账务处理也不尽相同。

①生产领用的包装物，为产品组成部分，属于直接用于产品生产、构成产品实体、专设成本项目的主要材料费用，应直接或分配计入“基本生产成本”等总账科目借方的“原材料”成本项目；

②随同产品出售但不单独计价的包装物，属于产品销售费用，计入“销售费用”科目借方；

③随同产品出售且单独计价的包装物，属于企业的其他经营业务费用，计入“其他业务成本”科目借方；

④出租或出借给购买单位使用的包装物。

出借包装物是为产品销售提供必要条件，属于产品销售业务的一部分，因此，出借包装物的价值摊销和修理费用等，作为产品销售的费用处理，借记“销售费用”科目。

出租包装物属于企业经营业务中的一种非主营业务，即其他销售业务，收取的租金作为其他业务收入，因此，出租包装物的价值摊销和修理费等，属于企业的其他经营业务费用，计入“其他业务成本”科目借方。

出借、出租给购买单位使用的包装物，其出借、出租过程中损耗的价值，应该采用适当的方法进行摊销，摊销方法同低值易耗品。

根据发出包装物的实际成本或计划成本总额，贷记“包装物”科目。如果是按计划成本进行包装物核算的企业，还要计算调整分配发出包装物的成本差异。

（二）低值易耗品

1. 低值易耗品的内容

低值易耗品是指不符合固定资产确认条件的各种用具物品，如工具、管理用具、玻璃器皿、劳动保护用品以及在经营过程中周转使用的容器等。它跟固定资产有相似的地方，在生产过程中可以多次使用不改变其实物形态，在使用时也需维修，报废时可能也有残值。由于它价值低，使用期限短，所以采用简便的方法，将其价值摊入产品成本和费用中。

低值易耗品的分类：

（1）经营用具，指经营中使用的各种用具如清洁器械、消防器械、绿化器械等。

（2）管理用具，指企业管理中的各种家具用具，如保险柜、沙发、椅子、桌子、自行车等。

（3）包装容器，指物业管理企业在经营过程中使用的周转箱、包装袋等。

2. 低值易耗品的归集与分配

低值易耗品的归集与分配是通过“周转材料——低值易耗品”账户进行的，其借方登记购入和其他原因增加的低值易耗品，贷方登记售出、废弃或其他原因减少的低值易耗品，余额表示低值易耗品的实有数。本账户下可设置“在用”、“在库”、“摊销”三个明细账户，进行明细核算。

低值易耗品购入核算同原材料。

低值易耗品的领用及其价值摊销方法通常有一次摊销法和五五摊销法。

（1）一次摊销法。即一次转销法或一次计入法，是指领用低值易耗品时，将其价值全部一次转入产品成本的方法。这种方法适用于价值低、使用期限短，或易于破损的物品如玻璃器皿等。采用这种方法摊销低值易耗品价值时，其最高单价和适用品种必须严格控制，否则会影响各期产品成本负担，以及影响在用低值易耗品的管理。

采用这种方法领用时，将其全部价值一次计入当月（领用月份）产品成本、期间费用等，借记“制造费用”、“管理费用”、“其他业务成本”等科目，贷记“周转材料——低值易耗品”科目。报废时，将其残料价值冲减有关的成本、费用，作为当月摊销的减少，借记“原材料”等科目，贷记“制造费用”、“管理费用”或“其他业务成本”等科目。

（2）五五摊销法。也称五成摊销法，就是在低值易耗品领用时先摊销其价值的50%（五成），报废时再摊销其价值的50%（扣除残值）的方法。采用这种方法，低值易耗品报废以前在账面上一直保留其价值的一半，表明在使用中的低值易耗品占用着一部分资金，有利于对实物的使用进行管理，防止出现大量的账外物资。这一方法适用于每月领用数和报废数比较均衡的低值易耗品。

采用五五摊销法，领用时按其账面价值，借记“周转材料——低值易耗品——在用”

科目，贷记“周转材料——低值易耗品——在库”科目；同时，按其价值的50%计算摊销额，借记“管理费用”、“基本生产成本”、“销售费用”、“其他业务成本”等科目，贷记“周转材料——低值易耗品——摊销”科目。周转材料报废时按报废低值易耗品价值的50%减去残值后的差额，借记“原材料”、“管理费用”、“基本生产成本”、“销售费用”、“其他业务成本”等科目，贷记“周转材料——低值易耗品——摊销”科目；并转销全部已提摊销额，借记“周转材料——低值易耗品——摊销”科目，贷记“周转材料——低值易耗品——在用”科目。

任务 3.1.2　归集和分配动力费用

工作任务

通达公司生产的豆浆机、吹风机两种产品共耗用外购电力 60 000 度，每度电 0.80 元，计 48 000 元。豆浆机机器工时 4 000 小时，吹风机机器工时 2 000 小时，由于未按产品安装电表，要求按机器工时分配，请计算豆浆机、吹风机两种产品应分配的动力费用。

知识准备

1．外购动力费用的归集

外购动力费用是指企业从外部单位购入的电力、蒸汽、热力等所支付的费用，应按照发生的部门（或地点）以及用途进行归集。

2．外购动力费用的分配

企业各车间、部门通常都装有仪表，在有仪表记录的情况下，应根据仪表所示数量及单价计算应分配的外购动力费用；但是，车间内的生产工艺动力用动力费，若无法按产品分别安装仪表，则生产工艺动力用电的费用属于间接计入费用，需要在各种产品之间进行分配。分配动力费用的标准通常有：生产工时、机器工时、机器功率时数和定额耗电量等。

工作过程

动力费用的具体分配过程与材料费用分配过程基本相同，步骤如下：

1．确定动力费用的分配去向

（1）直接用于产品生产工艺动力用电，属于直接燃料及动力，应计入“基本生产成本”总账和相应产品明细账的“燃料及动力”成本项目。

（2）基本生产车间照明等用电，则计入“制造费用”总账和所属明细账，月末分配计入“基本生产成本”总账和相应产品明细账的“制造费用”成本项目。

（3）直接用于辅助产品生产工艺动力用电，应计入“辅助生产成本”总账和相应产品或劳务的明细账的“燃料及动力”成本项目。用于辅助生产车间照明用电先计入“制造费用”总账和所属明细账进行归集。月末分配计入“辅助生产成本”总账和所属明细账的“制造费用”成本项目。

（4）销售机构、行政管理部门耗用的动力，不计入产品成本，而应分别计入“销售费用”、“管理费用”总账和所属明细账，作为期间费用转入“本年利润”账户，冲减当期损益。

如果基本生产和辅助生产不单独设置“燃料及动力”成本项目，发生的动力费应借记“制造费用”科目及其有关明细项目，贷记“应付账款”或“银行存款”科目。

2．分配动力费用中的间接计入费用

企业各车间、部门通常都装有仪表，在有仪表记录的情况下，应根据仪表所示耗电量及单价计算各车间、部门应分配的动力费用。但是，车间内的生产工艺动力用电，一般无法按产品分别安装电表，因而生产工艺动力用电费用属于间接计入费用，需要在各种产品之间进行分配。

通达公司计算豆浆机、吹风机两种产品应分配的动力费用如下：

（1）豆浆机、吹风机两种产品的机器工时：豆浆机 4 000 小时，吹风机 2 000 小时，共计 6 000 小时。

（2）计算动力费用分配率：

动力费用分配率=48 000÷6 000=8（元/小时）

（3）计算豆浆机、吹风机两种产品应分配的动力费用：

豆浆机应分配的动力费用=4 000×8=32 000（元）

吹风机应分配的动力费用=2 000×8=16 000（元）

3．编制动力费用分配表，并进行相应的账务处理

通达公司动力费用分配表如表 3-11 所示。

表 3-11 动力费用分配表

2014 年 11 月 30 日

应借账户		成本项目	分配计入		金额（元）
			机器工时（费用分配率为 8 元/时）	耗电量（费用分配率为 0.8 元/千瓦·时）	
基本生产成本	豆浆机	燃料及动力	4 000		32 000
	吹风机	燃料及动力	2 000		16 000
	小 计		6 000	60 000	48 000
辅助生产成本	供电车间	机物料消耗		15 000	12 000
	供水车间	机物料消耗		20 000	16 000
	小 计			35 000	28 000
制造费用	基本生产车间	机物料消耗		20 000	16 000
管理费用		其他		8 000	6 400
销售费用		包装费		3 000	2 400
合计				126 000	100 800

根据动力费用分配表，编制动力费用分配会计凭证，其会计分录如下：

借：生产成本——基本生产成本——豆浆机　　32 000
　　　　　　　　　　　　　——吹风机　　16 000
　　生产成本——辅助生产成本——供电车间　　12 000
　　　　　　　　　　　　　——供水车间　　16 000
　　制造费用——基本生产车间　　16 000
　　管理费用　　6 400
　　销售费用　　2 400
　　贷：应付账款（或银行存款）　　100 800

任务 3.2 归集和分配职工薪酬

案例引入

某年 2 月 20 日据每日经济新闻报道记者从人力资源和社会保障部知情人士处获悉，一部针对所有行业国有企业高管薪酬的总规范正在紧锣密鼓地制定。据透露，此次限薪将不仅针对金融行业的国企高管："这一规范将成为全国所有国有企业高管薪酬的指导性意见，并于两会前上交给国务院审批。"高管与职工薪酬水平之间的差距将考虑控制在10~12倍。

工作任务

通达公司会计人员张三负责职工薪酬核算，李四负责成本核算，我们将跟随张三、李四一起完成2014年11月职工薪酬的归集和分配工作。

知识准备

职工是指与企业订立劳动合同的所有人员，含全职、兼职和临时职工，也包括虽未与企业订立劳动合同，但由企业正式任命的企业治理层和管理层人员，如董事会成员、监事会成员等，同时还包括在企业的计划和控制下，虽未与企业订立劳动合同或未由企业正式任命，但为企业提供与职工类似服务的人员，如劳务用工合同人员。

职工薪酬是指企业为获得职工提供的服务而给予各种形式的报酬以及其他相关支出。从薪酬涵盖的时间和支付形式来看，职工薪酬包括企业在职工在职期间和离职后给予的所有货币性薪酬和非货币性福利；从薪酬支付的对象来看，职工薪酬包括提供给职工本人及其配偶、子女或其他被赡养人的福利。

职工薪酬包括以下内容：

（1）职工工资、奖金、津贴和补贴，是指按照国家统计局的规定构成工资总额的计时工资、计件工资、支付给职工的超额劳动报酬和增收节支的劳动报酬，为了补偿职工特殊或额外的劳动消耗和因其他特殊原因支付给职工的津贴，以及为了保证职工工资水平不受物价影响支付给职工的物价补贴等。

（2）职工福利费。

（3）医疗保险费、养老保险费、失业保险费、工伤保险费和生育保险费等社会保险费。其中，养老保险费包括根据国家规定的标准向社会保险经办机构缴纳的基本养老保险费以及根据企业年金计划向企业年金基金相关管理人缴纳的补充养老保险费。以购买商业保险形式提供给职工的各种保险待遇，也属于职工薪酬。

（4）住房公积金。

（5）工会经费和职工教育经费。

（6）非货币性福利，包括企业以自产产品发放给职工作为福利，将企业拥有的资产无偿提供给职工使用，为职工无偿提供医疗保健服务等。

（7）因解除与职工的劳动关系给予的补偿。

（8）其他与获得职工提供的服务相关的支出。

小提示

我国《劳动法》第四十四条规定：

（一）安排劳动者延长工作时间的，支付不低于工资的百分之一百五十的工资报酬；

（二）休息日安排劳动者工作又不能安排补休的，支付不低于工资的百分之二百的工资及报酬；

（三）法定休假日安排劳动者工作的，支付不低于工资的百分之三百的工资报酬。

例如某企业职工春节长假七天都加班，那么前三天是法定节假日（即除夕、春节、初二）拿三薪（即300%日工资），后四天是双休日调休（即初三至初六）拿双薪（即200%日工资）。

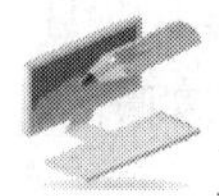

工作过程

一、工资费用的归集和分配

职工工资费用的归集和分配主要通过以下步骤完成。

（一）编制工资费用结算表

我们与张三一起来计算有关人员的工资，并编制各部门的工资费用结算表。

李强为办公室文员，工龄 7 年，采用计时工资计算，工资标准为月标准工资 1 680 元。考勤记录显示，本月共有 5 个双休日，李强实际工作 15 天，请事假 4 天、病假 2 天，病事期间没有双休日，计算应付李强的计时工资。

知识链接

计时工资的计算方法

目前我国企业计时工资的计算方法主要有月薪制和日薪制两种。

1. 月薪制

按月薪制计算计时工资，不考虑当月的实际日历天数，职工只要出全勤，就可以得固定的月标准工资。如有缺勤，按规定标准扣薪，故称为“扣缺勤法”，又称“倒扣法”。计算公式如下：

应付计时工资=月标准工资–缺勤应扣工资

缺勤应扣工资=缺勤天数 × 日工资 × 应扣比例

日工资=月标准工资 ÷ 月工作天数

月工作天数通常有两种计算方法:

(1) 按月平均日历天数计算，即每月 30 天。按月工作日 30 天计算日工资时要注意:①出勤期间的双休日和节假日均作出勤处理; ②缺勤期间的双休日和节假日均作缺勤处理。

(2) 按月平均实际工作天数计算，即每月 20. 83 天[(365–104–11) ÷ 12= 20. 83]。按月工作日 20. 83 天计算日工资时，无论出勤还是缺勤，均不再考虑双休日和节假日的因素。

缺勤包括旷工、事假、6 个月以内的短期病假和超过 6 个月的长期病假。缺勤应扣工资的比例为：旷工扣发比例由企业根据管理需要自行确定，事假工资累扣（100%扣发），病假扣发比例如表 3-12 所示。

表 3-12　企业职工病假工资扣发比例一览表

项目	连续病假在 6 个月以内（短期病假）					连续病假在 6 个月以上（长期病假）		
工龄	2 年以下	3～4 年	4～6 年	6～8 年	8 年及以上	不满 1 年	1～3 年	3 年及以上
扣发比例/%	40	30	20	10	0	60	50	40
应发比例/%	60	70	80	90	100	40	50	60

2. 日薪制

采用日薪制计算计时工资，按职工的出勤天数和日标准工资计算应付计时工资，如病假，按病假期间应发工资比例加计应付计时工资，故称为“出勤工资累计法”，又称“算法”。计算公式如下:

应付计时工资=出勤天数 × 日工资 + 病假应发工资

病假应发工资=病假天数 × 日工资 × 病假应发工资比例

如果采用月薪制计算应付李强的计时工资，有两种计算方法:

(1) 按月工作日 30 天计算:

日工资=1 680 ÷ 30=56（元）

应付计时工资=1 680–4 × 56–2 × 56 × 10%=1 444.80（元）

(2) 按月工作日 20.83 天计算:

日工资=1 680 ÷ 20.83=80.65（元）

应付计时工资=1 680–4 × 80.65–2 × 80.65 × 10%=1 341.27（元）

如果采用日薪制计算应付李强的计时工资，同样可计算如下:

(1) 按月工作日 30 天计算:

应付计时工资=56 ×（15+10）+2 × 56 × 90%=1 500.80（元）

（2）按月工作日 20.83 天计算：

应付计时工资=15 × 80.65+2 × 80.65 × 90%=1 354.92（元）

小提示

（1）对计时工资，采用不同的计算方法计算出的结果可能不同，但就全年而言，最终结果是相同的。企业可以根据自身实际情况确定计时工资的计算方法，一经确定，不得随意变动。

（2）根据《全国年节及纪念日放假办法》的规定，现行法定节假日共 11 天。

元旦：放假 1 天（1 月 1 日）

春节：放假 3 天（农历除夕、正月初一、初二）

清明节：放假 1 天（农历清明当日）

劳动节：放假 1 天（5 月 1 日）

端午节：放假 1 天（农历端午当日）

中秋节：放假 1 天（农历中秋当日）

国庆节：放假 3 天（10 月 1 日、2 日、3 日）

通达公司采用月薪制（月工作日 30 天）分别计算出管理部门每个职工的应付计时工资，并根据加班情况和工作实际计算出应付工资和各种代扣款项，编制管理部门工资费用结算表（见表 3-13）。

表 3-13　管理部门工资费用结算表

部门：管理部门　　　　2014 年 11 月　　　　金额单位：元

姓名	基本工资	加班加点工资	奖金	岗位津贴	应扣工资		应付工资	代扣款项					应发工资	领款人签章
					病假	事假		个税	社会保险	公积金	……	伙食费		
李强	1 680	120	260	50	11.20	224	1 874.80	0	386	212	36.80	10 000	1 140	
江山	1 180	200	600	30			2 010	0.50	400.00	241.20	43.20	160	1 165.10	
…														
合计	55 620	2 480	10 870	2 450	800	620	70 000	462	11 074	3 964	1 500.00	3 000	50 000	

小提示

工资结算表一般一式三份：一份交给人力资源管理部门；一份裁成工资条发给每个职工；一份在发工资时由职工个人签名后交给会计部门，作为编制工资费用结算总表的依据。

张三接着为基本生产部门的工人计算工资。基本生产车间的工人冷小娟、成小强、李克勇三人为第四生产小组，根据本月的产量记录和产品检验记录，结合本月工资标准和计时工资的计算，第四小组本月共同生产甲零件 2 000 只，全部为合格品；生产乙零件1200只，其中合格品 1 175 只，料废品 15 只，工废品 10 只。核定的单位计件工资为甲零件 0.8 元、乙零件 1.5 元。三人的计时工资经计算为冷小娟 495 元、成小强 588.50 元、李克勇 609 元。请计算每人应得的计件工资。

知识链接

计件工资的计算方法

计件工资是指按照工人生产的产品数量、产品质量和单位计件工资标准计算的劳动报酬。企业计算计件工资的依据是产量记录和单位计件工资标准。计算计件工资的产品数量包括合格品数量和生产过程中因材料质量问题形成的废品（料废品）数量，不包括在产品生产过程中因工人的过失而产生的废品（工废品）数量。计件工资的计算包括个人计件工资的计算和集体计件工资的计算。

1. 个人计件工资的计算

个人计件工资是指按个人完成的产品数量和单位计件工资标准计算的工资。个人计件工资的计算公式为：

个人计件工资=Σ[（合格品数量+料废品数量）×单位计件工资]

2. 集体计件工资的计算

对需要两人以上共同生产产品的计件工资，要采用集体计件工资的方法进行计算。集体计件工资的计算程序及相关公式如下：

（1）计算集体计件工资：集体计件工资的计算公式与个人计件工资的计算公式相同；

（2）计算集体计时工资：集体计时工资等于各人计时工资之和，计时工资的计算公式如前文所述；

（3）计算计件工资分配率：

计件工资分配率=集体计件工资÷集体计时工资总额

（4）计算每人应得计件工资：

某人应得计件工资=该人计时工资×计件工资分配率

三人应得计件工资的计算如下：

集体计件工资=2 000×0.8+（1 175+15）×1.5=3 385（元）

集体计时工资=495+588.50+609=1 692.50（元）

计件工资分配率=3 385÷1 692.50=2

冷小娟应得计件工资=495×2=990（元）

成小强应得计件工资=588.50×2=1 177（元）

李克勇应得计件工资=609×2=1 218（元）

据此，编制第四生产小组计件工资分配表（见表 3-14）。

表 3-14　第四生产小组计件工资分配表　　金额单位：元

姓名	工资等级	计时工资	分配率	计件工资
冷小娟	4	495.00		990.00
成小强	5	588.50		1 177.00
李克勇	6	609.00		1 218.00
合计		1 692.50	2	3 385.00

用同样的方法，根据具体情况分别计算出基本生产车间每个生产工人的应付工资，并根据加班情况和工作实际计算出应付工资和各种代扣款项，编制基本生产车间生产工人工资费用结算表（见表 3-15）。

表 3-15　基本生产车间生产工人工资费用结算表

车间：基本生产车间生产工人　　2014 年 11 月　　金额单位：元

姓名	基本工资	加班加点工资	奖金	岗位津贴	应扣工资		应付工资	代扣款项					实发工资	领款人签章
					病假	事假		个税	社会保险	公积金	…	伙食费		
冷小娟	990			40			1 030	0	100	120	30	40	740	
成小强	1 177			30			1 147	0	120	130.20	27	40	889.80	
李克勇	1 218			80			1 298	0	130	142	28	40	958	
合计	370 000	1 000	220 000	10 000	750	250	600 000	8 200	125 474	7 296	2 230	4 800	452 000	

小提示

基本生产车间工人工资的计算，应根据企业的生产特点、组织方式及管理要求的实际情况确定，可以采用计时工资、计件工资及其他方式计算。

（二）编制工资费用结算汇总表

工资核算员张三继续根据各车间、部门的工资费用结算表，编制通达公司职工工资费用结算汇总表（见表 3-16）。

表 3-16 职工工资费用结算汇总表

2014 年 11 月 金额单位：元

车间及部门		人数	基本工资		加班	奖金	岗位津贴	应扣工资		应付工资	代扣款项					实发工资
			计时工资	计件工资	加点工资			病假	事假		个税	社保	公积金	…	伙食费	
基本生产车间	生产人员	400	50 000	320 000	2 000	220 000	9 000	750	250	600 000	8 200	125 474	7 296	2 230	4 800	452 000
	管理人员	30	50 000		1 550	6 500	2 000		50	60 000	738	4 898	2 262	2 602	1 500	48 000
辅助生产车间	机修人员	60	80 000		2 000	6 520	1 600	120		90 000	254	15 447	3 126	1 973	1 200	68 000
	供电人员	40	54 000			4 400	1 680		80	60 000	112	5 176	2 262	1 450	1 000	50 000
厂部		30	55 620		2 480	9 340	3 980	800	620	70 000	462	11 074	3 964	1 500	3 000	50 000
销售部门		150	90 000		2 000	306 000	2 500	500		400 000	1 500	30 540	6 280	8 180	3 500	350 000
合计		710	379 620	320 000	10 030	552 760	20 760	2 170	1 000	1 280 000	11 266	192 598	25 190	17 946	15 000	1 018 000

小提示

在实际工作中，发放本月职工工资与本月的工资分配是错开一个月的，本月的工资费用结算汇总表作为下月发放职工工资的依据。

（三）编制工资费用分配表

工资核算员张三依据工资费用结算汇总表，并根据通达公司的产量记录、考勤记录和工时记录，编制工资费用分配表。通达公司本月基本生产车间的豆浆机全部采用计件工资，因此本月发生320 000元的计件工资全部计入豆浆机的“直接人工”成本项目；计时工资50 000元，为豆浆机、吹风机两种产品共同形成，要采用一定的方法在豆浆机、吹风机两种产品之间进行分配。本月工时记录显示豆浆机、吹风机两种产品耗费工时6 250小时，其中豆浆机耗费1 250小时，吹风机耗费5 000小时。此外，生产豆浆机的工人的加班加点工资为2 000元，岗位津贴为1 000元，奖金为8 000元，应扣病假工资为750元，应扣事假工资为250元。据此，张三编制的豆浆机、吹风机两种产品计时工资费用分配表如表3-17所示。

表3-17　豆浆机、吹风机两种产品计时工资费用分配表

项目	成本项目	生产工时/小时	分配率/元/时	计时工资/元
豆浆机	直接人工	1 250		10 000
吹风机	直接人工	5 000		40 000
合计		6 250	8	50 000

在此基础上，张三编制的通达公司职工工资费用分配表如表3-18所示。

表3-18　工资费用分配表

2014年11月30日　　　　金额单位：元

应借账户			成本项目	应付职工薪酬工资
总账账户	二级账户	明细账户		
生产成本	基本生产成本	豆浆机	直接人工	580 000
		吹风机	直接人工	20 000
		小计		600 000
生产成本	辅助生产成本	供水车间	直接人工	90 000
		供电车间	直接人工	60 000
		小计		150 000

应借账户			成本项目	应付职工薪酬工资
总账账户	二级账户	明细账户		
制造费用		一车间		60 000
销售费用				400 000
管理费用				70 000
合计				1 280 000

（四）编制工资费用分配记账凭证

根据通达公司职工工资费用分配表，张三编制的工资费用分配记账凭证如表3-19所示。

表3-19　工资费用分配记账凭证

2014年11月30日　　　　转字第×号

摘要	一级科目	二级科目	明细科目	借方金额/元	贷方金额/元	记账/元
分配工资	生产成本	基本生产成本	豆浆机	580 000		
			吹风机	20 000		
		辅助生产成本	供水车间	90 000		
			供电车间	60 000		
	制造费用	一车间		60 000		
	销售费用			400 000		
	管理费用			70 000		
	应付职工薪酬	工资			1 280 000	
合计				1 280 000	1 280 000	

知识链接

工资费用的分配方法

在计时工资制的工资计算中，将发生在基本生产车间的生产工人工资计入产品成本有两种方法：只生产单一产品的车间，将生产工人工资直按计入该产品成本计算单中的“直接人工”成本项目；同时生产两种或两种以上产品的车间，将生产工人工资分配后计入各种产品成本计算单中的“直接人工”成本项目。工资费用的分配标准如前所述，一是定额工时，二是实际工时。以实际工时为标准分配的结果比较合理，可以将产品分配的工资费用与劳动生产率相联系。劳动生产率提高，实际工时下降，分配的工资费用相对减少；劳动生产率下降，实际工时增多，分配的工资费用相对增加。在同时生产几种产品时，准确取得实际工时记录比较困难，也可以按产品的定额工时分配工资费用。

分配工资费用的公式如下：

$$工资费用分配率=\frac{被分配的生产工人工资费用}{各种产品实际（定额）工时之和}$$

某产品应分配的工资费用=该产品实际（定额）工时×工资费用分配率

在计件工资制的工资计算中，由于计件工资制只适用于产品生产工人的工资计算，因此计件工资的分配只涉及基本生产车间生产工人的工资费用分配。无论是个人计件工资还是集体计件工资，都可以分清受益产品，可以将计件工资直接计入各该产品成本计算单中的“直接人工”成本项目。对生产工人的奖金、补贴、津贴及特殊情况下支付的工资，比照计时工资的分配方法进行分配后，再计入各产品的成本之中。计件工资制下的工资费用分配及会计处理类似于计时工资制下的工资费用分配及会计处理。

（五）登记生产费用明细账

成本核算员李四根据张三编制的工资费用分配记账凭证，分别登记有关生产费用明细账，各账户对应关系如图 3-1 所示。

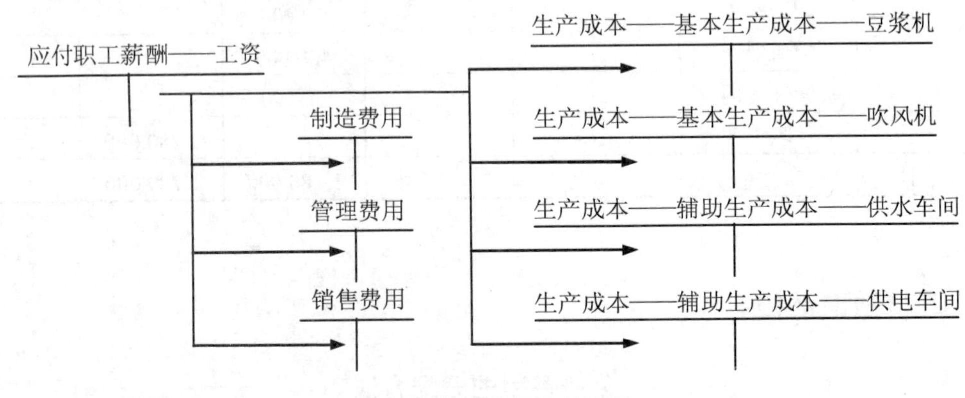

图 3-1　各账户对应关系图

二、其他职工薪酬的归集和分配

计量除工资薪金之外的其他薪酬时，国家规定了计提基础和计提比例的，应当按照国家规定的标准计提，如应向社会保险经办机构等缴纳的医疗保险费、养老保险费、失业保险费、工伤保险费、生育保险费等社会保险费，应向住房公积金管理机构交存的住房公积金，以及工会经费和职工教育经费等。没有规定计提基础和计提比例的，企业应当根据历史经验数据和实际情况，合理预计当期应付职工薪酬。当期实际发生金额大于预计金额的，应当补提职工薪酬；当期实际发生金额小于预计金额的，应当冲回多提的职工薪酬。

企业以自产产品作为非货币性福利发放给职工的，应当根据受益对象，按照该产品的公允价值计入相关资产成本或当期损益，同时确认应付职工薪酬。

企业将拥有的房屋等资产无偿提供给职工使用的，应当根据受益对象，将该住房每期应计提的折旧计入相关资产成本或当期损益，同时确认应付职工薪酬。企业租赁房屋等资产给职工无偿使用的，应当根据受益对象，将每期应付的租金计入相关资产成本或当期损益并确认应付职工薪酬。

任务 3.3 归集和分配折旧费用及其他费用

案例引入

上海机场：折旧费用增加导致公司毛利率下降：公司某年第 3 季度实现营业收入 24.39 亿元，同比增长 0.65%；营业利润 5 亿元，同比下降 29. 87%；归属母公司净利润 4. 8 亿元，同比下降 28%；实现每股收益 0.25 元，同比下降 26.47%；毛利率 29.98%，略低于我们的预期。公司前 3 个季度毛利率大幅下降，主要是由于浦东机场二期项目计入折旧导致了公司营业成本同比增长 11.69%。

工作任务

通达公司 2014 年 5 月计提固定资产折旧费用 19 000 元，其中，基本生产车间为 9 000 元，辅助生产部门供电车间为 2 300 元、供水车间为 400 元，行政管理部门为 6 500 元，销售部门为 800 元。当月固定资产变动情况如下：基本生产车间新增流水线一套投入生产，入账价值为 150 000 元，预计可使用年限为 10 年，预计净残值率为 4%；报废设备一台，每月应计提折旧 200 元。辅助生产部门供电车间购进设备一台交付使用，原值 60 000 元，预计工作台班为 3 000 班次，6 月实际使用 32 台班；供水车间报废设备一台，每月应计提折旧 100 元。专设销售机构新增小货车一辆，价值 50 000 元，预计行驶里程 200 000 千米，6 月实际行驶里程 4 000 千米。通达公司 6 月应如何按固定资产的使用部门和用途对折旧费用进行分配？

知识准备

固定资产在长期使用过程中保持实物形态不变，但其价值随着固定资产的损耗逐渐减少，这部分由于损耗而减少的价值就是固定资产折旧，应该以折旧费用计入产品成本和期间费用。折旧费用也是产品成本的组成部分，按照固定资产的使用车间、部门进行汇总，然后与其他费用一起分配计入产品成本和期间费用。

一、固定资产折旧的计提范围

企业应当对所有的固定资产计提折旧。但是，已提足折旧仍继续使用的固定资产和单独计价入账的土地除外。因进行大修理而停用的固定资产，应当计提折旧，计提的折旧计入相关资产成本或当期损益。

小提示

（1）固定资产应当按月计提折旧。当月增加的固定资产，当月不计提折旧，从下月起提折旧；当月减少的固定资产，当月仍计提折旧，从下月起不计提折旧。

（2）固定资产提足折旧后，无论能否继续使用，均不再计提折旧，提前报废的固定资产不再补提折旧。

（3）已达到预定可使用状态但尚未办理竣工决算的固定资产，应当按照估计价值确定其成本，并计提折旧，待办理竣工决算后，再按实际成本调整原来的暂估价值，但不需要调整已计提的折旧额。

二、固定资产折旧的方法

企业应当根据与固定资产有关的经济利益的预期实现方式，合理地选择固定资产折旧方法。可选用的折旧方法包括年限平均法、工作量法、双倍余额递减法和年数总和法等。固定资产的折旧方法一经确定，不得随意变更。

工作过程

一、折旧费用的归集和分配

1．计算每月新增或减少的固定资产折旧额

企业车间（部门）每月应计提的固定资产折旧额可按下列公式计算：

某部门本月固定资产折旧额=该部门上月固定资产折旧额+该部门上月增加固定资产应提折旧额–该部门上月减少固定资产应提折旧额

（1）基本生产车间 5 月新增投入使用的流水线，5 月不计提折旧，从 6 月开始计提折旧，应计提折旧额采用平均年限法计算：

年折旧额=150 000×（1–4%）÷10=14 400（元）

月折旧额=14 400÷12=1 200（元）

（2）辅助生产部门供电车间 5 月交付使用的设备，同样从 6 月开始计提折旧，应计提折旧额采用工作台班法计算：

$$单位台班应计提折旧额=\frac{应计固定资产折旧额}{预计工作台班总量}=\frac{60\ 000}{3\ 000}=20（元/台班）$$

6 月应计提折旧额= 20×32=640（元）

（3）专设销售机构 5 月新增小货车，从 6 月开始计提折旧，应计提折旧额采用行驶里程法计算：

$$单位行驶里程应计提折旧额=\frac{应计固定资产折旧额}{预计行驶总里程}=\frac{50\ 000}{200\ 000}=0.25（元/千米）$$

（4）6 月应减提的折旧为基本生产车间 200 元、辅助生产部门供水车间 100 元。

2．确定折旧费用的分配去向

企业对于按规定计提的折旧费用，应当根据固定资产的使用地点和用途进行归集与分配，分别计入相关资产的成本或者当期损益。

（1）企业基本生产车间所使用的固定资产，其计提的折旧应计入“制造费用”科目借方。

（2）管理部门所使用的固定资产，其计提的折旧应计入“管理费用”科目借方。

（3）销售部门所使用的固定资产，其计提的折旧应计入“销售费用”科目借方。

（4）自行建造固定资产过程中使用的固定资产，其计提的折旧应计入“在建工程”科目借方。

（5）经营租出的固定资产，其计提的折旧应计入“其他业务成本”科目借方。

（6）未使用的固定资产，其计提的折旧应计入“管理费用”科目借方。

3．编制折旧费用分配表，并进行相应的账务处理

折旧费用的分配是通过编制折旧费用分配表进行的，并据此编制会计分录，登记有关总账及所属明细账。通达公司的折旧费用分配表如表 3-20 所示。

表 3-20 折旧费用分配表

2014 年 11 月　　　　金额单位：元

应借账户	车间或部门	上月固定资产折旧额	上月增加固定资产应提折旧额	上月减少固定资产应提折旧额	本月固定资产折旧额
制造费用	基本生产车间	9 000	1 200	200	10 000
生产成本——辅助生产成本	供电车间	2 300	640		2 940
	供水车间	400		100	300
管理费用	行政管理部门	6 500			6 500
销售费用	专设销售机构	800	1 000		1 800
合计		19 000	2 840	300	21 540

根据折旧费用分配表，编制会计分录如下：

借：制造费用　　10 000

　　生产成本——辅助生产成本——供电车间　　2 940

　　　　　　　　　　　　　　——供水车间　　300

　　管理费用　　6 500

　　销售费用　　1 800

　　贷：累计折旧　　21 540

二、其他费用的归集和分配

1．利息费用的归集和分配

利息费用属于经营管理费用中的财务费用，一般按季支付季末结算或到期还本时付息。企业一般采用预提利息费用的办法分月按计划预提，实际支付时冲减应付利息。

每月预提利息时，应借记“财务费用”总账科目及所属明细账的“利息支出”费用项目，贷记“应付利息”科目；季末实际支付利息费用时，应借记“应付利息”科目，贷记“银行存款”。会计处理如下：

（1）每月预提利息费用时：

借：财务费用

　　贷：应付利息

（2）季末实际支付全季利息费用时：

借：应付利息

　　贷：银行存款

2．税金的归集与分配

要素费用中的各税金包括房产税、车船使用税、土地使用税和印花税。

（1）印花税

对于印花税，购买时可以直接借记“管理费用”科目，贷记“银行存款”科目；

小提示

印花税的核算不通过“应交税费”科目。

（2）房产税、车船使用税、土地使用税

这些税金应通过“应交税费”科目核算。计算应交税金时，借记“管理费用”科目，贷记“应交税费”科目；在缴纳税金时，借记“应交税费”科目，贷记“银行存款”等科目。

3．其他费用

其他费用，是指除前面所述各要素以外的费用，企业应在发生时，按照发生的车间、部门和用途分配。

（1）属于基本生产车间发生的，例如基本生产车间订阅的报刊费、机器设备的修理费、差旅费等，应计入“制造费用”总账及所属明细账的有关项目。

（2）属于辅助生产车间发生的，应计入“辅助生产成本”总账及所属明细账的有关项目。

（3）属于行政管理部门发生的，应计入“管理费用”总账及所属明细账的有关项目。

（4）属于销售机构发生的，应计入“销售费用”总账及所属明细账的有关项目。

项目小结

企业的各种要素费用通过分配，按费用的用途分别计入“生产成本——基本生产成本”“生产成本——辅助生产成本”、“制造费用”、“销售费用”、“管理费用”、“财务费用”账户的借方进行归集。其中，计入“生产成本——基本生产成本”账户借方的费用，还分别计入有关产品成本明细账的“直接材料”或“燃料及动力”、“直接人工”成本项目。

材料是指企业在生产经营过程中耗用的原料及主要材料、半成品、辅助材料、包装物、修理用备件、低值易耗品等。材料费用在成本核算中占有重要的地位。

对于用于产品生产并构成产品主要实体或有助于产品形成的原材料费用、燃料费用，应本着直接材料费用直接计入，间接材料费用分配计入的原则。可采用的分配方法主要有重量（体积、产量）比例分配法、产量定额耗用量分配法、产量定额费用分配法、材料实际耗用量分配法等方法进行分配。

外购动力主要是指企业从外部购入的电力、蒸汽等支付的费用。对于基本生产车间生产产品用的外购动力，若是只生产一种产品，则可直接计入；若是生产多种产品，则可按各种产品的定额工时或实际工时的比例进行分配。

周转材料主要包括企业能够多次使用，逐渐转移其价值但仍保持原有形态不确认为固定资产的包装物和低值易耗品等。低值易耗品、包装物的摊销方法有一次转销法、五五摊销法。

折旧费用是指固定资产在生产经营过程中，由于发生损耗而逐渐地、部分地转移到产品成本中去的那一部分价值。企业应当对所有的固定资产计提折旧。但是，已提足折旧仍继续使用的固定资产和单独计价入账的土地除外。折旧费用的分配一般通过编制折旧费用分配表进行。折旧费用一般应按固定资产使用的车间、部门分别计入制造费用和管理费用等费用中。

利息费用属于经营管理费用中的财务费用，一般按季度支付季末结算或到期还本时付息。企业一般采用预提利息费用的办法分月按计划预提，实际支付时冲减应付利息。

要素费用中的税金包括房产税、车船使用税、土地使用税和印花税，均计入管理费用中。

企业的各种要素费用通过以上任务的分配，已经按费用的用途分别记入“基本生产成本”、“辅助生产成本”、“制造费用”、“销售费用”、“管理费用”、“财务费用”等科目的借方。其中计入“基本生产成本”科目借方的费用，还分别计入有关产品成本明细账的“直接材料”、“燃料及动力”和“直接人工”成本项目。

项目训练

一、单项选择题

1．下列各项中，不属于工资总额的是（ ）。

A．生产工人的工资　　B．管理人员的工资

C．退休人员的生活费　　D．福利机构人员的工资

2.张某工龄正好为 6 年，已连续请病假 5 个月，按规定张某的病假工资扣发比例是（ ）。

A．40%　　B．30%　　C．20%　　D．10%

3．王某去年8月参加工作，月标准工资为4 180元。本月日历天数为31天，双休日8天，王某出勤19天，请病假4天（含双休日1天）。若按月薪制计算，月工作日按20.9天计算，则本月应付王某的计时工资为（ ）元。

A. 3 860　　B. 3 940　　C. 3 960　　D．4 180

4.李某本月生产甲零件2 000只，其中合格品1950只，工废品30只，料废品20只。本月李某计算计件工资的甲零件数量是（ ）只。

A.2 000　　B.1 980　　C.1 970　　D.1 950

5.分配基本生产车间工人工资费用时，采用（ ）作为分配标准比较合理。

A．实际工时　　B．定额工时　　C．计划工时　D．机器工时

6．某企业基本生产车间本月归集制造费用15 000元，本月该车间生产了A、B两种产品，产量分别为200件和300件。本月该车间为生产A、B产品共耗用生产工时8 000小时，其中A产品3 000小时，B产品5 000小时。则该车间的制造费用分配率为（ ）。

A．30　　B．5　　C．3　　D．1.875

7．用于生产产品、构成产品实体的材料费用，应计入（ ）账户。

A．生产成本　　B．制造费用　　C．废品损失　　D．销售费用

8．直接用于产品生产的燃料，应直接计入或者分配计入产品成本的（ ）账户。

A．制造费用　　B．管理费用　　C．财务费用　　D．生产成本

9．为了提高产品成本计算的正确性，生产工人的薪酬应（ ）。

A．在整个企业内统一分配　　B．按车间分别进行分配

C．按计划进行分配　　D．按实际进行分配

10．基本生产车间计提的固定资产折旧费用应借记（ ）账户。

A．生产成本　B．管理费用　　C．制造费用　　D．销售费用

11．企业行政管理部门计提的固定资产折旧费用应借记（ ）账户。

A．生产成本　　B．财务费用　　C．管理费用　　D．制造费用

12．下列各项中，不属于产品成本材料费用要素的是（ ）。

A．产品消耗的原材料　　B．材料保管过程中消耗的物料

C．维修机器设备消耗的备件　　D．直接装配在产品上的外购半成品

二、多项选择题

1．计入产品成本的各种职工薪酬，按其用途应分别借记（ ）账户。

A．销售费用　　B．生产成本　　C．制造费用　　D．管理费用

2．经过要素费用的分配，计入“生产成本”账户借方的费用，已经分别转入各产品成本明细账的（ ）成本项目。

A．其他支出　　B．原材料　　C．直接人工　　D．制造费用

3．材料费用的分配标准有（ ）。

A．产品体积　　B．材料定额耗用量

C．材料定额费用　　D．产品生产定额工时

4．下列各项中，生产费用需要使用比例分配法进行分配的有（ ）。

A．甲产品直接领用材料　　B．甲、乙产品共同消耗材料

C．供水车间发生的制造费用　　D．机修车间提供的劳务费用

E．本月发生的动力费用

5．计入产品成本的各种材料费用，按照其用途分配，应计入（ ）账户的借方。

A．长期待摊费用　　B．其他应付款　　C．制造费用　　D．生产成本

三、判断题

1．在采用计件工资的情况下，如果是生产多种产品，则应采用一定的分配标准分配工资费用后再计入各种产品成本明细账的“工资及福利费”成本项目。（ ）

2．用于产品生产、照明、取暖的动力费用，应计入各种产品成本明细账的“燃料及动力”成本项目。（ ）

3．企业全部人员的职工薪酬，都应计入产品成本，因为职工薪酬是企业产品成本的组成部分。（ ）

4．用于几种产品生产共同耗用的、构成产品实体的材料费用，可以直接计入各种产品成本。（ ）

5．基本生产车间生产产品领用的材料，应直接计入各成本计算对象的产品成本明细账。（ ）

6．在采用计时工资的情况下，如果只生产一种产品，生产人员工资及福利费直接计入该种产品成本。（ ）

7．生产人员的薪酬直接计入各种产品成本，其他各部门人员的薪酬，应分别计入“制造费用”、“管理费用”和“销售费用”账户。（ ）

8．固定资产折旧费用是产品成本的组成部分，应全部计入产品成本。（ ）

9．固定资产折旧费用是产品成本的组成部分，由于不单设成本项目，因此按照固定资产的使用部门汇集，然后与车间、部门的其他费用一起分配计入产品成本及期间费用。（ ）

四、案例分析题

1．资料：红光机械厂200×年9月生产甲、乙、丙三种产品，共同耗用A材料，共计42 000元。本月生产甲产品300件，乙产品400件，丙产品500件。各种产品单位消耗定额为：甲产品40千克，乙产品20千克，丙产品30千克。

要求：根据资料完成下列表格。

原材料费用分配表

产品名称	产量/件	单位消耗定额/（千克/件）	定额消耗量/千克	分配率/（元/千克）	分配额/元
甲产品					
乙产品					
丙产品					
合计					

2．资料：某企业200×年9月份耗电量合计500 000千瓦·时，每千瓦·时0.8元，计400 000元。其中：基本生产车间直接用于产品生产耗电400 000千瓦·时，基本生产车间照明用电5 000千瓦·时，机修生产车间用电20 000千瓦·时，动力车间用电60 000千瓦·时，厂部管理部门的照明用电15 000千瓦·时。基本生产车间没有分产品安装电表，甲产品机器工时为60 000小时，乙产品机器工时为20 000小时。

要求：

（1）按甲、乙两种产品的机器工时比例分配外购动力费用，编制“外购动力费用分配表”。

（2）编制分配外购动力费用的会计分录。

外购动力费用分配表

200×年9月　　　　金额单位：元

应借科目		成本费用项目	用电量	直接计入（元/千瓦·时）	分配计入费用		费用合计
总账科目	明细科目				分配标准	分配额/（元/工时）	
基本生产成本	甲产品	燃料及动力					
	乙产品	燃料及动力					
	小计						
制造费用		动力费					
辅助生产成本	机修车间	燃料及动力					
	动力车间	燃料及动力					
	小计						
管理费用		动力费					
合计							

3．资料：某企业 200×年 9 月“工资结算汇总表”中应付职工薪酬总额为 166 000 元，其中：生产工人工资 120 000 元，按产品的实际生产工时比例在甲、乙两种产品之间进行分配。甲、乙产品实际生产工时分别为 40 000 小时、20 000 小时。车间一般管理人员的工资 3 000 元，机修车间工资 6 000 元，动力车间工资 4 000 元，销售人员工资 12 000 元，行政管理部门工资 16 000 元，福利部门工资 5 000 元。

要求：编制 “工资及福利费用分配表”，并作出有关会计分录。

工资及福利费用分配表

200×年 9 月　　　　金额单位：元

应借科目	直接计入的工资费用	分配计入的工资费用		工资费用合计
		分配标准	分配标准	
基本生产成本——甲产品				
基本生产成本——乙产品				
辅助生产成本——机修车间				
辅助生产成本——动力车间				
制造费用				
销售费用				
管理费用				
合计				

项目 4　归集和分配辅助生产费用

工作任务

通达公司设有供气和维修两个辅助生产车间，2014 年 11 月已经发生的各项生产费用为：供气车间发生燃料费用 12 474 元，分配动力费用 16 320 元，分配工资费用 9 120 元；维修车间发生辅助材料费用 4 257 元，分配动力费用 4 080 元，分配工资费用 12 540 元。两个辅助生产车间当月还发生下列有关费用：计提固定资产折旧费用 2 800 元，其中供气车间 1 000 元，维修车间 1 800 元；从仓库领取劳动保护用品计实际成本 750 元，其中供气车间 300 元，维修车间 450 元；以现金支付其他费用 559 元，其中供气车间 286 元，维修车间 273 元。两个车间所提供的劳务情况如表 4-1 所示。

表 4-1 辅助生产车间提供劳务汇总表

2014 年 11 月

受益对象		供气数量/米^3	机修工时/小时
辅助生产车间	供气车间		40
	维修车间	600	
基本生产车间	豆浆机	3 000	1 000
	一般耗用	2 000	800
管理部门		2 300	500
合计		7 900	2 340

根据上述有关资料归集本期发生的各项费用，选择一定的分配方法，进行辅助生产费用分配。

知识准备

一、辅助生产的含义

制造业企业的辅助生产是指为企业基本生产、行政管理部门等单位进行的产品生产和劳务供应。从事辅助生产活动的车间称为辅助生产车间，辅助生产车间提供的生产和劳务一般包括供电、供水、供气、供风、机修、运输和工具、模具生产等。其中有的只提供一种劳务，如供电、供水、供气、运输等辅助生产；有的则生产多种产品，如从事工具、模具、修理用备件的制造等辅助生产。辅助生产与基本生产的最大区别是生产产品的目的不同。基本生产车间生产的产品主要是对外销售的，而辅助生产车间生产的产品或劳务主要是对内服务的。辅助生产车间在生产产品或提供劳务过程中发生的生产费用，构成这些产品或劳务的成本。基本生产车间接受辅助生产车间提供的产品或劳务，成为基本生产车间生产产品的成本组成部分，其他部门接受辅助生产车间提供的产品或劳务，形成其他成本费用。辅助生产产品和劳务成本的高低，影响企业产品成本和期间费用的水平。因此，正确、及时地组织辅助生产费用的归集和分配，加强辅助生产费用的监督和控制，对于明确经济责任、节约生产费用、降低生产成本有着十分重要的意义。

对于不同类型的辅助生产车间，辅助生产费用的归集程序和分配方法，以及计算方法都不尽相同，因此，区分不同类型的辅助生产车间是正确组织辅助生产费用核算的前提。辅助生产车间按其提供劳务、作业和生产产品种类的多少，可分为以下两种类型：

(1) 只提供一种劳务或只进行同一性质作业的辅助生产车间，如供电车间、供水车间、维修车间和运输车队等，这类辅助生产车间称为单品种辅助生产车间。

（2）生产多种产品的辅助生产车间，如机械制造厂设立的工夹模具车间，生产基本生产所需的各种工具、刃具、模具和夹具等，这类辅助生产车间称为多品种辅助生产车间。

二、辅助生产费用的归集和分配方法

因为企业进行的辅助生产是为基本生产车间和其他部门服务的，根据受益原则，其发生的费用应由各受益单位承担，即应将辅助生产发生的费用向各受益单位进行分配。分配时有两种情况：一是生产多种产品的辅助生产车间，各种工具、模具等辅助生产明细账归集的费用，随着完工工具、模具的入库，其成本应转入低值易耗品等账户，在领用时再按照用途一次或分次计入企业的产品成本；二是只提供一种劳务或只进行同一性质作业的辅助生产车间，水、电、运输、机修等辅助生产明细账归集的费用，应按照受益的产品和部门进行分配。

辅助生产费用具体的分配方法有以下几种：

1．直接分配法

直接分配法是指将各辅助生产成本明细账归集的费用总额，不考虑各辅助生产车间之间相互提供的产品（或劳务），直接分配给辅助生产车间以外的各受益产品、车间、部门。其特点是只对外（辅助生产车间以外的各单位）进行分配，而不考虑相互之间提供的劳务，因此分配辅助生产费用比较简单，但是分配结果不够准确，一般用于辅助生产车间相互消耗的劳务量较少的企业中。

费用分配率及某受益对象应分配的费用的计算公式如下：

$$费用分配率=\frac{该辅助生产车间归集的待分配费用总额}{该辅助生产车间对外提供的产品（劳务）总量}$$

某受益对象应分配的费用=该受益对象耗用的产品（劳务）量×费用分配率

2．交互分配法

交互分配法是指对归集的辅助生产费用先在辅助生产车间之间进行交叉分配，计算出交互分配后的辅助生产费用，再在辅助生产车间以外的受益对象之间进行分配的方法。其特点是要进行两次分配，先对内进行交互分配，再对外进行分配；计算两个费用分配率。因此分配结果更符合实际，也比较准确，但工作量较大，一般用于辅助生产车间相互耗用劳务较多的企业中。

交互分配法的具体计算过程如下：

（1）对内进行交互分配：

$$辅助生产费用交互分配率=\frac{该辅助生产成本明细账分配前归集的全部费用}{该辅助生产车间提供的产品（劳务）总量}$$

该辅助生产车间费用交互分配额=该车间对内提供的产品（劳务）量×辅助生产费用交互分配率

（2）计算交互分配后的各辅助生产车间费用：

交互分配后的费用=交互分配前的费用+交互分配转入的费用–交互分配转出的费用

需要指出的是：进行交互分配时，接受劳务将转入费用，提供劳务则转出费用。

（3）对外进行分配：

$$辅助生产费用对外分配率=\frac{该辅助生产车间交互分配后的费用}{该辅助生产车间对外提供的产品（劳务）量}$$

外部某受益对象应分配的辅助生产费用=该受益对象接受的产品（劳务）量×辅助生产费用对外分配率

3．计划成本分配法

计划成本分配法是指对辅助生产车间和基本生产车间、管理部门一律按实际耗用量和计划单位成本计算分配辅助生产费用，计划分配额与实际费用之间的成本差异直接转入管理费用，是一种“先分配费用，再调整差额”的分配方法。采用这种方法分配辅助生产费用时，也是分为两个步骤进行。首先，根据各产品、车间、部门实际耗用的产品（劳务）量和事先确定的计划单位成本分配辅助生产费用；然后，计算辅助生产车间实际成本和按计划单位成本分配出去的计划成本的差异，进行差额调整。采用计划成本分配法，由于辅助生产车间的产品（劳务）的计划单位成本有现成资料，只要有各受益单位耗用辅助生产车间的产品（劳务）量，便可进行分配，从而简化和加速了分配的计算工作。按照计划单位成本分配，排除了辅助生产实际费用的高低对各受益单位成本的影响，便于考核和分析各受益单位的经济责任，还能够反映辅助生产车间产品（劳务）的实际成本脱离计划成本的差额。但是采用该种分配方法，辅助生产产品（劳务）的计划单位成本必须比较正确。

4．代数分配法

代数分配法是指按照数学中解联立方程的方法，计算辅助生产产品（劳务）

的单位成本，然后根据各受益单位（包括辅助生产车间）耗用的数量和单位成本计算分配辅助生产费用的一种方法。采用这种分配方法的计算步骤是：首先，根据各辅助生产车间相互提供的产品（劳务）量，求解联立方程式，计算辅助生产产品（劳务）的单位成本；然后，根据各受益单位（包括辅助生产车间内部、外部各单位）耗用产品（劳务）的数量和单位成本，计算分配辅助生产费用。采用该方法计算结果正确，但计算过程比较复杂，一般应用在实现会计电算化的企业中。代数分配法的实现过程如下：

（1）设各辅助生产车间提供产品（劳务）的单位成本为未知数；

（2）列联立方程；

（3）解联立方程；

（4）计算各受益单位分配的辅助生产费用。

工作过程

一、设置辅助生产成本总账和明细账

为核算和监督辅助生产费用的归集和分配情况，企业应设置“生产成本——辅助生产成本”账户，反映各辅助生产车间的费用发生情况，在“生产成本——辅助生产成本”账户下，按不同的辅助生产车间分户，账内按照成本项目或费用设置专栏，进行明细核算，维修车间、供气车间的明细账如表4-2、表4-3所示。

二、归集本月发生的各项辅助生产费用

通过辅助生产成本账户进行的，一般应按车间及产品（劳务）的种类设置明细账。账内按照成本项目或费用设置专栏，进行明细核算。对辅助生产车间发生的制造费用是否通过“制造费用”账户核算没有统一要求，企业可以按照辅助生产车间规模的大小，制造费用额的多少，以及辅助生产车间提供产品（劳务）是否单一等情况确定。通常情况下，对规模较大、制造费用发生较多、提供的产品（劳务）不只一种的辅助生产车间，其制造费用应当通过“制造赞用”账户核算，在月末分配后计入辅助生产费用。反之，则不通过“制造费用”账户核算，对发生的制造费用直接计入“生产成本——辅助生产成本”账户。

通达公司根据辅助生产车间发生的经济业务，编制记账凭证，会计分录如下：

（1）借：生产成本——辅助生产成本——供气车间　　12 474

　　　　贷：原材料　　12 474

借：生产成本——辅助生产成本供气车间　　16 320

　　贷：应付账款　　16 320

借：生产成本辅助生产成本——供气车间　　9 120
　　贷：应付职工薪酬　　9 120
（2）借：生产成本辅助生产成本——维修车间　　4 257
　　　　贷：原材料　　4 257
借：生产成本——辅助生产成本——维修车间　　4 080
　　贷：应付账款　　4 080
借：生产成本——辅助生产成本——维修车　　12 540
　　贷：应付职工薪酬　　12 540
（3）借：生产成本——辅助生产成本——供气车间　　1 000
　　　　　　　　　　　　　　　　　——维修车间　　1 800
　　　　贷：累计折旧　　2 800
借：生产成本——辅助生产成本——供气车间　　300
　　　　　　　　　　　　　　——维修车间　　450
　　贷：原材料　　750
借：生产成本—辅助生产成本——供气车间　　286
　　　　　　　　　　　　　——维修车间　　273
　　贷：库存现金　　559

根据记账凭证将各项费用登记辅助生产成本明细账，如表 4-2 和表 4-3 所示。

表 4-2　辅助生产成本明细账（1）

辅助生产车间：供气车间　　　2014 年 11 月　　　单位：元

2014 年		凭证号	摘要	材料费用	动力费用	职工薪酬	折旧费用	劳保费用	其他费用	合计
月	日									
6	30		分配燃料费用	12 474						12 474
			分配动力费用		16 320					16 320
			分配工资费用			9 120				9 120
			分配折旧费用				1 000			1 000
			劳保费用					300		300
			其他费用						286	286
6	30		本月辅助生产费用合计	12 474	16 320	9 120	1 000	300	286	39 500
6	30		结转本月辅助生产费用	12 474	16 320	9 120	1 000	300	286	39 500

表 4-3 辅助生产成本明细账（2）

辅助生产车间：维修车间　　2014 年 11 月　　单位：元

2014 年		凭证号	摘要	材料费用	动力费用	职工薪酬	折旧费用	劳保费用	其他费用	合计
月	日									
6	30		分配辅助费用	4 257						4 257
			分配动力费用		4 080					4 080
			分配工资费用			12 540				12 540
			分配折旧费用				1 800			1 800
			劳保费用					450		450
			其他费用						273	273
6	30		本月辅助生产费用合计	4 257	4 080	12 540	1 800	450	273	23 400
6	30		结转本月辅助生产费用	4 257	4 080	12 540	1 800	450	273	23 400

三、选择标准分配辅助生产费用

通达公司分别采用直接分配法、交互分配法、计划成本分配法和代数分配法分配辅助生产费用的过程如下：

1．直接分配法

通达公司设有的供气和机修两个辅助生产车间 6 月的明细账显示，归集的辅助生产费用为供气车间 39 500 元、维修车间 23 400 元，两个车间提供的劳务总量及受益情况如表 4-4 所示。根据直接分配法计算如下：

供气车间费用分配率=39 500÷（3 000+2 000+2 300）=5.411（元/立方米）

基本生产豆浆机应分配的气费=3 000×5.411=16 233（元）

基本生产车间应分配的气费=2 000×5.411=10 822（元）

管理部门应分配的气费=39 500−16 233−10 822=12 445（元）

维修车间费用分配率=23 400÷（1 000+800+500）=10.174（元/小时）

基本生产豆浆机应分配的机修费=1 000×10.174=10 174（元）

基本生产车间应分配的电费=800×10.174=8 139.20（元）

管理部门应分配的电费=23 400−10 174−8 139.20=5 086.80（元）

在实际工作中，辅助生产费用分配是通过编制辅助生产费用分配表进行的。通达公司编制的辅助生产费用分配表如表 4-4 所示。

表 4-4 辅助生产费用分配表（直接分配法）

2014 年 11 月　　　　金额单位：元

<table>
<tr><th colspan="4">项目</th><th>供气车间</th><th>维修车间</th><th>金额合计</th></tr>
<tr><td colspan="4">归集的辅助生产费用</td><td>39 500</td><td>23 400</td><td>62 900</td></tr>
<tr><td colspan="2">提供给辅助生产车间</td><td colspan="2">可以对外的劳务量</td><td>7 300</td><td>2 300</td><td></td></tr>
<tr><td colspan="4">费用分配率</td><td>5.411 元/米 ^{3}</td><td>10.174 元/时</td><td></td></tr>
<tr><td rowspan="6">应借账户</td><td rowspan="2">生产成本——基本生产成本</td><td rowspan="2">豆浆机</td><td>接受劳务量</td><td>3 000</td><td>1 000</td><td></td></tr>
<tr><td>应分配费用</td><td>16 233</td><td>10 174</td><td>26 407</td></tr>
<tr><td rowspan="2">制造费用</td><td rowspan="2">基本生产车间</td><td>接受劳务量</td><td>2 000</td><td>800</td><td></td></tr>
<tr><td>应分配费用</td><td>10 822</td><td>8 139.20</td><td>18 961.20</td></tr>
<tr><td colspan="2" rowspan="2">管理费用</td><td>接受劳务量</td><td>2 300</td><td>500</td><td></td></tr>
<tr><td>应分配费用</td><td>12 445</td><td>5 086.80</td><td>17 531.80</td></tr>
<tr><td colspan="4">合计</td><td>39 500</td><td>23 400</td><td>62 900</td></tr>
</table>

根据辅助生产费用分配表编制记账凭证，会计分录如下：

借：生产成本——基本生产成本——豆浆机　　26 407
　　制造费用　　18 961.20
　　管理费用　　17 531.80
　　贷：生产成本辅助生产成本——供气车间　　39 500
　　　　　　　　　　　　　——维修车间　　23 400

小提示

在直接分配法下计算费用分配率时，分母要扣除辅助生产车间所耗用的劳务量，为什么？分母做了扣除后，辅助生产车间所耗用的劳务成本应由谁承担？

2．交互分配法

通达公司采用交互分配法进行辅助生产费用的分配，具体计算过程如下：

(1) 对内进行交互分配：

供气车间交互分配率=39 500÷7 900=5（元/m^3）

维修车间交互分配率=23 400÷2 340=10（元/时）

供气车间应分配的维修车间费用=40×10=400（元）

维修车间应分配的供气车间费用=600×5=3 000（元）

（2）计算交互分配后供气、维修车间的实际费用：

交互分配后供气车间实际费用=39 500+400–3 000=36 900（元）

交互分配后维修车间实际费用=23 400+3 000–400=26 000（元）

（3）对外进行分配：

供气车间对外分配率=36 900÷（3 000+2 000+2 300）=5.055（元/m^3）

基本生产车间豆浆机应分配的气费=3 000×5.055=15 165（元）

基本生产车间一般耗用应分配的气费=2 000×5.055=10 110（元）

管理部门应分配的气费=2 300×5.055=11 625（元）

维修车间对外分配率=26 000÷（1 000+800+500）=11.304（元/时）

基本生产车间豆浆机应分配的机修费=1 000×11.304=11 304（元）

基本生产车间一般耗用应分配的机修费=800×11.304=9 043.20（元）

管理部门应分配的机修费=26 000–11 304–9 043.20=5 652.80（元）

在实际工作中，辅助生产费用分配是通过编制辅助生产费用分配表进行的。通达公司编制的辅助生产费用分配表如表 4-5 所示。

根据辅助生产费用分配表编制记账凭证，会计分录如下：

① 交互分配：

借：生产成本——辅助生产成本——供气车间　　400

　　　　　　　　　　　　　　——维修车间　　3 000

　贷：生产成本——辅助生产成本——供气车间　　3 000

　　　　　　　　　　　　　　　——维修车间　　400

表 4-5　辅助生产费用分配表（交互分配法）

2014 年 11 月　　　　　　　　金额单位：元

项目		供气车间			维修车间			合计
		供气数量/米^3	分配率/（元/米^3）	分配金额	机修工时/时	分配率/（元/时）	分配金额	
交互分配		7 900	5	39 500	2 340	10	23 400	62 900
生产成本——辅助生产成本	供气车间				40		400	400
	供水车间	600		3 000	3 000			3 000
对外分配		7 300	5.055	36 900	2 300	11.304	26 000	62 900
生产成本——基本生产成本	豆浆机	3 000		15 165	1 000		11 304	26 469
制造费用		2 000		10 110	800		9 043.20	19 153.20
管理费用		2 300		11 625	500		5 652.80	17 277.80

② 对外分配：

借：生产成本——基本生产成本——豆浆机　　26 469
　　制造费用　　19 153.20
　　管理费用　　17 277.80
　　贷：生产成本——辅助生产成本——供气车间　　36 900
　　　　　　　　　　　　　　　——维修车间　　26 000

小提示

交互分配法与直接分配法在计算上有何区别？为什么说交互分配法比直接分配法的分配结果更准确？请比较两种分配方法在账务处理上有何不同？

3．计划成本分配法

假设通达公司运用计划成本分配法进行辅助生产费用的分配，该企业供气车间计划单位成本为 5.05 元/米 ^{3}，维修车间计划单位成本为 11.1 元/时，则辅助生产费用分配表如表 4-6 所示。

表 4-6　辅助生产费用分配表（计划成本分配法）

2014 年 11 月　　金额单位：元

项目		供气车间（计划单位成本：5.05 元/米 ^{3}）		维修车间（计划单位成本：11.1 元/时）		合计
		供气数量/米 ^{3}	分配金额	机修工时/时	分配金额	
生产成本——辅助生产成本	供气车间			40	444	444
	维修车间	600	3 030			3 030
生产成本——基本生产成本	豆浆机	3 000	15 150	1 000	11 100	26 250
制造费用		2 000	10 100	800	8 880	18 980
管理费用		2 300	11 615	500	5 550	17 165
辅助生产计划成本合计		7 900	39 895	2 340	25 974	
本月月实际发生费用			39 500		23 400	
按计划成本分配转入			+444		+3 030	
辅助生产实际成本			39 944		26 430	
辅助生产费用差异			49		456	505

根据辅助生产费用分配表编制记账凭证，会计分录如下：

① 按计划单位成本分配：

借：生产成本——基本生产成本——豆浆机　　26 250

　　生产成本辅助生产成本——供气车间　　444

　　　　　　　　　　——维修车间　　3 030

　　制造费用　　18 980

　　管理费用　　17 165

　　贷：生产成本——辅助生产成本——供气车间　　39 895

　　　　　　　　　　　　　　——维修车间　　25 974

② 分配结转成本差异：

借：管理费用　　505

　　贷：生产成本——辅助生产成本——供气车间　　49

　　　　　　　　　　　　　　——维修车间　　456

4．代数分配法

假设通达公司供气车间辅助生产分配率为 x 元/m^3，维修车间辅助生产分配率为 y 元/时，则可列方程如下：

$$39\,500+40y=7\,900x$$

$$23\,400+600x=2\,340y$$

解方程得：

$$x=5.0\,572$$

$$y=11.296\,7$$

据此计算通达公司各受益单位应分配的辅助生产费用，编制的辅助生产费用分配表如表 4-7 所示。

表 4-7　辅助生产费用分配表（代数分配法）

2014 年 11 月　　　　金额单位：元

项目		供气车间		维修车间		合计
		供气数量/米^3	分配金额	机修工时/小时	分配金额	
分配率		5.0 572（元/米^3）		11.2 967（元/时）		
生产成本——辅助生产成本	供气车间			40	401.87	451.87
	维修车间	600	3 034.32			3 034.32
生产成本——基本生产成本	豆浆机	3 000	15 171.60	1 000	11 296.70	26 468.30

项目	供气车间		维修车间		合计
	供气数量/米³	分配金额	机修工时/小时	分配金额	
制造费用	2 000	10 114.40	800	9 037.36	19 151.76
管理费用	2 300	11 631.56	500	5 648.35	17 279.91
分配金额合计	7 900	39 951.87	2 340	26 434.28	66 386.15

根据辅助生产费用分配表编制记账凭证，会计分录如下：

借：生产成本——基本主产成本——豆浆机　　26 468.30
　　生产成本——辅助生产成本——供气车间　　451.87
　　　　　　　　　　　　　——维修车间　　3 034.32
　　制造费用　　19 151.76
　　管理费用　　17 279.90
　　贷：生产成本——辅助生产成本——供气车间　　39 951.87
　　　　　　　　　　　　　　　——维修车间　　26 434.28

小提示

在辅助生产费用的各种分配中，代数分配法是最准确的，你同意这种说法吗？代数分配法会计分录中贷方合计 66 386.15 元，与机修、供气两个辅助生产车间待分配的成本之和（62 900 元）相比多出 3 486.15 元。你知道这是为什么吗？

四、登记辅助生产成本明细账

根据辅助生产费用分配表和记账凭证中的会计分录，将辅助生产费用分配情况登记辅助生产成本明细账，并登记相关成本费用明细账。

项目小结

各项要素费用的分配，一般是通过编制费用分配表进行的，根据费用分配表确定的项目分别计入基本生产成本、辅助生产成本和期间费用账户。分配到辅助生产车间的各项费用，归集计入辅助生产成本明细账，形成辅助生产车间的辅助产品（劳务）费用。如果是提供辅助产品的，其核算方法与基本生产的核算方法相同；如果是提供劳务的，则在期末将辅助生产费用采用适当的方法分配给各受益单位，分配方法主要有直接分配法、交互分配法、计划成本分配法和代数分配法。通过辅助生产费用分配后，将应计入产品成本的各项费用分别归集到“生产成本——基本生产成本”和“制造费用”账户。

项目训练

一、单项选择题

1．辅助生产交互分配后的实际费用，应再在（ ）。

A．各基本生产车间之间进行分配

B．辅助生产车间以外的受益单位之间进行分配

C．各辅助生产车间之间进行分配

D．各受益单位之间进行分配

2．代数分配法是一种将辅助生产费用根据联立方程的原理，（ ）的方法。

A．在辅助生产车间以外各受益单位之间直接进行分配

B．先在各辅助生产车间内部进行分配，然后对外进行分配

C．先在企业各车间、部门之间进行分配，然后对外进行分配

D．计算辅助生产产品（劳务）的单位成本，然后根据各受益单位耗用的数量和单位成本进行分配

3．为了简化辅助生产费用的分配，在按计划成本分配法分配下的辅助生产费用差异一般全部计入（ ）科目。

A．制造费用　　B．管理费用

C．营业外支出　　D．基本生产成本

4．“辅助生产成本”科目，月末（ ）。

A．一定没有余额　　B．如有余额，余额一定在借方

C．如有余额，余额一定在贷方　　D．可能有借方或贷方余额

5．采用交互分配法分配辅助生产费用，某一辅助生产车间对外分配的费用总额是（ ）。

A．交互分配前的费用

B．交互分配前的费用加上交互分配转入的费用

C．交互分配前的费用减去交互分配转入的费用

D．交互分配前的费用加上交互分配转入的费用减去交互分配转出的费用

6．直接分配法的特点是将辅助生产费用（ ）。

A．直接分配给各受益车间、部门

B．直接分配给辅助生产车间以外的各受益车间、部门

C．直接计入“辅助生产成本”科目

D．直接分配给受益多的车间、部门

7．辅助生产费用的交互分配法，一次交互分配是在（ ）。

A．各受益单位之间进行分配

B．各辅助生产车间之间进行分配

C．辅助生产车间以外的受益单位之间进行分配

D．各受益的基本生产车间之间进行分配

8．辅助生产费用交互分配后的实际费用，再在（ ）。

A．辅助生产车间以外的受益单位之间进行分配

B．各受益单位之间进行分配

C．各辅助生产车间之间进行分配

D．各受益的基本生产车间之间进行分配

9．辅助生产费用的各种分配方法中，能分清内部经济责任、有利于实行厂内经济核算的是（ ）。

A．直接分配法　B．交互分配法　C．计划成本分配法　D．代数分配法

10．下列各项中，关于计划成本分配法的说法错误的是（ ）。

A．不必单独计算费用分配率

B．各种辅助生产费用只分配一次

C．简化了计算工作

D．不利于分清企业内部各单位的经济责任

二、多项选择题

1．采用计划成本分配法分配辅助生产费用，（ ）。

A．简化了计算工作

B．便于考核辅助生产成本计划完成情况

C．便于考核各受益单位的成本

D．分配结果最准确

2．采用交互分配法分配辅助生产费用时，应该（ ）。

A．先在企业内部各受益单位之间进行一次交互分配

B．先在辅助生产车间内部各受益单位之间进行一次交互分配

C．根据交互分配后的实际费用向企业外部单位进行分配

D．根据交互分配后的实际费用向辅助生产车间以外各受益单位进行分配

3．辅助生产车间不设“制造费用”账户核算的原因是（ ）。

A．辅助生产车间规模较小、发生的制造费用较少

B．辅助生产车间不对外销售产品

C．为了简化核算工作

D．没有必要

4．下列方法中，属于辅助生产费用分配方法的有（ ）。

A．直接分配法　　B．交互分配法

C．计划成本分配法　　D．代数分配法

三、判断题

1．采用代数分配法分配辅助生产费用，由于各种辅助生产费用都计算两个费用分配率，进行两次分配，因而计算结果准确。（ ）

2．采用顺序分配法进行辅助生产费用分配时，应按照辅助生产车间受益多少的顺序排列，受益多的排列在前，受益少的排列在后。（ ）

3．采用计划成本分配法分配辅助生产费用时，不必在辅助生产车间之间进行交互分配。（ ）

4．辅助生产费用在月末要全部分配转出，因而“辅助生产成本”科目月末应无余额。（ ）

5．辅助生产车间发生的各种生产费用都直接计入“生产成本辅助生产成本”科目。（ ）

6．采用交互分配法分配辅助生产费用，交互分配后的辅助生产费用应在除辅助生产车间以外的各受益部门和车间之间进行分配。（ ）

7．采用代数分配法分配辅助生产费用时，应用代数中解联立方程的原理，直接分配各受益车间、部门应分配的费用，无须计算辅助生产产品（劳务）的单位成本。（ ）

8．在辅助生产车间的制造费用不通过“制造费用”科目核算的情况下，辅助生产车间发生的各项生产费用均可直接计入“辅助生产成本”科目。（ ）

9．采用计划成本分配法分配辅助生产费用时，辅助生产费用差异可全部计入管理费用。（ ）

10．所有生产车间发生的各种制造费用，一律通过“制造费用”科目核算。（ ）

四、案例分析题

资料：某企业2014年9月“辅助生产成本”明细账归集的辅助生产费用总额为：机修车间24 000元、动力车间30 000元。机修、动力两个辅助生产车间提供的劳务数量如下表所示。

辅助生产车间供应产品及劳务数量

项　目	机修供应数量（工时）	动力供应数量（米^3）
机修车间		800
动力车间	500	
产品生产耗用		10 000
车间一般耗用	3 000	1 500
专设销售部门	500	1 000
企业管理部门	800	1 700
合　计	4 800	15 000

要求：

（1）采用交互分配法编制的“辅助生产费用分配表”，并作相应的会计分录。

辅助生产费用分配表（交互分配法）

2014 年 9 月　　　　金额单位：元

项目		机修车间			动力车间			合计
		耗用量	分配率	分配额	耗用量	分配率	分配额	
交互分配前情况								
交互分配	机修车间							
	动力车间							
交互分配后情况								
对外分配	产品生产耗用							
	车间一般耗用							
	专设销售部门							
	管理部门							
	合计							

（分配率保留三位小数，尾差计入“管理费用”账户）

（2）机修和动力两个车间的计划分配率分别为 5.2 和 2.2，按计划成本分配法编制的“辅助生产费用分配表”，并作相应的会计分录（辅助生产成本差异计入“管理费用”账户）。

辅助生产费用分配表（计划成本分配法）

2014 年 9 月　　　　　　　　　　金额单位：元

项目	机修车间（计划分配率=　）		动力车间（计划分配率= ）		合计
	耗用量	分配额	耗用量	分配额	
直接发生的费用					
提供的劳务量					
机修车间					
供电车间					
产品生产耗用					
车间一般耗用					
专设销售部门					
管理部门					
按计划成本分配合计					
辅助生产实际成本					
辅助生产成本差异					

项目 5　归集和分配制造费用

案例引入

某年 2 月 20 日据每日经济新闻报道记者从人力资源和社会保障部知情人士处获悉，一部针对所有行业国有企业高管薪酬的总规范正在紧锣密鼓地制定。据透露，此次限薪将不仅针对金融行业的国企高管："这一规范将成为全国所有国有企业高管薪酬的指导性意见，并于两会前上交给国务院审批。"高管与职工薪酬水平之间的差距将考虑控制在 10 倍到 12 倍。

工作任务

通达公司基本生产车间一车间 2014 年 11 月发生如下费用：根据材料费用分配表应负担消耗性材料费用 1 000 元，周转材料摊销 800 元（一次摊销）；根据动力费用分配表应负担电费 2 200 元；根据职工薪酬分配表应负担工资费用 12 000 元；根据辅助生产费用分配表应负担机修费用 3 200 元；根据折旧费用计提表应负担折旧费用 15 000 元；另应摊销本月保险费用 1 200 元，以现金支付办公费 600 元。通达公司本月生产豆浆机、吹风机两种产品，发生生产工人工资费用 48 000 元，其中豆浆机生产工人工资为 36 000 元，吹风机生产工人工资为 12 000 元；生产产品耗用工时 4 800 小时，其中豆浆机生产工时为 3 600 小时，吹风机生产工时为 1 200 小时。根据上述资料归集本期制造费用，选择一定的标准分配本期制造费用。

知识准备

一、制造费用的含义和内容

制造费用是产品制造成本的重要组成部分，是指企业为生产产品和提供劳务而发生的各项间接费用。制造费用作为一种间接费用，在发生时一般无法直接判定它应归属的成本计算对象，因而不能直接计入所发生的产品成本中，必须按费用发生的地点进行归集，月度终了再采用一定的方法在各成本计算对象之间进行分配，然后才能计入各成本计算对象的成本中。制造费用主要包括以下几项：

（1）间接用于产品生产的费用，如机物料消耗，车间生产用房屋及建筑物折旧费、修理费、经营租赁费和保险费，车间生产用照明费、取暖费、运输费、劳动保护费，以及季节性停工和生产用固定资产修理期间的停工损失等。

（2）直接用于产品生产，但管理上不要求或者核算上不便于单独核算，因而没有专设成本项目的费用，如机器设备的折旧费、修理费、经营租赁费和保险费，生产工具摊销，设计制图费和试验费等。生产工艺用动力如果没有专设成本项目，也包括在制造费用中。

（3）车间用于组织和管理生产的费用，包括车间人员工资及福利费，车间管理用房屋和设备的折旧费、修理费、经营租赁费和保险费，车间管理用具摊销，车间管理用照明费、水费、取暖费、差旅费和办公费等。

二、制造费用的分配标准

企业应设置“制造费用”总账，并按车间类别、费用类别设置明细账，归集所发生的各项费用。制造费用的分配应按车间类别来进行，合理分配制造费用的关键是正确选择分配标准。选择分配标准时，一般应遵循以下原则：

（1）分配标准应具有共有性：各承担制造费用的对象都具有该分配指标的资料。

（2）分配标准应能体现比例性：分配标准与制造费用之间存在着客观的因果比例关系，以达到“多收益多承担，少收益少承担”的要求，使分配公平、合理。

（3）分配标准应具备易取得性和易计量性。

（4）分配标准应相对稳定。

为便于各期制造费用之间的比较分析，分配标准不宜经常改变。如需变更，应当在会计报表附注中予以说明。

三、制造费用的归集和分配方法

基本生产车间的制造费用是产品生产成本的组成部分，在只生产一种产品的车间，制造费用可以直接计入该种产品生产成本；在生产多种产品的车间，制造费用则应该采用既合理又较简便的分配方法，分配计入各种产品的生产成本，即计入“生产成本基本生产成本”账户及其明细账“制造费用”成本项目。制造费用通常按照各种产品所耗用生产工时（生产工人工资、机器工时）的比例进行分配，计算公式为：

$$制造费用分配率=\frac{制造费用总额}{各种产品生产工时（生产工人工资、机器工时）总数}$$

某种产品应分配的制造费用=该种产品生产工时（生产工人工资、机器工时）数×制造费用分配率

1．生产工人工资比例法

生产工人工资比例法是指按照各种（批、类）产品所耗用的生产工人工资的比例分配制造费用的一种方法。由于工资费用分配表中有现成的生产工人工资的资料，因此该种分配方法很简便。生产工人工资比例法适用于各种产品生产机械化程度大致相同的情况，否则会影响费用分配的合理性。

2．生产工时比例法

生产工时比例法是指按照各种（批、类）产品所耗用的生产工时的比例分配制造费用的一种方法。生产工时比例法是一种常用的制造费用分配方法，它能将劳动生产率的高低与产品应分配费用的多少联系起来，分配结果比较合理。由于生产工时是分配间接计入费用常用的分配标准之一，因此必须正确组织好产品生产工时的记录和核算等基础工作，以保证生产工时的正确、可靠。

工作过程

一、设置制造费用总账和明细账

为了正确反映制造费用的发生和分配情况，企业要设置“制造费用”账户进行核算。该账户的借方登记发生的各项制造费用；贷方登记分配转出的制造费用，分配后一般无余额。为了反映不同生产车间发生的制造费用，要按车间分设明细账户，采用多栏式账页进行明细分类核算，按费用项目设置专栏。制造费用的明

细项目一般设置为职工薪酬、折旧费、保险费、租赁费、低值易耗品摊销、水电费、取暖费、运输费、差旅费、办公费、机物料消耗、劳动保护费、设计制图费、试验检验费、在产品损耗、停工损失等，具体如表 5-1 所示。

二、归集本月发生的各项制造费用

企业根据有关记账凭证、各项要素费用分配表、辅助生产费用分配表、折旧费用分配表等，将发生的各项制造费用计入“制造费用”账户及各明细账户有关项目栏。

下面以通达公司折旧费用为例说明制造费用的归集方法。

折旧费用是指固定资产在使用过程中因磨损而转移到成本费用中的价值。计提固定资产折旧费用的方法通常有使用年限法、工作量法、双倍余额递减法、年数总和法等，对计提的固定资产折旧费用，通过编制固定资产折旧费用计提明细表（见表 5-1）进行分配，计入有关的成本费用账户。

表 5-1　固定资产折旧费用计提明细表　　金额单位：元

使用部门	固定资产类别	固定资产月初余额	月折旧率	月折旧费用
一车间	房屋建筑物	1 200 000	0.25%	3 000
	机器、设备	2 000 000	0.60%	12 000
	小计			15 000
供气车间	房屋建筑物	160 000	0.25%	400
	机器、设备	100 000	0.60%	600
	小计			1 000
供水车间	房屋建筑物	240 000	0.25%	600
	机器、设备	200 000	0.60%	1 200
	小计			1 800
管理部门	房屋建筑物	960 000	0.25%	2 400
	机器、设备	100 000	0.60%	600
	小计			3 000
销售部门	房屋建筑物	624 000	0.25%	1 560
	机器、设备	40 000	0.60%	240
	小计			1 800
合计				22 600

根据固定资产折旧费用计提明细表编制固定资产折旧费用分配表，如表 5-2

所示。

表 5-2 固定资产折旧费用分配表

应借账户			成本项目	费用金额/元
会计账户	二级账户	明细账户		
制造费用		一车间	折旧费用	15 000
生产成本	辅助生产成本	供气车间	制造费用	1 000
		供水车间	制造费用	1 800
管理费用			折旧费用	3 000
营业费用			折旧费用	1 800
折旧费用合计				22 600

根据固定资产折旧费用计提明细表编制记账凭证，如表 5-3 所示。

表 5-3 记账凭证

2014 年 11 月 30 日　　记字第×号

摘要	一级科目	二级科目	明细科目	借方金额/元	贷方金额/元	记账/元
计提折旧费用	生产成本	辅助生产成本	供气车间	1 000		
			供水车间	1 800		
	制造费用	一车间		15 000		
	销售费用			1 800		
	管理费用			3 000		
	累计折旧				22 600	
合计				22 600	22 600	

根据记账凭证和通达公司一车间 6 月发生的经济业务，可编制会计分录如下，并据以登记制造费用明细账（见表 5-4）：

（1）根据材料费用分配表：

借：制造费用——一车间——材料费用　　1 800

　　贷：原材料——其他材料　　1 000

　　　　周转材料——低值易耗品　　800

（2）根据职工薪酬分配表：

借：制造费用——一车间——工资费用　　12 000

贷：应付职工薪酬——工资 12 000

（3）根据动力费用分配表：

借：制造费用——一车间——水电费用 2 200

贷：应付账款——供电公司 2 200

（4）根据辅助生产费用分配表：

借：制造费用——一车间——机修费用 3 200

贷：生产成本——辅助生产成本——供水车间 3 200

（5）分摊本月保险费用：

借：制造费用——一车间——保险费用 1 200

贷：应付账款——保险费用 1 200

（6）以现金支付办公费：

借：制造费用——一车间——办公费 600

贷：库存现金 600

表 5-4 制造费用明细账

字第×号

生产车间：一车间

金额单位：元

2014 年		凭证号	摘要	人工费用	水电费用	折旧费用	材料费用	保险费用	机修费用	其他费用	合计
月	日										
6		略	领用消耗性材料				1 000				1 000
			用具摊销							800	800
			动力费用分配表		2 200						2 200
			职工薪酬分配表	12 000							12 000
			分摊本月保险费用					1 200			1 200
			辅助生产费用分配表						3 200		3 200
			折旧费用分配表			15 000					15 000
			支付办公费							600	600
			本月合计	12 000	2 200	15 000	1 000	1 200	3 200	1 400	36 000
6	30		结转本月制造费用	12 000	2 200	15 000	1 000	1 200	3 200	1 400	36 000

小提示

季节性生产企业基本生产车间的制造费用，一般可按制造费用的全年或停工月度预算数和产品的全年计划产量计算确定计划分配率，据以进行分配。如果制造费用的实际发生数、产品的实际产量与预算数、计划产量相差较大时，应当及时调整计划分配率。年度终了，制造费用全年实际发生数与分配数的差额，除其中属于为明年开工生产做准备的可留待明年分配外，其余都应当在本年内调整产品成本：实际发生数大于分配数的差额，借记“生产成本——基本生产成本”科目，贷记“制造费用”科目；实际发生数小于分配数的差额，用红字登记。

三、选择标准分配制造费用

1．生产工人工资比例法

采用生产工人工资比例法和生产工时比例法分配制造费用的过程如下：

根据通达公司归集的本月制造费用明细账资料，本月共发生制造费用 36 000 元；生产工人工资费用 48 000 元，其中豆浆机生产工人工资为 36 000 元，吹风机生产工人工资为 12 000 元。豆浆机、吹风机应分配的制造费用计算如下：

制造费用分配率=36 000÷48 000=0.75

豆浆机应分配的制造费用=36 000×0.75=27 000（元）

吹风机应分配的制造费用=12 000×0.75=9 000（元）

根据上述计算结果编制制造费用分配表，如表 5-5 所示。

表 5-5　制造费用分配表（生产工人工资比例法）

车间名称：基本生产车间　　　　2014 年 11 月 30 日　　　　金额单位：元

应借科目		生产工人工资	分配率	分配金额
基本生产成本	豆浆机	36 000	0.75	27 000
	吹风机	12 000	0.75	9 000
合计		48 000		36 000

根据制造费用分配表编制会计分录如下：

借：生产成本——基本生产成本——豆浆机　　27 000

　　　　　　　　　　　　　　——吹风机　　9 000

　贷：制造费用　　36 000

2．生产工时比例法

假设通达公司采用生产工时比例法分配制造费用，则：

制造费用分配率=36 000÷4 800=7.5（元/时）

豆浆机应分配的制造费用=3 600×7.5=27 000（元）

吹风机应分配的制造费用=1 200×7.5=9 000（元）

根据上述计算结果编制制造费用分配表，如表 5-6 所示。

表 5-6　制造费用分配表（生产工时比例法）

车间名称：基本生产车间　　　　　　　　　　　　2014 年 11 月 30 日

应借科目		生产工时/小时	分配率/（元/时）	分配金额/元
基本生产成本	豆浆机	3 600	0.75	27 000
	吹风机	1 200	0.75	9 000
合计		4 800		36 000

知识链接

在实际工作中，有些企业生产具有季节性，并且有比较准确的定额标准和较高的计划管理水平。为使单位产品负担的制造费用相对均衡，保证产品成本计算的正确性，可采用年度计划分配率法。年度计划分配率法是指企业在正常生产经营条件下，依据年度制造费用预算数与各种产品计划产量的相关定额标准（如生产工时、机器工时等）确定计划分配率，并据以分配制造费用的方法。计算公式如下：

$$\text{某车间制造费用计划分配率}=\frac{\text{该车间年度制造费用预算数}}{\sum(\text{该车间每种产品计划产量}\times\text{标准单位定额})}$$

某产品应分配的制造费用=该产品实际产量×标准单位定额×该车间制造费用计划分配率

采用年度计划分配率法分配制造费用后，必定会产生差异。对实际制造费用和按年度计划分配率法分配的制造费用之间的差异，可在年末以 12 月制造费用计划分配额为标准再进行一次分配。对实际制造费用大于已分配的计划制造费用的差异额，补计入各产品生产成本；反之用红字冲回多计的产品生产成本。制造费用差异额分配的公式如下：

$$\text{制造费用差异分配率}=\frac{\text{年度制造费用差异额}}{\text{当年12月制造费用计划分配额}}$$

某产品应分配的制造费用差异额=该产品 12 月分配的制造费用×制造费用差异分配率

通达公司基本生产车间二车间全年制造费用计划发生额为 40 000 元；全年各种产品的计划产量为热水壶 2 500 件，电磁炉 1 000 件；单件产品定额工时为热水壶6小时，电磁炉5小时。本月实际产量为热水壶200件，电磁炉80件；本月实际发生制造费用33 000元，“制造费用”账户本月期初余额为借方1 000元。

（1）计算各种产品年度计划产量的定额工时：

热水壶年度计划产量的定额工时=2 500×6=15 000（时）

电磁炉年度计划产量的定额工时=1 000×5=5 000（时）

（2）计算年度制造费用计划分配率：

计划分配率=400 000÷（15 000+5 000） =20（元/时）

（3）计算本月各种产品实际产量的定额工时：

本月热水壶实际产量的定额工时=200×6=1 200（时）

本月电磁炉实际产量的定额工时=80×5=400（时）

（4）计算本月各种产品应分配的制造费用：

本月热水壶应分配的制造费用=1 200×20 =24 000（元）

本月电磁炉应分配的制造费用=400×20=8 000（元）

该车间按计划分配率分配转出的制造费用为32 000元（24 000+8 000），“制造费用”账户的期末余额为借方2 000元。

假设本年度实际发生制造费用 408 360 元，至年末累计已分配制造费用415 000元（其中热水壶已分配311 250元，电磁炉已分配103 750元），将“制造费用”账户的差额进行调整。年末，“制造费用”账户有贷方余额6 640元，应按已分配比例调整冲回，则：

热水壶应调减制造费用=6 640×（311 250÷415 000） =4 980（元）

电磁炉应调减制造费用=6 640×（103 750–415 000） =1 660（元）

调整时会计分录：

借：生产成本——基本生产成本——热水壶　　　4 980

　　　　　　　　　　　　　　——电磁炉　　　1 660

　贷：制造费用　　　　　　　　　　　　　　　　　6 640

项目小结

制造费用是指企业为生产产品而发生，应该计入产品成本，但没有专设成本项目的各项生产费用。这些费用中，有的在发生时直接计入“制造费用”账户，有的则通过一定的费用分配方法归集到“制造费用”账户。归集到“制造费用”账户的生产费用，在期末要采用适当的方法分配到有关的产品成本中，分配的基本原则是在仅仅生产一种产品的情况下直接转入；在生产多种产品的情况下，一般可按生产工人工资比例法、生产工时比例法或年度计划分配率法等分配给不同产品。通过制造费用的分配，在企业没有生产损失或虽有但不单独核算生产损失的情况下，生产费用在各种产品之间的分配和归集程序就已经完成，下一步就可以将各产品的生产成本在完工产品与月末在产品之间进行分配，但在要求单独反映和控制生产损失的情况下，成本核算程序还包括生产损失的核算。

项目训练

一、单项选择题

1. 某公司是季节性生产企业，且管理比较先进，该企业为正确核算产品成本，应当采用的制造费用分配方法是（ ）。

A．生产工时比例法　　B．生产工人工资比例法

C．机器工时比例法　　D．年度计划分配率法

2．下列制造费用的分配方法中，可能使“制造费用”账户出现余额是（ ）。

A.生产工时比例法　　B．生产工人工资比例法

C．机器工时比例法　　D．年度计划分配率法

3. 如果同一生产车间生产若干产品的机械化程度不同，则对该车间发生的制造费用宜采用的分配方法是（ ）。

A．生产工时比例法　　B．生产工人工资比例法

C．机器工时比例法　　D．年度计划分配率法

4．下列各项中，属于制造费用的是（ ）。

A．生产工人的计时工资　　B．企业管理人员的工资

C．车间管理人员的工资　　D．生产工人的计件工资

二、多项选择题

1．按年度计划分配率法分配制造费用后，“制造费用”账户月末（ ）。

A．有余额　　B．无余额　　C．有借方余额　　D．有贷方余额

2．制造费用的分配方法有（ ）。

A．生产工时比例法　　B．产量比例法

C．生产工人工资比例法　　D．机器工时比例法

E．年度计划分配率法

3. 制造费用是指企业为生产产品和提供劳务而发生的各项间接费用，包括（ ）。

A．生产单位管理人员薪酬　　B．生产单位固定资产折旧费用

C．辅助生产车间无形资产摊销　　D．基本生产车间的办公费用

4．制造费用不应该（ ）。

A．在企业范围内统一分配　　B．按班组分别进行分配

C．按车间分别进行分配　　D．在所有车间范围内统一分配

5．企业的制造费用可分为（ ）。

A．直接用于产品生产但未专设成本项目的费用

B．间接用于产品生产的费用

C．企业管理部门组织和管理生产的费用

D．生产部门发生的产品生产管理费用

E．对生产部门进行管理发生的费用

6．下列各项中，属于制造费用的有（ ）。

A．机器设备折旧费用　　B．车间照明用电费用

C．产品“三包”费用　　D．产品包装费用

E．车间日常消耗的材料费用

三、判断题

1．制造费用大部分是间接用于产品生产的费用，也有一部分直接用于产品生产，但管理上不要求单独核算，又不专设成本项目，因此可以直接计入产品生产成本。（ ）

2．采用所有分配方法分配制造费用，分配后“制造费用”账户期末都没有余额。（ ）

3．工业企业的制造费用一定通过“制造费用”账户核算。（ ）

4．无论是基本生产车间还是辅助生产车间，都必须设置“制造费用”账户核算制造费用。（ ）

四、案例分析题

1．资料：基本生产车间200×年9月制造费用总额为68 000元，实际生产工时为80 000小时，其中，甲产品实际生产工时为60 000小时，乙产品实际生产工时为20 000小时。

要求：按生产工时分配制造费用，并作相应的会计分录。

制造费用分配表

车间：基本生产车间　　200×年9月　　金额单位：元

产品名称	分配标准	分配率	分配额
甲产品			
乙产品			
合计			

项目 6 归集和分配生产损失

生产损失是指企业在生产过程中不能正常生产产品所发生的耗费，包括产品生产过程中发生的正常损耗和边角废料、不符合产品质量标准的废品损失、因各种原因造成的停工损失等。生产过程中发生的正常损耗和边角废料，在产品成本计算中一并考虑。这里所讲的生产损失主要是指废品损失和停工损失。

废品是指不符合规定的技术标准，不能按原定用途进行使用，或需要加工修理后才能正常使用的产品，包括在生产过程中发现的不合格的在产品、入库时发现的不合格的半成品或完工产品，但不包括可以降价销售的次品或等外品、合格品入库后因保管不善发生损坏变质的产品和在产品销售时发现的废品。

废品按照是否可以修复分为可修复废品与不可修复废品两类。可修复废品是指经过加工修理后可以按原定用途进行使用，而且在经济上是合算的废品；不可修复废品是指在技术上无法修复，或修复成本过大，在经济上不合算而放弃修复的废品。

废品损失是指在产品生产过程中因出现废品而发生的无价值的耗费。对可修复废品而言，废品损失是追加的修复成本扣除收回的废品残值及责任人赔款后的差额；对不可修复废品而言，废品损失是废品成本扣除收回的废品残值及责任人赔款后的差额。

发生的废品损失，原则上由本期完工产品负担，月末在产品通常不负担废品损失。企业对废品损失的具体处理方法有两种：废品损失不大的企业，可在“制造费用”账户中核算。废品损失数额较大的企业，为加强废品损失管理，可以增设“废品损失”账户，单独核算废品损失。“废品损失”账户的借方登记不可修复废品的生产成本和可修复废品的修复成本，贷方登记废品残料收回价值、责任人赔款及分配转出的废品损失，分配后该账户无余额。“废品损失”账户按生产车间分户设置明细账，进行明细分类核算。

停工损失是指企业发生非季节性停工所造成的损失。造成停工的主要原因是停电、待料、机器故障或大修、灾害或事故、计划减产等。停工损失由停工期间消耗的燃料及动力、工资及福利费和制造费用等构成，由过失方或保险公司支付的赔偿款冲减。为了简化核算工作，停工不足一个工作日，通常不计算停工损失。

企业发生停工时，由生产车间将停工范围、起止时间、停工原因、过失方等情况在停工单中加以记录，送财会部门审核后，作为计算停工损失的原始依据。

为了单独核算停工损失，可以专设“停工损失”账户，并在产品成本计算单中增设“停工损失”成本项目。“停工损失”账户的借方归集本月发生的停工损失，贷方登记分配结转的停工损失，分配后该账户一般无余额。“停工损失”账户按生产车间分户进行明细分类核算。

不同原因产生的停工损失，采用不同的分配结转方法。由过失方或保险公司赔偿的停工损失，转作“其他应收款”；属于非常损失引起的停工损失，列为“营业外支出”；由其他原因引起的停工损失，计入产品成本。

任务 6.1　归集和分配可修复废品损失

工作任务

通达公司第二车间在生产热水壶时发现可修复废品 3 件，当即进行修复。耗用材料费用 210 元，人工费用 100 元，应分配制造费用 128 元，应向过失人索赔 75 元。请计算可修复废品损失，并进行会计处理。

知识准备

可修复废品损失是指对废品进行修复所支付的修复费用。经修复后，其产品成本由原生产成本和修复费用构成。如果有废品收回残值或赔偿收入，冲减可修复废品损失。可修复废品损失在进行废品修复时归集，其计算公式是：

可修复废品损失=修复废品材料费用+修复废品人工费用+修复废品制造费用−收回的残值及赔偿收入

可修复废品返修以前发生的生产费用，在“生产成本——基本生产成本”账户及有关的成本明细账中不必转出；返修时发生的修复费用，应根据直接材料、直接人工、辅助生产成本和制造费用等分配计入“废品损失”账户借方，如有残值和应收赔款，根据废料交库凭证及其他有关结算凭证，从“废品损失”账户贷方转入“原材料”、“其他应收款”等账户借方。将废品净损失（修复费用减去残值和赔款）从“废品损失”账户贷方转入“生产成本——基本生产成本”账户借方及有关成本明细账的“废品损失”成本项目。

工作过程

一、计算废品损失

可修复废品损失的计算过程如下：

修复费用=210+100+128=438（元）

可修复废品损失=438−75=363（元）

二、编制记账凭证

编制记账凭证，会计分录如下：

（1）发生修复费用：

借：废品损失——热水壶　　438

　　贷：原材料　　210

　　　　应付职工薪酬　　100

　　　　制造费用　　128

（2）过失人赔偿：

借：其他应收款——×××（过失人）　　75

　　贷：废品损失——热水壶　　75

（3）结转废品损失：

借：生产成本——基本生产成本——热水壶　　363

　　贷：废品损失——热水壶　　363

任务 6.2　归集和分配不可修复废品损失

废品成本是指生产过程中截至产品报废时所耗费的一切费用，扣除废品的残值和应收赔款后的净损失。由于不可修复废品的成本与合格产品的成本是同时发生、归集在一起的，因此需要采取一定的方法予以确定，将废品应负担的生产费用从全部生产费用中分离出来。具体有两种方法：按废品实际成本计算废品损失和按废品定额成本计算废品损失。

工作任务

2014 年 11 月，通达公司基本生产车间生产豆浆机 1 000 件，生产过程中发现有不可修复废品 20 件。本月生产豆浆机的生产费用为：材料费用 200 000 元，人工费用 49 500 元，制造费用 29 700 元，合计 279 200 元。废品残料 1 000 元入库。分配材料费用时，废品按完工产品计算；分配其他生产费用时，废品折合为约当产量 10 件。请确定废品损失，并进行会计处理。

该 10 件废品，原材料在生产开始时一次性投入，单件原材料费用定额为 220 元，已完成的定额工时共计 150 小时，每小时的费用定额为直接人工费 5 元、制造费用 6.2 元。回收废品残料价值为 340 元，已交原材料仓库验收。请按废品定额成本计算废品损失。

知识准备

按废品实际成本计算废品损失是指将在废品报废时根据废品和合格品发生的全部实际费用，按一定的分配方法在合格品与废品之间进行分配，计算出废品的实际成本，从“生产成本——基本生产成本”账户贷方转入“废品损失”账户借方。废品应分配的材料费用的计算公式如下：

$$废品应分配的材料费用=\frac{某产品的全部材料费用}{合格品产量+废品约当产量}\times 废品约当产量$$

小提示

上述公式中，用人工费用、制造费用替换材料费用后，可以计算废品应分配的人工费用与制造费用，从而确定不可修复废品的生产成本。公式中涉及的“约当产量”的计算方法将在后面加以阐述。值得注意的是，如果月末存在未完工产品，则上述公式的分母中还应包括月末在产品的约当产量。

按废品定额成本计算废品损失是指根据各项费用定额和不可修复废品的数量计算废品定额成本，再将废品的定额成本扣除废品残料回收价值及责任人赔偿款后确定废品损失，而不考虑废品实际发生的费用。

工作过程

一、计算废品损失

不可修复废品损失的计算过程如下：

(1) 计算废品应分配的材料费用：

材料费用分配率=200 000÷1 000=200（元/件）

废品应分配的材料费用=20×200=4 000（元）

（2）计算废品应分配的人工费用：

人工费用分配率=49 500÷（980+10）=50（元/件）

废品应分配的人工费用=10×50=500（元）

（3）计算废品应分配的制造费用：

制造费用分配率=29 700÷（980+10）=30（元/件）

废品应分配的制造费用=10×30=300（元）

（4）计算废品实际成本：

废品实际成本=4 000+500+300=4 800（元）

（5）计算不可修复废品损失：

不可修复废品损失=4 800–1 000=3 800（元）

在实际工作中，通常是通过编制不可修复废品损失计算表来计算废品损失的。通达公司根据资料编制的不可修复废品损失计算表如表 6-1 所示。

表 6-1　不可修复废品损失计算表

生产车间：基本生产车间

产品名称：豆浆机　　　　2014 年 11 月 30 日　　　　金额单位：元

项目	产量/件	直接材料	约当产量/件	直接人工	制造费用	成本合计
生产费用	1 000	200 000	990	49 500	29 700	279 200
分配率（元/件）		200		50	30	
废品成本	20	4 000	10	500	300	4 800
残料收回		1 000				1 000
废品损失		3 000		500	300	3 800

二、编制记账凭证

根据不可修复废品损失计算表编制记账凭证，会计分录如下：

借：废品损失——豆浆机　　4 800
　　贷：生产成本——基本生产成本——豆浆机　　4 800

借：原材料　　1 000
　　贷：废品损失——豆浆机　　1 000

借：生产成本——基本生产成本——豆浆机　　3 800
　　贷：废品损失——豆浆机　　3 800

三、登记基本生产成本明细账

根据资料及记账凭证登记基本生产成本明细账，“生产成本——基本生产成本——豆浆机”账户如表 6-2 所示。

表 6-2 基本生产成本明细账

总第×页

填制单位：豆浆机

字第×页

2014 年		凭证		摘要	产量/件	成本项目				合计/元
月	日	字	号			直接材料/元	直接人工/元	制造费用/元	废品损失/元	
11	30		略	材料费用	1 000	200 000				200 000
				人工费用			49 500			49 500
				制造费用				29 700		29 700
				转出废品损失		4 000	500	300		4 800
				转入废品损失					3 800	3 800
				生产费用合计	9 800	196 000	49 000	29 400	3 800	278 200

四、计算废品损失

不可修复废品损失的计算过程如下：

废品应分配的材料费用=220×10=2 200（元）

废品应分配的人工费用=150×5=750（元）

废品应分配的制造费用=150×6.2=930（元）

废品定额成本=2 200+750+930=3 880（元）

不可修复废品损失=3 880–340=3 540（元）

五、编制废品损失计算表

通达公司编制的不可修复废品损失计算表如表 6-3 所示。

表 6-3 不可修复废品损失计算表

车间名称：加工车间　　　　废品数量：10 件

产品名称：豆浆机　　　　2014 年 11 月 30 日　　　　金额单位：元

项目	直接材料	定额工时/时	直接人工	制造费用	合计
费用定额	220	150	5	6.2	
废品定额成本	2 200		750	930	3 880
减：残料价值	340				340
废品损失	1 860		750	930	3 540

六、编制记账凭证

通达公司根据不可修复废品损失计算表编制记账凭证，会计分录如下：

(1) 结转废品实际成本：

借：废品损失——豆浆机　　3 880

　　贷：生产成本——基本生产成本——豆浆机　　3 880

(2) 结转废品残料价值：

借：原材料　　340

　　贷：废品损失——豆浆机　　340

(3) 结转废品损失：

借：生产成本——基本生产成本——豆浆机　　3 540

　　贷：废品损失——豆浆机　　3 540

任务 6.3　归集和分配停工损失

工作任务

通达公司第一车间 4 月用于设备大修停工 6 天，停工期间应支付工人工资 6 000 元，应负担制造费用 1 000 元。第三车间由于外部供电线路原因停工 2 天，停工期间应支付工人工资 4 000 元，应负担制造费用 600 元。根据以上资料，请计算并分配该企业停工损失。

知识准备

停工损失是指生产车间或车间内某个班组在停工期间发生的各项费用，包括停工期间支付的职工薪酬、耗费的燃料及动力费用，以及应负担的制造费用等。

单独核算停工损失的企业，应增设“停工损失”账户和“停工损失”成本项目，根据停工报告单和各种费用分配表、分配汇总表等有关凭证，将停工期间发生的应列做停工损失的费用计入“停工损失”账户借方进行归集，贷记“原材料”、“应付职工薪酬”和“制造费用”等账户。“停工损失”账户贷方登记应由过失单位及过失人员或保险公司支付的赔款。属于自然灾害的损失以及本月产品成本的损失，分别借记“其他应收款”、“营业外支出”和“生产成本——基本生产成本”

账户，贷记“停工损失”账户。“停工损失”账户月末无余额。

不单独核算停工损失的企业，不设“停工损失”账户和“停工损失”成本项目。停工期间发生的属于停工损失的各项费用，分别计入“制造费用”和“营业外支出”等账户。

工作过程

一、计算确认停工损失

根据资料计算停工损失，编制记账凭证，会计分录如下：

借：停工损失——第一车间　　7 000
　　　　　　——第三车间　　4 600
　　贷：应付职工薪酬　　10 000
制造费用——第一车间　　1 000
　　　　——第三车间　　600

根据记账凭证计入停工损失明细账。

二、分配停工损失

第一车间设备大修为正常停工，停工损失 7 000 元，应计入生产成本；第三车间停工为非正常停工，应计入营业外支出。假设供电局同意赔偿由于停工给企业造成的损失 3 000 元。根据以上资料，编制会计分录如下：

借：生产成本——基本生产成本——第一车间　　7 000
　　其他应收款　　3 000
　　营业外支出　　1 600
　　贷：停工损失——第一车间　　7 000
　　　　　　　　——第三车间　　4 600

根据记账凭证计入基本生产成本明细账和相关账户。

项目小结

生产损失是指企业在生产过程中发生的不能形成正常产出的各种耗费，主要包括废品损失和停工损失两大部分。废品损失是指产品生产过程中造成的产品质量不符合规定的技术标准而发生的报废损失和修复费用。废品损失可分为不可修复废品损失和可修复废品损失。不可修复废品损失是指废品的生产成本，如果有残值收入要将其扣除；可修复废品损失是指将废品修复成合格品而发生的修复费用。停工损失是指由于机器故障及季节性、修理期间等的停工而发生的耗费。废品损失和停工损失的归集是通过专设“废品损失”和“停工损失”两个账户进行的，月末根据不同原因将其净额转入“生产成本——基本生产成本”、“其他应收款”或“营业外支出”账户。

项目训练

一、单项选择题

1．不可修复废品成本应按废品（ ）计算。

A．计划成本　　B．制造费用

C．所耗定额费用　　D．先进先出

2．生产过程中或入库后发现的各种废品损失不包括（ ）。

A．修复废品人员工资　　B．修复废品领用材料

C．不可修复废品报废损失　　D．实行“三包”损失

3．生产过程中或入库后发现的各种产品的废品损失应包括（ ）。

A．不可修复废品报废损失　　B．废品过失人员赔偿款

C．实行“三包”损失　　D．管理不善损坏变质损失

二、多项选择题

1．计算不可修复废品的净损失应包括（ ）。

A．不可修复废品的成本　　B．废品的残值

C．废品的应收赔款　　D.废品的材料费用

2．可修复废品的修复费用应包括（ ）。

A．修复废品的材料费用　　B．修复废品的工资费用

C．修复废品的动力费用　　D．修复废品的销售费用

3．“废品损失”账户借方应反映（ ）。

A．可修复废品成本　　B．不可修复废品成本

C．可修复废品工资费用　　D．可修复废品动力费用

4．废品损失应包括（ ）。

A．不可修复废品报废损失　　B．可修复废品修复费用

C．不合格品降价损失　　D．产品保管不善损坏变质损失

5．不可修复废品的成本可以按（ ）计算。

A．废品所耗实际费用　　B．废品所耗定额费用

C．废品售价　　D．废品残值

三、判断题

1．发生废品损失以后，可能会降低产品总成本。（ ）

2．在不单独核算废品损失的情况下，合格品的各个成本项目中均可能包括废品损失。（ ）

3．可修复废品是指经过修复可以使用，而且在经济上合算的废品。（ ）

4．废品损失是指废品的报废损失，即不可修复废品的生产成本扣除回收材料价值后的净损失。（ ）

四、案例分析题

资料：

（1）基本生产车间 2014 年 9 月生产的甲产品 450 件，其中合格品 420 件，不可修复废品 30 件；共耗用生产工时 2 000 小时，其中废品的生产工时为 400 小时。

（2）甲产品生产明细账所列合格品和废品的全部生产成本为：原材料 90 000 元、燃料及动力 6 000 元、工资及福利费 8 000 元、制造费用 6 000 元。

（3）废品回收残料价值为 2 000 元，原材料在生产开工时一次投入；因加工过失而应由责任人赔偿 500 元。

要求：计算废品损失，其中原材料成本按在合格品数量与废品数量比例分配，其他费用按生产工时比例分配。并作相应的会计分录。

废品损失计算表（按实际成本计算）

2014 年 9 月　　　　金额单位：元

项目	材料费	生产工时	燃料和动力费	工资及福利费	制造费用	合计
费用总额						
分配率						
30 件不可废品成本						
减：残值						
减：赔款						
废品净损失						

项目 7　计算完工产品与月末在产品成本

一般来说，完工产品是指已经完成企业全部加工过程并可对外销售的产品，即产成品。如按完工产品包含的内容不同进行分类，完工产品可分为狭义完工产品与广义完工产品，狭义完工产品指已经完成企业全部加工过程并可对外销售的产品，即产成品；广义完工产品不仅包括产成品，还包括只完成某一个加工阶段（步骤）生产的中间产品，即自制半成品等。

在产品，是指处在企业生产过程中尚未完工的产品。从整个企业来讲，在产品包括正在生产加工制造的在制品和已经加工完成部分加工阶段的自制半成品，叫做广义在产品。从某一方面的加工阶段来说，在产品是指正在生产过程中加工制造的在制品，即狭义在产品。

任务 7.1　月末在产品数量核算

案例引入

某特种玻璃制品厂，主要利用平板玻璃加工生产各种型号的窗玻璃，年销售收入 775 万元，实现增值税 3 万元，税负 0.38%，明显偏低。利用税负、进项税控制、工业增加值与税收关系等评估模型分析，除税负偏低，未发现明显异常。但财务报表显示，存货 128 万元，占销售收入的 16.5%，比重较大。查阅公司账簿，发现在产品期初 64 万元，期末 78 万元，是造成存货偏大的主要原因。我们要求公司提供相应的合同材料加以说明，该公司没有出具。结合该产品是订单生产，不同订单有不同的规格型号、生产要求，并且提供产品有一定的时间要求，生产周期短等特点，进行了实地核查。在车间、仓库未发现与账面余额相匹配的在产品和产成品。在事实面前，该企业承认存在发货未及时反映销售的情况。因怕引起税务局的注意，所以将未及时反映销售对应的产成品长期挂在在产品科目。企业按规定补缴了相应的税款。

工作任务

2014 年 11 月，通达公司一车间在产品豆浆机的账存记录为 200 件，吹风机的账存记录为 120 件，月末对一车间的在产品进行盘点清查，清查结果如表 7-1 所示。

表 7-1 在产品盘存报告表

填制单位：一车间　　　　　　　　2014 年 11 月 30 日

产品名称	账存数量/件	盘存数量/件	溢缺数量/件		定额成本/元/件	溢缺金额/元	
			盘盈	盘亏		盘盈	盘亏
豆浆机	200	198		2	100		200
吹风机	120	122	2		30	60	
车间意见	收发差错，请领导批示	公司意见	盘亏部分由保管人员王强赔偿 80 元，其他核销		溢缺原因	收发差错	

知识准备

企业在生产过程中发生的生产费用，经过在各种产品之间进行分配和归集以后，应计入本月各种产品成本的生产费用都已集中反映在“基本生产成本”科目及其所属各种产品成本明细账中。为了计算产品成本，还需要加上期初在产品费用，然后将其在本期完工产品和期末在产品之间进行分配，计算出本月产成品成本。某种产品在没有在产品的情况下，计入该种产品成本的全部生产费用，就是本期完工产品的成本；如果本月没有完工产品，计入该种产品的全部生产费用就是期末在产品成本；如果既有完工产品，又有在产品，那么该种产品本月发生的生产费用加月初在产品的生产费用，需要采用适当的分配方法，在本月完工产品和期末在产品之间进行分配，分别计算出完工产品成本和月末在产品成本。

首先，我们应了解期初、期末在产品和产成品的成本关系。根据投入产出的原理，本期发生费用，本期完工产品、期初在产品成本与期末在产品之间存在如下关系：

期初在产品成本+本期发生生产费用=本期完工产品成本+期末在产品成本

小提示

上述公式中期初在产品成本由上期“基本生产成本”账户期末余额结转而来；本期发生费用由本月生产过程中经过汇集和分配的费用所确定；本期完工产品数量由“产成品入库表”统计提供；期末在产品成本数量可由各车间记录确定或盘点取得。

等式前两项是已知数，等式后两项是未知数。也就是说，要把公式前两项费用之和，在完工产品与月末在产品之间采用一定的分配方法进行分配。

要确定月末在产品成本，必须先确定月末在产品数量。在产品数量的确定，应同时具备账面核算资料和实际盘点资料，做好在产品收发结存的日常核算工作和在产品的清查工作，既可以从账面上随时掌握在产品的动态，又可以查清在产品的实存数量，以及正确计算产品成本并加强生产资金和在产品实物管理。因此，应该根据在产品实际盘存数量计算在产品成本。

但由于在产品品种多、数量大，每月都要组织实地盘点确有困难，可根据在产品业务核算资料的期末结存量计算在产品成本。车间在产品收发结存的日常核算通常是通过"在产品收发结存账"（即在产品台账）进行的，该账分车间并按照产品品种和在产品的名称（零部件名称）设置，提供车间各种在产品收发结存动态的业务核算资料。它是根据领料凭证、在产品内部转移凭证、产品检验凭证和产品交库凭证及时登记在产品收发结存账，最后由车间核算人员审核汇总。如表 7-2 所示。

表 7-2 在产品收发结存账

车间名称：一车间

产品名称：豆浆机 单位：件

2014 年		摘要	收入		发出			结存		备注
月	日		凭证号	数量	凭证号	合格品	废品	已完工	未完工	
6	1	结存							100	
	5	收入		200					300	
	20	发出				210	5	15	70	
	30	结存		200		210	5	15	70	

在产品和其他存货及固定资产的管理一样，应该定期或不定期地进行清查，做到在产品账实相符，保护在产品的安全完整。将清查结果根据实际盘点数和账面资料编制在产品盘存表，列明在产品的账面数、实有数、盘盈盘亏数以及盘亏的原因和处理意见等，对于报废和毁损的在产品还要登记残值。成本核算人员应对在产品盘存表进行认真审核，并报有关部门审批，同时对在产品盘盈、盘亏进行账务处理。

小提示

新《企业会计准则应用指南》中明确规定，盘亏、毁损的各种资产，包括在产品在内，按管理权限报经批准后做出相应的会计处理，扣除残料价值和可收回的保险赔偿或过失人赔偿后的净损失，计入管理费用或者营业外支出，盘盈的在产品存货一般冲减（贷记）管理费用。

（1）在产品发生盘盈时，按计划成本或定额成本计入“基本生产成本”科目的借方，“待处理财产损溢”科目的贷方；按管理权限报经批准后冲减“管理费用”，则计入“待处理财产损溢”科目的借方，“管理费用”科目的贷方。

（2）在产品发生盘亏和毁损时，计入“待处理财产损溢”科目的借方，“基本生产成本”科目的贷方，冲减在产品的账面价值。毁损在产品的残值，计入“原材料”、“银行存款”等科目的借方，“待处理财产损溢”科目的贷方，冲减其损失。

按管理权限报经批准后，根据造成在产品盘亏或毁损的原因，分别按以下情况进行处理：

① 属于计量收发差错和管理不善等原因造成的存货短缺，应先扣除残料价值、可以收回的保险赔偿和过失人赔偿，将净损失计入管理费用。即从“待处理财产损溢”科目的贷方转入“管理费用”科目的借方；

② 属于自然灾害等非常原因造成的存货毁损，应先扣除处置收入（如残料价值）、可以收回的保险赔偿和过失人赔偿，将净损失计入营业外支出。即从“待处理财产损溢”科目的贷方转入“营业外支出”科目的借方。

工作过程

批准前：

（1）盘盈的处理：

借：生产成本——基本生产成本——吹风机　　60

　　贷：待处理财产损溢　　60

（2）盘亏的处理：

借：待处理财产损溢　　234

　　贷：生产成本——基本生产成本——豆浆机　　200

　　　　应交税费——应交增值税（进项税额转出）　　34

批准后：

（1）盘盈的处理：

借：待处理财产损溢　　60

　　贷：制造费用　　60

（2）盘亏的处理：

借：其他应收款——王华　　80
　　制造费用　　154
　　贷：待处理财产损溢　　234

任务 7.2　选择月末完工产品与在产品成本的分配方法

案例引入

光明机电股份有限公司 2010 年 2 月生产甲产品，原材料在生产一开始一次投入，除原材料外的其他费用均由完工产品负担，月初在产品原材料成本 2 400 元，本月投入原材料成本 53 600 元，原材料成本按产品产量比例分配，本月共生产完工甲产品 3 800 件，月末在产品 200 件，本月共发生直接人工费用 15 200 元，制造费用 11 400 元，完工产品总成本和单位成本应当如何计算？

生产费用在完工产品与月末在产品之间的分配，在成本计算工作中是一个重要且比较复杂的问题。企业应当根据在产品数量的多少、各月在产品数量变化的大小、各项费用所占比重的大小，以及定额管理基础的好坏等具体条件，选择既合理又简便的分配方法。在实际工作中，完工产品与月末在产品成本的分配方法如表 7-3 所示。

表 7-3　完工产品与月末在产品成本的分配方法

适用条件 分配方法	在产品数量的多少	在产品数量变化的大小	各项费用所占比重的大小	定额管理基础的好坏
不计算在产品成本法	很小			
在产品按固定成本计价法	较小或较大，但各月之间变动不大	变动不大		
在产品按所耗原材料费用计价法	较大	较大	直接材料费用所占比重大	
在产品按完工产品成本计算法	月末在产品已经接近完工，或者加工完毕，但尚未验收或包装入库			
约当产量法	较大	较大		
在产品按定额成本计价法		变动不大	各项费用所占比重差不多	定额准确、稳定
定额比例法		变动不大		定额准确、稳定

任务 7.2.1　不计算在产品成本法计算产品成本

工作任务

通林公司生产甲产品，2014 年 11 月共发生生产费用 29 074 元，其中直接材料费用 19 036 元，直接人工费用 6 780 元，制造费用 3 258 元。本月企业完工产品 100 千克，月末在产品数量很小。请以不计算在产品成本法确定产品成本。

知识准备

不计算在产品成本法，简称“不计成本法”，是指月末在产品不计算成本，当月归集的生产费用全部由当月完工产品负担的方法。有些行业（如采矿业、食品业等）企业生产的产品，月末虽然有在产品，但在产品数量很少，是否计算在产品成本对于完工产品成本的影响很小，此时，为了简化产品成本计算工作，可以不计算在产品成本。因而，当月归集的生产费用全部由当月完工产品负担，即每月发生的生产费用就是当月完工产品成本。

采用该种分配方法时，月末虽然有在产品，但不计算在产品成本。这种分配方法适用于各月末在产品数量较小，算不算在产品成本对于完工产品成本的影响很小，管理上不要求计算在产品成本，为了简化核算工作，可以不计算在产品成本，即某种产品本月归集的全部生产费用就是该种完工产品的成本。

工作过程

一、计算完工产品成本

因为当月完工产品的直接材料费用为 19 036 元，直接人工费用为 6 780 元，制造费用为 3 258 元，所以：

当月完工产品成本=19 036+6 780+3 258=29 074（元）

二、计算完工产品单位成本

当月完工产品单位成本=29 074÷100=290.74（元/千克）

其中：

直接材料单位成本=19 036÷100= 190.36（元/千克）

直接人工单位成本=6 780÷100=67.80（元/千克）

制造费用单位成本=3 258÷100=32.58（元/千克）

三、编制产品成本计算单

通林公司编制的产品成本计算单如表 7-4 所示。

表 7-4　产品成本计算单

产品：甲产品　　2014 年 11 月　　单位：元

项目	直接材料	直接人工	制造费用	合计
本月生产费用	19 036	6 780	3 258	29 074
本月生产费用合计	19 036	6 780	3 258	29 074
完工产品成本	19 036	6 780	3 258	29 074
完工产品单位成本/（元/千克）	190.36	67.80	32.58	290.74

任务 7.2.2　在产品按固定成本计价法计算产品成本

工作任务

通林公司一车间主要生产乙产品，其生产较为稳定，各月月末在产品数量稳定，变动不大，故采用在产品按固定成本计价法计算乙产品成本。经测定，200×年各月末在产品总固定成本为 9 800 元，其中直接材料费用 5 000 元，直接人工费用 3 200 元，制造费用 1 600 元。11 月初在产品为 90 件，当月投产 800 件，完工 805 件；当月发生生产费用 144 900 元，其中直接材料费用 84 525 元，直接人工费用 40 250 元，制造费用 20 125 元。请以在产品按固定产品计价法确定产品成本。

知识准备

有些行业（如钢铁业、化工业等）企业生产的产品，各月末在产品的数量较少，或者月末在产品的数量虽多但各月月末在产品数量比较稳定，此时可以采用在产品按固定成本计价法，即各月末在产品成本按某一个固定数计算。如果各月末在产品数量较少，则月初、月末在产品成本就较小，两者的实际成本差额也较小，对于完工产品成本的计算没有太大的影响；如果月末在产品数量较多但各月数量稳定，则月初、月末在产品成本也相差不大，对于完工产品成本的计算的影响同样不大。所以，为了简化产品成本计算工作，在这两种情况下，各月在产品成本可以按某个固定数计算。采用这种方法时，由于月初、月末在产品成本一样，因此当月发生的生产费用就是该月完工产品成本。

一般情况下，为了避免在产品成本与实际成本相差过大，企业应当在每年年终时，对在产品进行实地盘点，根据盘点的在产品数量情况，重新计算确定本年年末在产品成本和下一年度各月在产品成本。

在各月期末在产品数量较少，或保持相对稳定，各月产品成本水平波动不大的情况下，为了简化在产品成本核算，各月期末在产品成本可一律按年初的在产品成本水平固定计算，即各月期末在产品成本等于年初在产品成本，并保留在各月“基本生产成本”账户的期末余额上，各月所汇集的某成本计算对象的本期生产费用发生额就是当月该成本计算对象的实际总成本。这实际上是在各月不计算当月的在产品成本，但在年终时，应根据期末在产品的实际盘存数，采用一定的方法，重新计算年末在产品成本，作为次年各月期末在产品成本，以保证完工产品成本计算的相对准确。

工作过程

一、确定月末在产品成本

因为当月在产品的直接材料费用为 5 000 元，直接人工费用为 3 200 元，制造费用为 1 600 元，所以：

当月月末在产品成本=5 000+3 200+1 600=9 800（元）

二、计算完工产品成本

因为当月完工产品的直接材料费用为 84 525 元，直接人工费用为 40 250 元，制造费用为 20 125 元，所以：

当月月末完工产品成本=84 525+40 250+20 125=144 900（元）

三、计算完工产品单位成本

当月完工产品单位成本=144 900÷805 =180（元/件）

其中：

直接材料单位成本=84 525÷805=105（元/件）

直接人工单位成本=40 250÷805=50（元/件）

制造费用单位成本=20 125÷805=25（元/件）

四、编制产品成本计算单

通林公司编制的产品成本计算单如表 7-5 所示。

表 7-5　产品成本计算单

产品：乙产品　　　　2014 年 11 月　　　　单位：元

项目	直接材料	直接人工	制造费用	合计
月初在产品成本	5 000	3 200	1 600	9 800
本月生产费用	84 525	40 250	20 125	144 900
本月生产费用合计	89 525	43 450	21 725	154 700
完工产品成本	84 525	40 250	20 125	144 900
完工产品单位成本（元/件）	105	50	25	180
月末在产品成本	5 000	3 200	1 600	9 800

任务 7.2.3　在产品按所耗原材料费用计价法计算产品成本

工作任务

通林公司二车间只生产丙产品，此产品成本结构中原材料费用约占总成本费用的 70%～80%。2014 年 11 月初在产品成本为 5 150 元，当月发生生产费用 68 000 元，其中直接材料费用 54 000 元，直接人工费用 9 000 元，制造费用 5 000 元。原材料于生产开始时一次性投入。月初在产品为 100 件，当月投入 1 200 件，完工 1 000 件。请以在产品按所耗原材料费用计价法确定产品成本。

知识准备

在产品按所耗原材料费用计价法，简称“只计材料法”，是指在确定月末在产品成本时，只计算在产品所消耗的材料费用，人工费用与制造费用全部由当期完工产品负担的方法。有些行业（如酿酒业、造纸业、纺织业等）企业生产的产品，产品成本结构中材料费用在成本费用总额中所占比重较大，虽然各月末在产品数量较多，各月月末在产品数量变化也较大，但由于人工费用和制造费用在成本费用总额中所占比重较小，月初、月末在产品的加工费用相差也较小，对于完工产品成本计算的影响不大，因此，月末在产品可以只计算材料费用，人工费用和制造费用全部由完工产品负担。具体的计算公式如下：

$$产品单位材料成本=\frac{该产品所耗材料费用}{该产品完工数量+月末在产品数量}$$

月末在产品成本=月末在产品数量×产品单位材料成本

当月完工产品成本=月初在产品成本+当月生产费用−月末在产品成本

采用这种方法，当月完工产品成本等于月初在产品成本（材料成本）加上当月发生的全部生产费用，再减去月末在产品成本（材料成本）。

这种分配方法适用于各月末在产品数量较大，各月末在产品数量变化也较大，同时原材料费用在成本中所占比重较大的产品，如造纸、酿酒等行业的产品，原材料费用占产品成本比重较大。采用这种分配方法时，月末在产品只计算耗用的原材料费用，不计算所耗用的工资及福利费等加工费用，除原材料成本以外的产品的加工费用全部计入完工产品成本。某种产品的全部生产费用减月末在产品原材料费用，就是完工产品的成本。

工作过程

一、确定月末在产品数量

月初在产品数量为 100 件，当月投入 1 200 件，完工 1 000 件，则

月末在产品数量=100+1 200−1 000=300（件）

二、计算直接材料费用

通林公司采用在产品按原材料费用计价法确定产品成本，故 11 月初在产品成本 5 150 元为月初在产品所包含的原材料费用。所以：

当月直接材料费用=5 150+54 000=59 150（元）

三、计算完工产品与月末在产品成本

原材料于生产开始时一次性投入，故直接材料费用合计数 59 150 元应按当月完工产品数量与月末在产品数量的比例进行分配。

材料费用分配率=59 150÷（1 000+300） =45.50（元/件）

当月完工产品应分配的材料费用=45. 50×1 000=45 500（元）

月末在产品应分配的材料费用=45. 50×300 =13 650（元）

或 =59 150−45 500=13 650（元）

当月发生直接人工费用 9 000 元、制造费用 5 000 元全部由当月完工产品负担，则：

当月完工产品成本=45 500+9 000+5 000=59 500（元）

当月完工产品单位成本=59 500÷1 000=59.50（元/件）

其中：

直接材料单位成本=45 500÷1 000=45.50（元/件）

直接人工单位成本=9 000÷1 000 =9（元/件）

制造费用单位成本=5 000÷1 000=5（元/件）

四、编制产品成本计算单

通林公司编制的产品成本计算单如表 7-6 所示。

表 7-6 产品成本计算单

产品：丙产品　　2014 年 11 月　　单位：元

项目	直接材料	直接人工	制造费用	合计
月初在产品成本	5 150			5 150
本月生产费用	54 000	9 000	5 000	68 000
本月生产费用合计	59 150	9 000	5 000	73 150
材料费用分配率（元/件）	45.50			
完工产品成本	45 500	9 000	5 000	59 500
完工产品单位成本	45.50	9	5	59.50
月末在产品成本	13 650			13 650

任务 7.2.4 在产品按完工产品成本计算法计算产品成本

工作任务

通林公司三车间生产丁产品，2014 年 11 月完工 400 件，月末有在产品 200 件，已经完工但尚未验收入库，在产品按完工产品成本计算法确定成本。有关成本资料为：本月月初在产品直接材料费用 3 000 元，直接人工费用 1 000 元，制造费用 1 500 元；本月发生生产费用 89 000 元，其中直接材料费用 48 000 元，直接人工费用 14 000 元，制造费用 27 000 元。请以在产品按完工产品成本计算法确定产品成本。

知识准备

在产品按完工产品成本计算法，简称“完工产品法”，是指月末在产品视同完工产品参与生产费用的分配，其特点是一件在产品与一件完工产品负担相同的生产费用。企业月末在产品已接近完工，或者已加工完成，但尚未包装或尚未验收入库，在这种情况下，为了简化成本计算工作，可将月末在产品视同完工产品，根据月末在产品数量与当月完工产品数量的比例来分配生产费用，以确定当月完工产品与月末在产品成本。

这种分配方法是将在产品视同完工产品分配费用。主要适用于月末在产品已经接近完工，或者产品已经加工完毕，但尚未验收或包装入库的产品。在这种情况下，在产品成本已接近完工产品成本，为了简化核算工作，将月末在产品视同完工产品，因此，按完工产品与在产品的数量总计分配费用。

工作过程

一、确定完工产品与在产品数量

当月完工产品与在产品数量=400+200=600（件）

二、计算费用分配率

（1）计算当月生产费用合计：

当月生产费用=5 500+89 000=94 500（元）

其中：

直接材料费用=3 000+48 000=51 000（元）

直接人工费用=1 000+14 000=15 000（元）

制造费用=1 500+27 000=28 500（元）

（2）计算当月各项费用分配率：

材料费用分配率=51 000÷600=85（元/件）

人工费用分配率=15 000÷600=25（元/件）

制造费用分配率=28 500÷600=47.50（元/件）

三、计算完工产品与月末在产品成本

（1）计算当月完工产品成本：

当月完工产品应分配的直接材料费用=85×400=34 000（元）

当月完工产品应分配的直接人工费用=25×400=10 000（元）

当月完工产品应分配的制造费用=47. 50×400=19 000（元）

当月完工产品成本=34 000+10 000+19 000=63 000（元）

（2）计算月末在产品成本：

月末在产品应分配的直接材料费用=85×200=17 000（元）

月末在产品应分配的直接人工费用=25×200=5 000（元）

月末在产品应分配的制造费用=47.50×200=9 500（元）

月末在产品成本=17 000+5 000+9 500=31 500（元）

四、编制产品成本计算单

通林公司编制的产品成本计算单如表 7-7 所示。

表 7-7　产品成本计算单

产品：丁产品　　　　2014 年 11 月　　　　单位：元

项目	直接材料	直接人工	制造费用	合计
月初在产品成本	3 000	1 000	1 500	5 500
本月生产费用	48 000	14 000	27 000	89 000
生产费用合计	51 000	15 000	28 500	94 500
完工产品数量/件	400	400	400	400
月末在产品数量/件	200	200	200	200
数量合计/件	600	600	600	600
费用分配率/（元/件）	85	25	47.50	157.50
完工产品成本	34 000	10 000	19 000	63 000
月末在产品成本	17 000	5 000	9 500	31 500

注：(1) 费用分配率即单位产品成本；(2) 以各成本项目的费用分配率分别乘以完工产品数量和月末在产品数量，即为各成本项目的完工产品成本和月末在产品成本，再将完工产品和月末在产品各成本项目费用数相加，即得本月完工产品成本和月末在产品成本。

任务 7.2.5　约当产量法确定产品成本

约当产量法，是指将月末在产品数量折合成完工产品数量参与生产费用的分配，以确定完工产品与月末在产品成本的方法；它的特点是先把月末在产品数量按材料消耗比例或完工程度折合成完工产品数量，再将归集的生产费用在月末在产品约当产量和完工产品产量之间进行分配，分别确定其成本。这种方法适用于月末在产品数量较多，各月月末在产品数量变化较大，产品中各成本项目所占比重相差不大的产品成本计算。采用约当产量法确定产品成本的步骤及运用的计算公式如下：

（1）计算月末在产品约当产量：

月末在产品约当产量=月末在产品数量×月末在产品完工程度（投料比例）

（2）计算约当总产量：

约当总产量=完工产品数量+月末在产品约当产量

（3）计算费用分配率：

$$某项费用分配率=\frac{该项费用总额}{约当总产量}$$

（4）计算月末在产品应分配的生产费用：

月末在产品应分配的某项费用=月末在产品约当产量×该项费用分配率

（5）计算当月完工产品应分配的生产费用：

当月完工产品应分配的某项费用=该项费用总额–月末在产品应分配的该项费用

（6）计算当月完工产品成本：

当月完工产品成本=Σ（当月完工产品应分配的各项费用）

（7）计算当月完工产品单位成本：

$$当月完工产品单位成本=\frac{当月完工产品成本}{当月完工产品产量}$$

在产品生产过程中，随着工艺加工过程的进行和产品的逐渐形成，耗费于产品生产的各项费用也随之逐步累积，在产品耗用各项生产费用的程度，与各种因素呈一定的比例关系。如：耗用材料费用的多少与投料程度呈比例关系；耗用工资费用和制造费用的多少与产品的完工程度呈比例关系。因此，要分别成本项目计算在产品约当产量。

工作任务：约当产量法计算单步骤产品生产成本

通林公司四车间生产 A 产品，单工序完成，2014 年 11 月完工产品数量为 400 件，月末在产品数量为 80 件，加工程度为 50%，该产品原材料于生产开始时一次性投入。11 月生产费用资料如表 7-8 所示。请以约当产量法确定产品成本。

表7-8 生产费用资料

单位：元

项目	直接材料	直接人工	制造费用	合计
月初在产品成本	758	142	139	1 039
本月生产费用	8 522	2 058	3 381	13 961
生产费用合计	9 280	2 200	3 520	15 000

知识准备

在单步骤生产下，原材料在产品生产开始时一次性投入，使月末在产品应负担的材料费用与完工产品所耗费的材料费用相同，即一件月末在产品所耗材料与一件完工产品所耗材料相同；如逐次投料，假定产品实行均衡生产，必定使在产品也均衡地分布在整个生产过程之中，因而在产品平均消耗材料的比例通常为完工产品所耗材料的50%，月末在产品可按材料消耗比例折合成完工产品，计算公式为：

月末在产品约当产量=月末在产品数量×在产品材料消耗比例（50%）

工作过程

一、确定月末在产品约当产量

（1）计算各成本项目月末在产品约当产量：

直接材料月末在产品约当产量=80×100% =80（件）

直接人工月末在产品约当产量=80×50%=40（件）

制造费用月末在产品约当产量=80×50%=40（件）

（2）计算各成本项目约当总产量：

直接材料约当总产量=400+80=480（件）

直接人工约当总产量=400+40=440（件）

制造费用约当总产量=400+40=440（件）

二、计算费用分配率

材料费用分配率=9 280÷480=19. 33（元/件）

人工费用分配率=2 200÷440=5（元/件）

制造费用分配率=3 520÷440=8（元/件）

三、计算完工产品与月末在产品成本

（1）计算当月完工产品成本：

当月完工产品应分配的直接材料费用=400×19. 33=7 732（元）

当月完工产品应分配的直接人工费用=400×5=2 000（元）

当月完工产品应分配的制造费用=400×8=3 200（元）

当月完工产品成本=7 732+2 000+3 200=12 932（元）

（2）计算月末在产品成本：

月末在产品应分配的直接材料费用=80×19.33 =1 548（元）

或 =9 280–7 732=1 548（元）

月末在产品应分配的直接人工费用=40×5 =200（元）

月末在产品应分配的制造费用=40×8=320（元）

月末在产品成本=1 548+320+200=2 068（元）

四、编制产品成本计算单

通林公司编制的产品成本计算单如表 7-9 所示。

表 7-9　产品成本计算单

产品：A 产品　　2014 年 11 月　　金额单位：元

项目	直接材料	直接人工	制造费用	合计
月初在产品成本	758	142	139	1 039
本月生产费用	8 522	2 058	3 381	13 961
生产费用合计	9 280	2 200	3 520	15 000
月末在产品约当产量/件	80	40	40	
完工产品数量/件	400	400	400	
约当总产量/件	480	440	440	
费用分配率/元/件	19.33	5	8	
完工产品成本	7 732	2 000	3 200	12 932
月末在产品成本	1 548	200	320	2 068

小提示

上述“工作任务”中，如果原材料是在生产过程中逐步投入的，应如何计算产品成本？

此时，原材料的计算比例为 50%，则直接材料月末在产品约当产量为 40 件(80 × 50%)，据此编制的产品成本计算单如表 7-10 所示。

表 7-10 产品成本计算单

产品：A 产品　　2014 年 11 月　　金额单位：元

项目	直接材料	直接人工	制造费用	合计
月初在产品成本	758	142	139	1 039
本月生产费用	8 522	2 058	3 381	13 961
生产费用合计	9 280	2 200	3 520	15 000
月末在产品约当产量/件	40	40	40	
完工产品数量/件	400	400	400	
约当总产量/件	440	440	440	
费用分配率/元/件	21.09	5	8	
完工产品成本	8 436	2 000	3 200	13 636
月末在产品成本	844	200	320	1 364

工作任务：约当产量法计算多步骤产品生产成本

通林公司五车间生产 B 产品需经三道工序加工制成，原材料随加工进度逐步投入，在每道工序开始时一次性投入。2014 年 11 月有关生产费用资料如表 7-11 所示。请以约当产量法确定产品成本。

表 7-11 生产费用资料

单位：元

项目	直接材料	直接人工	制造费用	合计
月初在产品成本	15 000	5 000	6 000	26 000
本月生产费用	80 000	25 000	30 000	135 000
生产费用合计	95 000	30 000	36 000	161 000

本月完工产品数量为 1 000 件，月末在产品数量为 400 件，各工序结存的月末在产品及定额资料如表 7-12 所示。

表 7-12　月末在产品数量及定额资料

工序	月末在产品数量/件	投料定额/千克	工时定额/时
1	100	60	40
2	200	60	30
3	100	80	30
合计	400	200	100

知识准备

一、直接材料月末在产品约当产量的计算

1．一次性投产

在多步骤生产下，如果在产品生产的每道工序开始时一次性投入本工序所需的全部材料，使每道工序的月末在产品应负担的材料费用为截至该工序的累计投料额，月末在产品可按投料比例折合为完工产品。确定月末在产品约当产量的公式如下：

$$某工序月末在产品投料比例=\frac{截至该工序累计投料额（数量）}{该产品应投料总额（数量）}\times 100\%$$

某工序月末在产品约当产量=该工序在产品数量×截至该工序月末在产品投料比例

2．均衡投产

在多步骤生产下，如果在产品生产过程中均衡投入所需材料，但各道工序的材料消耗量是不同的，因此各工序在产品的材料消耗量均由前面各工序累计材料消耗量加上本工序材料消耗量的50%构成，并据以计算各工序月末在产品约当产量，此时，确定月末在产品约当产量的公式如下：

$$某工序月末在产品材料消耗比例=\frac{前面各工序累计投料额（数量）+本工序投料额（数量）\times 50\%}{该产品应投料总额（数量）}\times 100\%$$

某工序月末在产品约当产量=该工序在产品数量×截至该工序月末在产品材料消耗比例

二、直接人工、制造费用月末在产品约当产量的计算

直接人工、制造费用一般可以按相同的加工程度计算月末在产品约当产量。如果各道工序月末在产品数量和单位成本在各道工序的加工量相差不大，前后加工程度可互相抵补，全部月末在产品完工程度可按照50%确定；如果各道工序月

末在产品数量及加工程度相差悬殊，月末在产品完工程度应按各工序分别测定。确定月末在产品约当产量的公式如下：

$$\text{某工序月末在产品完工程度}=\frac{\text{前面各工序消耗工时}+\text{本工序消耗工时}\times 50\%}{\text{该产品应消耗总工时}}\times 100\%$$

月末在产品约当产量=Σ（各工序月末在产品数量×该工序月末在产品完工程度）

工作过程

一、确定月末在产品约当产量

(1) 计算各成本项目月末在产品约当产量：

直接材料月末在产品约当产量的计算如表 7-13 所示。

表 7-13 直接材料月末在产品约当产量计算表

工序	月末在产品数量/件	投料定额/千克	投料程度	月末在产品约当产量/件
1	100	60	60÷200×100%=30%	100×30%=30
2	200	60	（60+60）÷200×100%=60%	200×60%=120
3	100	80	（60+60+80）÷200×100%=100%	100×100%=100
合计	400	200		250

直接人工、制造费用月末在产品约当产量的计算如表 7-14 所示。

表 7-14 直接人工、制造费用月末在产品约当产量计算表

工序	月末在产品数量/件	投料定额/千克	投料程度	月末在产品约当产量/件
1	100	40	40×50%÷100×100%=20%	100×20%=20
2	200	30	（40+30×50%）÷100×100%=55%	200 ×55% =110
3	100	30	（40+30+30×50%）÷100×100%=85%	100×85%=85
合计	400	100		215

（2）计算各成本项目约当总产量：

直接材料约当总产量=1 000+250=1 250（件）

直接人工、制造费用约当总产量=1 000+215=1 215（件）

二、计算费用分配率

材料费用分配率=95 000÷1 250 =76（元/件）

人工费用分配率=30 000÷1 215 =24.69（元/件）

制造费用分配率=36 000÷1 215=29.63（元/件）

三、计算完工产品与月末在产品成本

（1）计算当月完工产品成本：

当月完工产品应分配的直接材料费用=1 000×76 =76 000（元）

当月完工产品应分配的直接人工费用=1 000×24. 69=24 690（元）

当月完工产品应分配的制造费用=1 000×29. 63=29 630（元）

当月完工产品成本=76 000+24 690+29 630=130 320（元）

（2）计算月末在产品成本：

月末在产品应分配的直接材料费用=250×76−19 000（元）

或=95 000−76 000=19 000（元）

月末在产品应分配的直接人工费用=215×24. 69=5 310（元）

或=30 000−24 690=5 310（元）

月末在产品应分配的制造费用=215×29. 63=6 370（元）

或=36 000−29 630=6 370（元）

月末在产品成本=19 000+5 31 066 370=30 680（元）

四、编制产品成本计算单

通林公司编制的产品成本计算单如表 7-15 所示。

表 7-15 产品成本计算单

产品：B 产品　　　　2014 年 11 月　　　　金额单位：元

项目	直接材料	直接人工	制造费用	合计
月初在产品成本	15 000	5 000	6 000	26 000
本月生产费用	80 000	25 000	30 000	135 000
生产费用合计	95 000	30 000	36 000	161 000
月末在产品约当产量/件	250	215	215	
完工产品数量/件	1 000	1 000	1 000	
约当总产量/件	1 250	1 215	1 215	
费用分配率/（元/件）	76	24.69	29.63	
完工产品成本	76 000	24 690	29 630	130 320
月末在产品成本	19 000	5 310	6 370	30 680

上述“工作任务”中，如果原材料于每道工序开始后逐步投入，应如何计算产品成本？

直接材料月末在产品约当产量的计算如表 7-16 所示。

表 7-16 直接材料月末在产品约当产量计算表

工序	月末在产品数量/件	投料定额/千克	投料程度	月末在产品约当产量/件
1	100	60	60×50%÷200×100%=15%	100×15%=15
2	200	60	（60+60×50%）÷200×100%=45%	200×45%=90
3	100	80	（60+60+80×50%）÷200×100%=80%	100×80%=80
合计	400	200		185

直接人工、制造费用月末在产品约当产量的计算如表 7-17 所示。

表 7-17 直接人工、制造费用月末在产品约当产量计算表

工序	月末在产品数量/件	工时定额/时	完工程度	月末在产品约当产量/件
1	100	40	40×50%÷100×100%=20%	100×20%=20
2	200	30	（40+30×50%）÷100×100%=5.5%	200×55%=110
3	100	30	（40+30+30×50%）÷100×100%=85%	100×85%=85
合计	400	100		215

据此，可编制产品成本计算单，如表 7-18 所示。

表 7-18 产品成本计算单

产品：B 产品　　　　2014 年 11 月　　　　金额单位：元

项目	直接材料	直接人工	制造费用	合计
月初在产品成本	15 000	5 000	6 000	26 000
本月生产费用	80 000	25 000	30 000	135 000
生产费用合计	95 000	30 000	36 000	161 000
月末在产品约当产量/件	185	215	215	
完工产品数量/件	1 000	1 000	1 000	
约当总产量/件	1 185	1 215	1 215	
费用分配率/（元/件）	80.17	24.69	29.63	
完工产品成本	80 170	24 690	29 630	134 490
月末在产品成本	14 830	5 310	6 370	26 510

任务 7.2.6　在产品按定额成本计价法计算产品成本

工作任务

通农公司生产的甲产品分两道工序制成，原材料在各道工序开始时一次性投入，各道工序内月末在产品的平均加工程度为 50%，月末在产品数量和消耗定额资料如表 7-19 所示。请以在产品按定额成本计价法确定产品成本。

表 7-19　月末在产品数量和消耗定额资料

工序	月末在产品数量/件	材料消耗定额/（千克/件）	工时消耗定额/（时/件）
1	300	25	5
2	200	15	3
合计	500	40	8

直接材料计划单价为 1.20 元/千克，单位产品定额工时为 8 小时，计划费用分配率为直接人工 2 元/小时，制造费用 2.50 元/小时。B 产品月初在产品和本月生产费用合计为：直接材料 26 500 元，直接人工 9 480 元，制造费用 11 875 元。

知识准备

在产品按定额成本计价法，简称“定额计算法”，是指根据月末在产品数量和单位定额成本计算月末在产品成本，然后通过倒挤来确定当月完工产品成本的方法。其特点是月末在产品成本只按定额成本计算，月末在产品的实际成本与定额成本之间的差额由当月完工产品负担。这种方法适用于月末在产品定额成本比较准确、消耗定额相对比较稳定、数量较少的产品成本计算。以在产品按定额成本计价法确定产品成本的计算公式如下：

月末在产品直接材料定额成本=月末在产品数量×材料消耗定额×材料计划单价

月末在产品直接人工定额成本=月末在产品数量×工时消耗定额×计划小时工资率

月末在产品制造费用定额成本=月末在产品数量×工时消耗定额×计划小时费用率

月末在产品定额成本=月末在产品直接材料定额成本+月末在产品直接人工定额成本+月末在产品制造费用定额成本

完工产品成本=月初在产品成本+本月生产费用−月末在产品定额成本

当产品各成本项目的定额资料比较完整、准确，原材料在生产开始时一次投入，并且能够大致合理地确定期末在产品的平均完工程度（通常按50%计算），在这种情况下，期初在产品成本也为定额成本。计算时，根据期末实际库存在产品数量，按各成本项目定额成本资料计算期末在产品成本，从期初在产品成本与本期发生费用合计中扣除期末在产品定额成本，计算完工产品成本。采用这种方法，由于期初、期末在产品成本是按定额成本计算的，定额成本与实际成本之间的差异，无论是超支还是节余，全部由本期完工产品成本负担。

工作过程

一、确定月末在产品定额成本

（1）计算月末在产品直接材料定额成本：

工序1：300×25×1.20=9 000（元）

工序2：200×40×1.20=9 600（元）

（2）计算月末在产品定额工时：

工序1：300×5×50%=750（小时）

工序2：200×（5+3×50%） =1 300（小时）

（3）计算月末在产品直接人工定额成本：

工序1：750×2=1 500（元）

工序2：1 300×2=2 600（元）

（4）计算月末在产品制造费用定额成本：

工序1：750×2.50=1 875（元）

工序2：1 300×2.50=3 250（元）

二、编制月末在产品定额成本计算表

通农公司编制的月末在产品定额成本计算表如表7-20所示。

表 7-20　月末在产品定额成本计算表

工序	月末在产品数量/件	直接材料定额成本/元	月末在产品定额工时/时	直接人工定额成本	制造费用定额成本	月末在产品定额成本合计/元
1	300	9 000	750	1 500	1 875	12 375
2	200	9 600	1 300	2 600	3 250	15 450
合计	500	18 600	2 050	4 100	5 125	27 825

三、编制产品成本计算单

通农公司编制的产品成本计算单如表 7-21 所示。

表 7-21　产品成本计算单

产品名称：甲产品　　　　单位：元

项目	直接材料	直接人工	制造费用	合计
生产费用合计	26 500	9 480	11 875	47 855
月末在产品定额成本	18 600	4 100	5 125	27 825
完工产品成本	7 900	5 380	6 750	20 030

任务 7.2.7　定额比例法计算产品成本

工作任务

通农公司生产乙产品，本月完工产品 2 000 件，原材料费用定额为 5 元/件，工时定额为 2 小时/件。月末在产品 500 件，原材料费用定额为 4 元/件，工时定额为 1 小时/件。生产 C 产品发生的生产费用资料如表 7-22 所示。请以定额比例法确定产品成本。

表 7-22　生产费用资料

项目	直接材料	直接人工	制造费用	合计
月初在产品成本	3 000	850	1 650	5 500
本月生产费用	12 600	4 100	6 000	22 700
合计	15 600	4 950	7 650	28 200

知识准备

定额比例法是按完工产品和期末在产品的定额消耗量比例（或定额成本的比例）分配期初在产品成本和本期发生的生产费用，计算本期完工产品成本和期末在产品成本的一种方法。

该方法主要适用于生产的产品比较定型，定额管理比较好，有完整、准确的材料和工时等消耗定额资料的企业采用。

为了提高成本计算的准确性，简化成本计算过程，对原材料费用可按原材料定额消耗量（或者定额成本）比例进行分配，对动力、工资及管理费用可按工时定额比例分配。考虑到期末在产品成本与其投料程度和加工程度有关，当以完工产品的定额消耗量为标准时，期末在产品仍需按投料率和完工率折合为约当产量。

以定额比例法确定产品成本的步骤及相关公式如下：

（1）计算完工产品与月末在产品定额成本：

$$\text{完工产品直接材料（直接人工、制造费用）定额成本}=\text{完工产品数量}\times\text{单位完工产品定额材料（人工、制造）费用}$$

$$\text{月末在产品直接材料（直接人工、制造费用）定额成本}=\text{月末在产品数量}\times\text{单位月末在产品定额材料（人工、制造）费用}$$

（2）计算定额成本分配率：

$$\text{直接材料（直接人工、制造费用）定额成本分配率}=\frac{\text{月初在产品的材料（人工、制造）费用}+\text{当月发生的材料（人工、制造）费用}}{\text{月末在产品直接材料（直接人工、制造费用）定额成本}+\text{完工产品直接材料（直接人工、制造费用）定额成本}}$$

（3）计算当月完工产品实际成本和单位成本：

$$\text{完工产品应分配的材料（人工、制造）费用}=\text{完工产品直接材料（直接人工、制造费用）定额成本}\times\text{直接材料（直接人工、制造费用）定额成本分配率}$$

$$=\text{月初在产品的材料（人工、制造）费用}+\text{当月发生的材料（人工、制造）费用}-\text{月末在产品应分配的材料（人工、制造）费用}$$

$$\text{完工产品实际成本}=\text{完工产品应分配的材料费用}+\text{完工产品应分配的人工费用}+\text{完工产品应分配的制造费用}$$

$$\text{完工产品单位成本}=\frac{\text{完工产品实际成本}}{\text{完工产品数量}}$$

（4）计算月末在产品实际成本：

$$\frac{\text{月末在产品应分配的材料}}{\text{人工、制造）费用}}=\text{月末在产品直接材料（直接人工、制造费用）定额成本}\times\text{直接材料（直接人工、制造费用）定额成本分配率}$$

$$\text{月末在产品实际成本}=\text{月末在产品应分配的材料费用}+\text{月末在产品应分配的人工费用}+\text{月末在产品应分配的制造费用}$$

工作过程

一、计算定额成本

完工产品直接材料定额成本=2 000×5=10 000（元）

月末在产品直接材料定额成本=500×4=2 000（元）

完工产品定额工时=2 000×2=4 000（小时）

月末在产品定额工时=500×1= 500（小时）

二、计算定额成本分配率

直接材料定额成本分配率=$\frac{3\,000+12\,600}{10\,000+2\,000}$=1.30

直接人工定额成本分配率=$\frac{850+4\,100}{4\,000+500}$=1.10（元/小时）

制造费用定额成本分配率=$\frac{1\,650+6\,000}{4\,000+500}$=1.70（元/小时）

三、计算完工产品与月末在产品成本

（1）计算当月完工产品成本：

当月完工产品应分配的材料费用=10 000×1.30= 13 000（元）

当月完工产品应分配的人工费用=4 000×1.10=4 400（元）

当月完工产品应分配的制造费用=4 000×1.70=6 800（元）

当月完工产品成本=13 000+4 400+6 800=24 200（元）

当月完工产品单位成本=24 200÷2 000=12.10（元）

（2）计算月末在产品成本：

月末在产品应分配的材料费用=2 000×1.30=2 600（元）

月末在产品应分配的人工费用=500×1.10=550（元）

月末在产品应分配的制造费用=500×1.70=850（元）

月末在产品成本=2 600+550+850=4 000（元）

四、编制产品成本计算单

通农公司编制的产品成本计算单如表 7-23 所示。

表 7-23 产品成本计算单

金额单位：元

项目		直接材料	直接人工	制造费用	合计
月初在产品成本		3 000	850	1 650	5 500
本月生产费用		12 600	4 100	6 000	22 700
生产费用合计		15 600	4 950	7 650	28 200
定额成本（定额工时）	完工产品	10 000	4 000 小时	4 000 小时	
	月末在产品	2 000	500 小时	500 小时	
定额成本分配率		1.30	1.1（元/时）	1.7（元/时）	
费用分配	完工产品	13 000	4 400	6 800	24 200
	月末在产品	2 600	550	550	4 000

任务 7.3 结转已入库的完工产品成本

工作任务

根据产品成本计算单（见表 7-23），对本月完工产品验收入库。

知识准备

完工产品是指完成全部生产过程，符合技术与质量要求，验收入库，具备对外销售条件的产品。为了反映完工产品入库情况，需要设置“库存商品”账户进行核算。“库存商品”账户是资产类账户，用来核算企业自行生产完工并入库的完工产品和从企业外部购进直接用于对外销售的商品。在制造业企业中，该账户的借方登记验收入库的外购商品或入库完工产品的实际成本，贷方登记结转的商品销售成本和因其他原因付出商品的实际成本，余额在借方，表示企业库存商品的实际成本。企业应当按照商品的品名、规格分户设置库存商品明细账，对库存商品进行明细分类核算。

无论采用何种方法确定月末在产品成本，并计算出完工产品成本和单位成本后，都要根据编制的产品生产费用分配表或产品成本计算单，结合产成品入库单进行会计处理。

工作过程

一、填制产成品入库单

产成品入库单如表 7-24 所示。

表 7-24　产成品入库单交库

单位：三车间　　　　2014 年 11 月 30 日　　　　编号：063012

产品名称	规格型号	计量单位	交库数量	检验结果		实收数量	金额/元
				合格	不合格		
C 产品		件	2 000	2 000		2 000	24 200

二、编制记账凭证

根据产品成本计算单和产成品入库单编制记账凭证，如表 7-25 所示。

表 7-25　记账凭证

2014 年 11 月 30 日　　　　记字 0638 号

摘要	会计账户		借方金额/元	贷方金额/元	记账
	总账账户	明细账户			
三车间产成品交库	库存商品	C 产品	24 200		√
	生产成本	基本生产成本		24 200	√
合计			24 200	24 200	

三、登记库存商品明细账

根据记账凭证登记库存商品明细账，如表 7-26 所示。

项目小结

在产品是指企业已经投入生产，但尚未最后完工，不能作为商品销售的产品。在产品有广义在产品和狭义在产品之分，本项目所讲的在产品是指狭义在产品。

有在产品的企业，完工产品成本与期末在产品成本之间存在的关系为：

表 7-26 库存商品明细账

编号：3212

类别：　　　　　　　　　　　　　　　　　　　　　　　　存放地点：3 号仓库

品种或规格：C 产品　　　　　　　　　　　　　　　　　　计量单位：件

2014 年		凭证		摘要	收入			出库			结存		
月	日	种类	号数		数量	单价(元/件)	金额（元/件）	数量	单价/（元/件）	金额/（元/件）	数量	单价/（元/件）	金额/（元/件）
6	30	记	0638	交库	2 000	12.10	24 200						

本期完工产品成本=期初在产品成本+本期生产费用−期末在产品成本

计算产品成本，必须确定月末在产品数量。月末在产品数量的确定有两种方法，一是通过账面核算资料确定，即通过“在产品收发结存账”中反映的期末结存数量确定；二是在月末，通过对在产品进行实地盘点确定。在实际工作中，这两种方法往往是结合运用的，以确保在产品数量的准确性。为保证在产品的安全、完整，做到账实相符，企业应定期对在产品进行清查盘点，盘点结果如账实不符，应编制在产品盘存报告表，并调整账面记录。

在产品成本计算与在产品的关系极为密切，决定了产品成本在完工产品与月末在产品之间的分配。产品成本在完工产品与月末在产品之间的分配方法主要有不计算在产品成本法、在产品按固定成本计价法、在产品按所耗原材料费用计价法、在产品按完工产品成本计算法、约当产量法、在产品按定额成本计价法和定额比例法。其中，后三种方法比较特殊，且非常重要、复杂。

项目训练

一、单项选择题

1. 完工产品与在产品之间分配费用的在产品不计算成本法适用于（　）的产品。

A. 没有在产品　　　　　　B. 各月末在产品数量很小

C. 各月末在产品数量变化很小　　　D. 各月末在产品数量固定

2. 完工产品与在产品之间分配费用的在产品按固定成本计价法，适用于（ ）的产品。

A. 各月末在产品数量很小

B. 各月末在产品数量较大

C. 各月末在产品数量变化较大

D. 各月末在产品数量虽大，但各月之间变化不大

3. 完工产品与在产品之间分配费用的在产品按所耗原材料费用计价法适用于（ ）产品。

A. 各月末在产品数量较大　　B. 各月末在产品数量变化较大

C. 原材料费用在产品成本中比重较大　　D. 以上三项条件同时具备

4. 约当产量比例法适用于（ ）的产品。

A. 月末在产品数量较大

B. 各月末在产品数量变化较大

C. 产品成本中原材料费用和工资等加工费用的比重相差不大

D. 以上三项条件同时具备

5. 在产品按定额成本计价法适用于（ ）的产品。

A. 消耗定额比较准确、稳定　　B. 各月末在产品数量变化较大

C. 各月末在产品数量变化不大　　D. 第一、三项条件同时具备

6. 完工产品与在产品之间分配费用的定额比例法的适用条件是（ ）。

A. 消耗定额比较准确

B. 消耗定额比较稳定

C. 消耗定额比较准确、稳定，各月末在产品数量变化不大

D. 消耗定额比较准确、稳定，各月末在产品数量变化较大

7. 采用约当产量法进行原材料费用的纵向分配，在产品完工程度可能按工时定额计算的条件是（ ）。

A. 原材料在生产开始时一次投入

B. 原材料陆续投入并与加工进度基本一致

C. 原材料陆续投入但与加工进度不一致

D. 原材料分工序一次投入

8. 原材料费用按完工产品与在产品数量的比例进行分配的条件是（ ）。

A. 原材料费用所占比重较大　　B. 原材料在生产开始时一次投入

C. 原材料费用定额比较准确　　D. 原材料分工序一次投入

9. 财产清查中发现在产品盘盈，在进行账务处理时应借记（ ）账户。

A．“生产成本” B．“产成品”

C．“在产品” D．“营业外收入”

10．在完工产品和月末在产品之间分配生产费用时，完工产品成本可能出现负数，这是由于采用（ ）计价的结果。

A．定额比例法 B．在产品按所耗原材料成本计价法

C．约当产量比例法 D．在产品按定额成本计价法

11．对于定额管理基础较好，各项消耗定额较准确、稳定，且各月末在产品数量变化较大的企业，生产费用在完工产品与在产品之间的分配方法适宜采用（ ）。

A．约当产量比例法 B．在产品按所耗原材料成本计价法

C．在产品按定额成本计价法 D．定额比例法

12．某产品经过三道工序连续加工制成，三道工序的工时定额分别为5小时、3小时和2小时，则该种产品在第二道工序在产品的完工率为（ ）。

A．80% B．40% C．65% D．90%

二、多项选择题

1．下列方法中，属于生产费用在完工产品与在产品之间进行分配方法的有（ ）。

A．交互分配法 B．约当产量法

C．定额比例法 D．机器分配法

2．广义的在产品是指（ ）。

A．尚在本步骤加工中的在产品

B．等待返修的废品

C．转入各半成品库等待继续加工的半成品

D．对外销售的自制半成品

3．计算在产品完工率应考虑的因素有（ ）。

A．所在工序工时定额 B．完工产品工时定额

C．到上道工序为止累计工时定额 D．完工产品数量

4．约当产量比例法适用于下列（ ）的分配。

A．每道工序开始时一次投料的原材料费用

B．随生产进度陆续均衡投料的原材料费用

C．各种费用

D．工资等其他加工费用

5．确定生产费用在完工产品与在产品之间的分配方法，应考虑的因素有（ ）。

A．各月末在产品数量的变化大小

B．产品成本中各项费用所占比重多少

C．产品的各项消耗定额是否准确、齐全

D．企业定额管理基础工作好坏

6．生产费用在完工产品和在产品之间进行分配，会使本月发生的生产费用全部由本月完工产品成本负担的方法有（　）。

A．在产品不计算成本法　　B．在产品按定额成本计价法

C．在产品成本按年初固定数计算法　　D．产品按所耗原材料成本计价法

7. 按完工产品和月末在产品的数量比例分配计算完工产品和月末在产品的原材料费用，必须具备的条件是（　）。

A．产品成本中原材料费用所占比重较大

B．原材料消耗定额比较准确

C．原材料消耗定额比较稳定

D．在产品已经接近完工

8．约当产量比例法适用于（　）的产品。

A．月末在产品数量较大　　B．月末在产品接近完工

C．各月末在产品数量变化较大　　D．产品成本中原材料费用所占比重较大

9．采用在产品按定额成本计价法应具备的条件是（　）。

A．消耗定额比较准确　　B．消耗定额变动较大

C．消耗定额比较稳定　　D．各月末在产品数量变化较小

10．采用定额比例法分配完工产品和在产品费用应具备的条件是（　）。

A．消耗定额比较准确、稳定　　B．各月末在产品数量较大

C．各月末在产品数量很小　　D．各月末在产品数量变化较大

三、判断题

1．已经完工但尚未验收入库的在产品，其成本可以视同完工产品计算。（　）

2．月末在产品数量较大，但各月末在产品数量变化不大的产品，其月末在产品可按固定成本计价。（　）

3．在产品按定额成本计价，各月生产费用脱离定额的差异，全部由完工产品成本负担。（　）

4. 完工产品与在产品之间分配费用的约当产量比例法只适用于工资和其他加工费用的分配，不适用于原材料费用的分配。（　）

5. 在计算各工序在产品的完工率或定额工时，同一道工序内完工程度不同的每件在产品均可以按完工 50%计算。（　）

6. 采用约当产量比例法时，分配原材料费用与分配加工费用所用的完工率是一致的。（ ）

7. 如果原材料在生产产品的每道工序开始时一次投入，则用来分配原材料费用的最后一道工序的完工率为 100%。（ ）

8. 某工序在产品的完工率为该工序止累计的工时定额与完工产品工时定额的比率。（ ）

9. 生产费用在完工产品和月末在产品之间分配时，按两者的定额费用比例分配，有利于分析和考核定额的执行情况。（ ）

10. 在产品按所耗原材料费用计价时，都应按完工产品与月末在产品的数量比例分配它们的原材料费用。（ ）

11. 如果原材料在生产产品的每道工序开始时一次投入，则用来分配原材料费用的完工率为该工序为止累计的原材料消耗定额与完工产品原材料消耗定额的比率。（ ）

12. 完工产品与在产品之间分配费用，如果采用在产品按完工产品计算的方法，则在产品就成为完工产品，全部生产费用之和就是完工产品成本。（ ）

13. 月末在产品的定额消耗量不一定必须根据在产品的结存数量（或盘存数量）和在产品的消耗定额具体计算。（ ）

14. 在产品按定额成本计价法适用于各项消耗定额或费用定额比较准确、稳定，而且各月末在产品数量变化较大的产品。（ ）

15. 在原材料费用占产品成本比重较大，而且单位材料消耗定额比较准确、稳定的情况下，在产品按所耗原材料成本计价法和在产品按定额成本计价法可以结合运用。（ ）

四、案例分析题

1. 光明工厂甲种产品的原材料在生产开始时一次投入，产品成本中的原材料费用所占比重很大，月末在产品按其所耗原材料费用计价。8 月初在产品成本为 50 500 元。8 月发生生产费用如下：原材料 149 500 元，工资和福利费 28 800 元，制造费用 14 400 元。本月完工产品 9 200 件，月末在产品 800 件。

要求：分配计算甲产品完工产品成本和月末在产品成本。

2. 甲产品经三道工序完成，其材料在每道工序开始时分别一次投入，其各工序的材料消耗定额和 10 月末在产品数量如下：

该种产品 10 月初在产品原材料费用为 1 730 元，10 月原材料费用为 2 296 元，该月完工产品 900 件。

工序	材料消耗定额/千克	月末在产品数量/件
1	180	200
2	108	140
3	72	230
合计	360	570

要求：分配计算完工产品和月末在产品的原材料费用。

3．光明工厂 9 月生产的丙产品，其月末在产品 200 件，原材料属一次性投入，其月初在产品成本加本期发生费用为：直接材料 89 600 元，直接人工 27 424 元，制造费用 46 600 元。每件在产品原材料定额成本为 100 元，月末在产品定额总工时 2 200 小时，直接工资、制造费用小时定额费用分别为 1.40 元和 4.60 元。

要求：采用定额成本法计算月末在产品和完工产品的成本。

4．大同工厂生产 A 产品，成本计算资料如下：

项　目	直接材料	直接人工	制造费用	合　计
月初在产品成本	1 120	950	830	2 900
本月发生费用	8 890	7 660	6 632	23 182

项　目	材料定额消耗量/千克	工时定额消耗/时
本月完工产品	5 800	3 760
月末在产品	3 300	1 980

要求：采用定额比例法计算完工产品和月末在产品的成本。

5．南方公司生产甲产品，经三道工序连续加工制成。原材料在生产开始时一次投入，各道工序在本工序的完工程度为 50%，月末完工产品 400 件，其他有关资料如下：

工序	工时定额/时	在产品数量/件
1	4	40
2	6	60
3	10	100
合计	20	200

成本项目	直接材料	直接人工	制造费用	合　计
月初在产品成本	18 000	11 960	5 115	17 075
本月发生费用	90 000	80 000	50 000	130 000
合　　计	108 000	91 960	55 115	147 075

要求：采用约当产量比例法计算完工产品和月末在产品的成本。

6．A产品经过两道工序完成，原料随加工进度陆续投入。原料消耗定额为：第一工序60%，第二工序40%。工时定额为：第一工序6小时；第二工序4小时。月末在产品数量为：第一工序500件，第二工序600件。全月完工产品为1 000件。月初和本月发生的费用为：原材料费用4 890元，加工费用6 520元。

要求：按约当产量比例法计算完工产品和月末在产品的成本。

第3篇　成本核算的实务技能训练

学习目标

通过本篇的学习，能根据企业的生产特点和管理要求，选择合适的产品成本计算方法，并能根据企业有关成本核算资料，熟练采用品种法、分批法、分步法，了解分类法和定额法，针对不同企业的产品成本进行核算。

单元导航

上一篇我们学习了成本核算的基本技能，但在实际工作中，企业类型不同，生产工艺不同，生产组织方式不同，生产管理的要求也不相同，所以成本核算就必须选择相应的成本计算方法。本篇通过六个项目，重点讲述产品成本计算三种常见的基本方法，即品种法、分批法和分步法。项目8讲解选择产品成本计算方法，具体介绍影响产品成本计算方法的因素和产品成本计算方法的选择；项目9讲解成本计算基本方法（品种法）训练；项目10讲解成本计算基本方法（分批法）训练；项目11讲解成本计算基本方法（分步法）训练；项目12讲解成本计算辅助方法（分类法）训练；项目13讲解成本计算辅助方法（定额法）训练。通过本篇的学习，相信你一定能根据不同企业的特点，合理运用适当的方法进行成本计算。

学习建议

进行产品成本计算，首先要了解企业的组织方式、生产工艺和管理上对成本计算有哪些要求，这是确定产品成本计算方法的前提条件。因此，在实际应用时应学会分析所在企业的生产类型特点。

品种法是产品成本计算方法中最重要、最基本的一种，掌握该方法的应用，要注重对计算程序的理解，特别是辅助生产费用的归集和分配、制造费用的归集和分配，顺序不要颠倒。

分批法是一种在实际工作中运用十分广泛的产品成本计算方法，在学习及应用时，要了解该方法的含义、特点及基本原理，学会根据所在企业的生产类型特点，灵活运用一般意义的分批法或简化的分批法。

分步法是本篇章的重点也是难点，涉及的计算方法比较多，要联系案例来理解各种计算方法的应用。要把分步法与品种法的内容联系起来学习，充分掌握分步法的计算程序。在学习逐步结转分步法时不能死记硬背公式，要认识到在产品成本计算过程中，其实物流与成本流是保持一致的，因此可以计算出每一个生产步骤的半成品成本。根据各步骤成本结转的方法不同，逐步结转。分步法又分为综合结转分步法和分项结转分步法两种，要理解这两种方法的区别。在学习平行结转分步法时，关键是对广义在产品含义的掌握，必须理解在平行结转分步法下实物流与成本流是分离的。要重点把握不计算各步骤半成品成本，也不计算各步骤所耗上一步骤半成品成本，只计算本步骤发生的直接材料、直接人工和制造费用，以及这些费用中应计入完工产品成本中的份额，将相同产品的各步骤应计入完工产品成本的份额平行汇总，即可计算出该产品成本。

项目 8　认知成本计算方法

案例引入

工业产品成本的计算有品种法、分批法、分步法、分类法、定额法等多种方法可供选择。某钢铁厂设有炼铁、炼钢和轧钢三个基本生产车间。炼铁车间生产三种生铁：炼钢生铁、铸造生铁和锰铁。其中炼钢生铁全部供应本厂炼钢耗用；铸造生铁和锰铁全部外售。炼钢车间生产高碳镇静和低碳镇静两种钢锭，全部供应本厂轧钢车间轧制钢材：高碳钢轧制盘条，低碳钢轧制圆钢。针对上述情况，该厂在成本核算中所应采取的成本计算方法是什么？

产品成本计算方法是指生产费用在企业的不同产品之间或同种产品的产成品和在产品之间的分配方法。工业企业生产的产品种类繁多，工艺过程各不相同，要正确计算不同产品成本，需要根据不同类型企业的生产特点和管理要求，正确选择适合本企业实际的具体产品成本计算方法。

工业企业的生产特点是指产品生产工艺过程的特点和生产组织方式的特点。

生产工艺过程是指产品从投产到完工的生产技术过程。生产组织方式是指保证生产过程各个环节、各个因素相互协调的生产工作方式。将生产工艺过程的特点和生产组织方式的特点相结合，可形成不同的生产类型。

一个企业究竟采用什么方法计算产品成本，除受生产类型的影响外，还必须根据企业成本的管理要求来选择适合本企业的产品成本计算方法。管理要求对产品成本的影响，主要体现为管理要求对产品成本计算对象的影响。

任务 8.1 认知影响产品成本计算方法的因素

影响成本计算的因素有两个：一是生产类型；二是管理要求。确定产品成本计算方法必须从企业生产单位的具体情况出发，充分考虑企业生产特点和成本管理上的要求。

产品成本是在生产过程中形成的，因此生产的特点在很大程度上影响着成本计算方法的特点。另外，成本计算是为成本管理提供资料的，因此采用什么方法，提供哪些资料，要考虑成本管理的要求。当然，成本管理的要求也脱离不开生产的特点。以上两个方面的关系说明企业在确定产品成本计算方法时，必须从企业的具体情况出发，同时考虑企业的生产特点和进行成本管理的要求。

一、认知工业企业的生产工艺

不同工业部门、行业企业的生产特点千差万别。工业企业的生产，按其生产工艺过程的特点，可以分为单步骤生产和多步骤生产两种类型。

1．单步骤生产

单步骤生产，也称简单生产，是指生产工艺过程不能间断、不可能或不需要划分为几个生产步骤的生产，如发电、采掘等工业生产。这类生产由于技术上的不可间断（如发电），或由于工作地点上的限制（如采煤、采油等），通常只能由一个企业整体进行，而不能由几个企业协作进行。

2．多步骤生产

多步骤生产，也称复杂生产，是指生产工艺过程由若干个可以间断的、分散在不同地点、分别在不同时间进行的生产步骤所组成的生产，如纺织、钢铁、机械、造纸、服装等工业生产。

其特点表现为：生产周期较长，工艺较复杂。按加工方式可分为连续加工式生产和装配式生产。

（1）连续加工式生产：是指原材料投入生产后，要依次经过各生产步骤的连续加工，才能成为产品的生产，如纺织、钢铁等工业生产。

（2）装配式生产是指先将原材料分别在各个加工车间平行加工为零件、部件，然后再将零件、部件装配为产品的生产，如机械、车辆、仪表制造等工业生产。

二、认知生产组织方式的特点

生产按组织方式可分为大量生产、成批生产和单件生产。

1．大量生产

大量生产是指不断地大量重复生产相同产品的生产。对于大量生产，陆续投入、陆续产出，不分批别，品种稳定，产品品种少、产量较大。如纺织、采掘、钢铁、面粉等的生产。

2．成批生产

成批生产是指按照事先规定的产品批别和数量进行的生产。对于成批生产，产品品种较多、产量较大，生产具有重复性。如服装、机床的生产。成批生产又可分为：

（1）大批生产：产品批量较大，往往重复生产，性质上接近大量生产。

（2）小批生产：产品批量较小，一批产品一般可同时完工，性质上接近单件生产。

3．单件生产

单件生产是指根据订货单位的要求，生产个别的、性质特殊的产品的生产。如船舶、重型机械、飞机、新产品试制等。

知识链接

机械工业企业的生产组织方式

广义的机械工业是指凡用金属切削机床从事工业生产活动的工业部门；狭义的机械工业是指机器制造工业。人们所说的机械工业通常指后者。机械工业素有“工业的心脏”之称，它是其他经济部门的生产手段，也可以说是一切经济部门发展的基础。它的发展水平是衡量一个国家工业化程度的重要标志。

机械工业按其服务对象，可分为工业设备制造业、农业机械制造业、交通运输机械制造业等。工业设备制造业是指生产装备工业本身的各种机器设备，主要包括重型机械、通用机械、机床工具、仪器仪表、电器制造和轻纺工业设备等；农业机械制造业包括农、林、牧、副、渔业生产所需要的各种机械生产；交通运输机械制造业包括铁道机车车辆、汽车、船舶和飞机制造等。

机械工业生产的特点，取决于生产过程中所采用的设备、工艺装备、工人的组成以及生产的组织形式等，而这些又在相当大的程度上取决于生产的专业化程度。在通常情况下，企业生产的产品品种越少，品种的相似性越大，产品的产量越大，随之生产的稳定性和重复性程度越高，而产品生产的稳定性和重复性决定着产品劳动量的多少和工作专业化程度的高低。

机械工业企业分为大量生产、成批生产和单件生产三种类型。

1. 大量生产

大量生产的特点是产量大而品种少，生产条件稳定且经济，不断地重复制造某一种或少数几种相同的产品。在通常情况下，每个工作都固定完成一道或少数几道工序，工作是按专业化生产的要求进行装备的，广泛应用流水生产的方法。

在大量生产中，由于广泛采用高效率的自动化、半自动化设备及专用机床和专用工艺设备，生产的机械化、自动化水平高，手工操作的比重减少到最低限度，为提高劳动生产率和降低产品劳动量创造了有利条件。此外，由于广泛采用流水线和自动线，因此各个生产环节之间的比例关系确定得很细致合理，提高了生产的连续性和平行性。所有这些都使得产品的生产周期大大缩短，流动资金周转速度大大加快，使生产过程中人力和物力得到充分的利用。因此，大量生产的产品成本较单件生产和成批生产的产品成本要低。

属于大量生产的企业有汽车制造厂、拖拉机制造厂、滚珠轴承制造厂、自行车厂、缝纫机厂等。

2. 成批生产

成批生产的特点是产品成批轮番地生产，数量较大量生产少，而产品品种较多。成批生产有一定的稳定性和重复性，但较大量生产要低。

在成批生产中，需要根据产量大小、工序加工难易程度及重要性，分别采用部分自动化或半自动化设备、专用设备、专用工艺装备、通用工艺装备和通用设备，因此成批生产中生产过程的机械化、自动化水平也较大量生产低。由于产品品种较多，因此工人的操作熟练程度较大量生产相对要低，但是要求工人掌握比较广泛的技术知识和操作技能，以适应成批生产的特点。

根据生产的稳定性、重复性和工作专业化程度，成批生产又分为大批生产、中批生产和小批生产。大批生产的产量较大，生产的时间较长，其稳定性和工作专业化程度较高，接近于大量生产；小批生产在生产特点上接近单件生产，但是部分反映了成批生产的性质，如生产的不定期重复，按小批量生产等。

属于成批生产的企业有机床制造厂、电机制造厂、起重机制造厂、机车制造厂等。

3. 单件生产

单件生产的特点是生产的产品品种繁多，每一种产品仅制造一个或数量很少，产品生产的稳定性和重复性极低，每一种产品或者是不再重复制造，或者是经过不定期间之后再重复制造。

在单件生产条件下，由于产品品种多，因此采用的设备和工艺装备多是通用的。只有在某些特殊情况下，对那些不采用专用设备和专用工艺装备就不能达到技术要求的零件和工序才采用专用设备和工艺装备。

属于单件生产的企业有造船厂、大型发电机制造厂、汽轮机制造厂、锅炉制造厂、制造冶炼轧钢设备和矿山设备的重型机器制造厂等。

以上三种生产类型的划分并没有绝对的界限，特别是大量生产与大批生产之间，单件生产与小批生产之间，在设备和工艺的选用方面，对生产组织和计划工作的影响以及在生产的经济效果方面，是相当接近的。所以在实际工作中，也常常使用“大量大批生产”和“单件小批生产”的名词和概念。

三、认知生产类型对产品成本计算方法的影响

将生产工艺过程的特点和生产组织方式的特点相结合，可形成以下几种生产类型（见图8-1）。

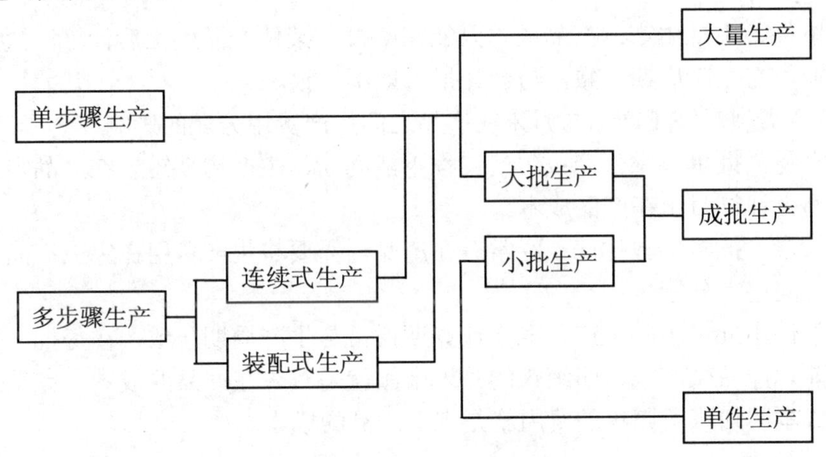

图8-1 不同生产类型

1．生产类型对成本计算对象的影响

成本计算对象，是指为计算产品成本而确定的归集生产费用的各个对象，也就是成本的承担者。确定成本计算对象，是设置生产成本明细账、归集和分配生产费用、计算产品成本的重要前提。

从生产工艺过程特点看：

（1）单步骤生产：生产工艺不可间断，必须以产品品种作为成本计算对象。

（2）多步骤连续式生产：应以生产步骤作为成本计算对象，既按步骤又按品种计算各步骤半成品和产成品成本。

（3）多步骤装配式生产：因零部件独立核算没有意义，无须按步骤计算半成品成本，而将产品品种作为成本计算对象。

从生产组织方式特点看：

（1）大量生产：连续不断地生产相同产品，只能以产品品种作为成本计算对象。

（2）大批生产：可视具体情况，按产品品种或产品批别计算产品成本。

（3）单件、小批生产：一批产品一般可同时完工，可按产品批别计算产品成本。

2．生产类型对成本计算期的影响

成本计算期，是指生产费用计入产品成本所规定的起止日期（与会计分期不是同一概念），或者指计算一次产品成本的间隔日期。

（1）大量、大批生产：成本计算定期于月末进行，与会计报告期一致，与生产周期不一致。

（2）单件、小批生产：产品成本只能在某批、某件产品完工后计算，故成本计算不定期，与生产周期一致，与会计报告期不一致。

3．生产类型对完工产品与月末在产品之间生产费用分配的影响

（1）大量大批单步骤生产：生产过程不能间断，生产周期短，在产品很少或没有，故不必计算月末在产品成本。

（2）大量大批多步骤生产：经常有在产品，需要将生产费用在完工产品与月末在产品之间进行分配。

（3）单件小批多步骤生产：成本计算期通常与生产周期一致，在每批、每件产品完工前，产品生产成本明细账的月末余额就是月末在产品的成本；完工后，产品生产成本明细账所归集的费用就是完工产品的成本。

知识链接

服装工业生产的特点及其流程

服装工业是我国的支柱性产业之一，在国民经济中占有很重要的地位。目前，我国服装产量和出口量均居世界首位。

1. 服装生产特点

我国成衣化服装（即工业化生产的服装）生产的特点主要表现在以下几个方面：

（1）服装工业处于变革时代，生产类型由大批量、少品种、长周期向小批量、多品种、短周期方向发展；

（2）服装生产采用的面料、辅料多样化，新技术、新材料应用广泛；

（3）生产中机械化、专业化作业程度不高，设备比较陈旧；

（4）生产管理主要靠经验，生产工序多，工艺编制较为复杂；

（5）开始重视服装品牌战略，企业向集团化规模经营过渡；

（6）服装信息网不健全，产销时常脱节。

2. 服装生产流程

不同的服装企业有不同的组织结构、生产形态和管理目标，但其生产过程及工序是基本一致的。服装生产大体上由八个主要生产单元和环节组成。

（1）服装设计。一般来说，大部分大中型服装厂都有自己的设计师设计服装款式系列。服装企业的服装设计大致分为两类：一类是成衣设计，根据大多数人的型号比例，制定一套有规律性的尺码进行大规模生产，设计时不仅要选择面料、铺料，还要了解服装厂的设备和工人的技术；另一类是时装设计，根据市场流行趋势和时装潮流设计各款服装。

（2）纸样设计。当服装的设计样品被客户确认后，下一步就是按照客户的要求绘制不同尺码的纸样。将标准纸样进行放大或缩小的绘图称为“纸样放码”，又称为“推档”。目前，大型服装厂多采用电脑来完成纸样放码工作，在不同尺码纸样的基础上，还要制作生产用纸样，并画出排料图。

（3）生产准备。生产前的准备工作很多，例如对生产所需的面料、辅料、缝纫线等材料进行必要的检验与测试，材料的预缩与整理，样品、样衣的缝制加工等。

（4）裁剪工艺。一般来说，裁剪是服装生产的第一道工序，其内容是把面料、里料及其他材料按排料、划样要求剪切成衣件，它包括排料、辅料、算料，坯布疵点的借裁、套裁、裁剪、验片、编号、捆扎等。

（5）缝制工艺。缝制是整个服装加工过程中技术性较强，也较为重要的成衣加工工序。它是按不同的款式要求，通过合理的缝合，把各个衣片组合成服装的一个工艺处理过程。所以，如何合理地组织缝制工序，选择缝迹、缝型、机器设备和工具等都十分重要。

（6）熨烫工艺。成衣制成后，经过熨烫处理，达到理想的外形，使其造型美观。熨烫一般可分为生产中的熨烫（中烫）和成衣熨烫（大烫）两类。

（7）成衣品质控制。成衣品质控制是使产品质量在整个加工过程中得到保证的一项十分必要的措施，主要是研究产品在加工过程中产生的和可能产生的质量问题，制定必要的质量检验标准和规范。

（8）后处理。后处理包括包装、储运等内容，是整个生产过程的最后一道工序。操作工按包装工艺要求将每一件制成并整烫好的服装整理、折叠好，放在胶袋里，然后按装箱单上的数量分配装箱。有时成衣也会吊装发运，将服装吊在货架上，运到交货地点。

四、认知管理要求对产品成本计算方法的影响

产品成本计算方法主要受企业生产特点的制约，但并不完全服从于生产特点。企业对成本管理的不同要求对产品成本计算方法（主要是产品成本计算对象）的确定也会产生影响。

在大量大批多步骤生产的企业中，除了需要以最终产成品为成本计算对象计算出最终产品成本外，如果企业管理上需要了解其中间步骤生产出来的半成品成本，则还需要以中间步骤的半成品为成本计算对象，计算半成品成本。此时，企业可以以每种产品及其所经过的加工步骤作为产品成本计算对象，按生产步骤来计算产品成本。如钢铁公司，其主要原材料是铁矿石（氧化铁），氧化铁经过冶炼还原并除去其他有害杂质后，生产出炼钢用的生铁；炼钢生铁再通过氧化的方式把其中一部分碳和其他有害杂质（如硫、磷、锰等）除去，再加上一定量的合金料，生产出钢锭；最后，将钢锭送入轧钢机，通过两个方向旋转的轧辊反复碾轧，即可轧制出各种不同形状、不同规格的最终产品——钢材。根据管理要求，钢铁公司不但需要了解各种钢材的生产成本，也需要了解生铁、钢锭的中间半成品成本，此时公司可以分别以生铁、钢锭、钢材为成本计算对象，计算生铁、钢锭、钢材等主要生产步骤中的产品成本。但是如果企业规模较小，中间半成品也不对外销售，成本管理上不要求计算产品所经过的中间加工步骤的半成品成本，只要求计算出每种产品成本，这时就不必按生产步骤计算成本计算对象各步骤的成本，而是直接以最终产成品作为成本计算对象计算产品成本。因此，企业选择哪种成本计算方法，除了要考虑生产类型外，还要考虑企业管理要求。

任务 8.2　合理选择产品成本计算方法

成本计算即按照成本计算对象分配和归集生产费用，并计算其总成本和单位成本的过程。

产品成本计算方法的确定，主要是为了适应企业的生产特点和管理要求，正确提供产品成本资料，为成本管理服务。常见的产品成本计算方法有以下三种：

(1) 品种法：以产品品种为成本计算对象的产品成本计算方法。一般适用于大量大批单步骤生产，如发电等；也可用于管理上无须分步骤计算成本的大量大

批多步骤生产，如水泥厂等。

（2）分批法：以产品的批别为成本计算对象的产品成本计算方法。一般适用于单件小批生产，如重型机械制造、船舶制造等。

（3）分步法：以产品生产步骤为成本计算对象的产品成本计算方法。一般适用于大量大批且管理上要求分步骤计算成本的生产，如纺织、冶金等。

三种产品成本计算方法的特点如表 8-1 所示。

表 8-1 三种产品成本计算方法的特点

产品成本计算方法	成本计算对象	成本计算期	期末在产品成本的计算	适用范围	
				生产特点	管理要求
品种法	产品品种	按月计算，与会计报告期一致	单步骤生产一般无须计算，多步骤生产一般需要计算	大量大批单步骤生产或大量大批多步骤生产	管理上无须分步计算产品成本
分批法	产品批别	不定期计算，与生产周期一致	一般无须计算	单件小批单步骤生产或单件小批多步骤生产	管理上无须分步计算产品成本
分步法	产品品种及所经过的步骤	按月计算，与会计报告期一致	需要计算	大量大批多步骤生产	管理上要求分步计算产品成本

一个企业究竟应当采用哪一种或哪几种方法来计算产品成本，一定要以该企业的“生产工艺过程特点、生产组织方式、产品品种繁简、成本管理要求”为标准来确定。以大中型粗梳毛纺织企业为例，从生产过程来看，在生产工艺过程特点上是属于可以分散于不同地点间断进行的连续式复杂生产；在生产组织方式上是属于分类、轮番重复的大量生产，但批量大小并不固定；在产品品种繁简方面，产品的类别、品种、规格和色泽的种类繁多，使用原料的种类、规格和配比繁复；在成本管理要求方面，要求按产品品种及其经过的生产步骤，既计算各中间步骤半成品的成本，又计算最终步骤产成品的成本，特别在实行企业内部成本管理责任制的新形势下更要求如此。这些特点决定了粗梳毛纺织企业的产品成本计算方法应该采用分步法。

但是大中型粗梳毛纺织企业，既有基本生产车间，又有为基本生产车间服务的辅助生产车间，而基本生产车间又有原料准备和毛纺织品制造步骤之分；在毛纺织品生产方面，既有正常产品的生产，又有新产品的试制。要做好企业的成本核算工作，就必须适应各种生产情况的特点，在以分步法为主的基础上，同时选择其他几种不同的产品成本计算方法。

具体地说，对于正常的毛纺织品制造，应采用分步法计算产品成本；对于毛纺织品的新产品试制，应采用分批法计算产品成本；对于原料准备生产，可采用品种法计算产品成本。至于辅助生产车间的成本计算，供水、供电、供气车间的生产都属于单步骤的简单生产，应采用品种法计算产品成本；机修车间的生产则可使用分批法计算成本。因此，这种粗梳毛纺织企业应同时采用分步法、分批法和品种法来计算产品成本，但以分步法为主。

案例讨论

某火力发电企业是利用燃烧燃料所产生的高热，使锅炉里的水变成蒸汽，从而推动机轮迅速旋转，借以带动发电机转动产生电力。除生产电力外，该企业还生产一部分热力，因此生产技术规程不能间断。为此，该企业下设下列基本生产车间（分场）：燃料分场、锅炉分场、汽机分场和电气分场。由于产电兼供热，因此汽机分场又分为电力化分部和热力化分部。此外，该企业设有机械修配等辅助生产车间和行政管理部门。

小提示

该企业的主要产品是电力，还生产一部分热力，且生产技术过程不可间断。因此，其生产特点是大量大批单步骤生产，应采用品种法计算产品成本。

某钢铁公司设有炼铁、炼钢、轧钢三个基本生产车间。炼铁车间生产三种生铁：炼钢生铁、铸造生铁和锰铁，其中炼钢生铁全部供本企业炼钢耗用，铸造生铁和锰铁全部外售。炼钢车间生产高碳和低碳两种钢锭，全部供本企业轧钢车间使用，高碳钢轧成盘条钢，低碳钢轧成圆钢。此外，该企业设有供水和供电两个辅助生产车间和行政管理部门。

小提示

从总体上看，该企业的生产特点是大量大批多步骤生产，应该采用分步法计算产品成本。具体来说，炼铁车间可采用品种法计算产品成本，炼钢和轧钢车间宜采用分步法计算产品成本。

项目小结

要正确计算产品成本，必须选择适当的产品成本计算方法，而适当的产品成本计算方法必须与企业的生产特点与管理要求相适应。生产特点主要体现为生产工艺过程的特点和生产组织方式的特点，前者包括大量生产、成批生产和单件生产，后者则可分为单步骤生产和多步骤生产。管理要求主要体现为是否要求分步骤计算产品成本。

生产特点和管理要求对产品成本计算的影响，主要表现在成本计算对象的确定上，因此不同产品成本计算方法主要表现为成本计算对象确定的不同。在产品成本计算工作中有三种不同的成本计算对象：产品的品种、产品的批别和产品的生产步骤。因此，以成本计算对象为标志的三种基本的产品成本计算方法就是品种法、分批法和分步法。

项目训练

一、单项选择题

1. 下列方法中，最基本的产品成本计算方法是（ ）。

A．品种法　　B．分批法　　C．分步法　　D．分类法

2．选择产品成本计算方法时应考虑（ ）。

A．产品消耗定额是否准确、稳定　　B．产品品种、规格是否繁多

C．能否加速成本计算工作　　D．生产类型及成本管理要求

3．下列各项中，（ ）是按生产组织方式的特点来划分的。

A．大量生产、成批生产和单件生产　　B．单步骤生产和多步骤生产

C．连续式生产和平行式生产　　D．主产品生产和副产品生产

4．（ ）是各种产品成本计算方法区分的主要标志。

A．成本计算期　　B．生产费用计入成本的程序

C．成本计算对象　　D．生产费用在完工产品与月末在产品之间的分配

5．下列方法中，生产费用一般无须在完工产品与月末在产品之间分配的是（ ）。

A．定额法　　B．分批法　　C．分步法　　D．品种法

6．大量大批多步骤生产且管理上要求计算半成品成本的企业，应采用（ ）。

A．逐步结转分步法　　B．平行结转分步法

C．品种法　　　　　　　　　　D．分批法

7．下列方法中，（ ）的成本计算期与生产周期一致，与会计报告期不一致。

A．品种法　　B．分批法　　C．分步法　　D．定额法

8．单件小批多步骤生产且管理上不要求分步骤计算产品成本的企业，应采用（ ）。

A．品种法　　B．分批法　　C．分步法　　D．分类法

9．大量大批多步骤生产且管理上不要求分步骤计算产品成本的企业，应采用（ ）。

A．品种法　　B．分类法　　C．分步法　　D．分批法

二、多项选择题

1．企业在确定产品成本计算方法时，应重点考虑（ ）。

A．生产类型　　　　　　　　B．生产规模的大小

C．有没有月末在产品　　　　D．成本管理要求

2．工业企业的生产，按生产工艺过程可划分为（ ）。

A．单步骤生产　B．多步骤生产　C．大量生产　D．单件生产

3．生产类型对产品成本计算方法的影响，表现在（ ）等方面。

A．成本计算对象的确定

B．生产费用归集及计入产品成本的程序

C．成本计算期的确定

D．完工产品与月末在产品之间生产费用的分配

4．将生产工艺过程的特点和生产组织方式的特点相结合，可形成的生产类型包括（ ）。

A．大量大批单步骤生产　　　　B．大量大批多步骤连续式生产

C．单件小批多步骤平行式生产　D．大量大批多步骤平行式生产

三、判断题

1．工业企业基本的产品成本计算方法有品种法、分批法、分类法三种。（ ）

2．计算产品成本，首先要确定成本计算对象。（ ）

3．生产特点和管理要求对产品成本计算方法的影响，主要体现在对成本计算对象的确定上。（ ）

4．按生产组织方式特点划分，生产类型可分为单步骤生产和多步骤生产。（ ）

5．按生产工艺过程特点划分，生产类型可分为平行式生产和连续式生产。（ ）

6．成本计算对象的确定主要取决于成本管理要求。（ ）

7．在单件小批生产的情况下，一般不存在生产费用在完工产品与月末在产品

之间进行分配的问题。( )

8. 单步骤生产时，由于生产工艺过程不能间断，因而只能采用品种法或分批法进行成本核算。( )

9. 所有企业的成本计算期都是一个月。( )

项目 9 成本计算基本方法（品种法）训练

案例引入

在工业经济时代，生产方式采用标准化，也就是大量地、重复地生产一种或几种产品，生产的效率取决于单位时间内生产出相同产品的数量。品种单一、数量庞大是这一时期生产的主要特征。因此，以产品品种为成本计算对象的品种法成为工业经济时期最基本的一种成本计算方法。在知识经济时代，生产方式采用非标准化即柔性化，批量小、品种多、型号杂、更新换代快是这一时期的生产特征。因此，现代成本计算方法应以分批法为主要成本计算方法。

知识准备

一、品种法的概念和适用范围

（一）品种法的概念

产品成本计算的品种法，是按照产品品种归集生产费用，计算产品成本的一种方法。这种方法是产品成本计算的最基本的方法。因为不论什么特点的制造企业，不论什么类型的产品生产，也不论管理要求如何，最终都必须按照产品品种计算出产品成本。因此，按照产品品种计算产品成本，是成本计算最一般、最起码的要求。

小提示

根据产品的生产类型和计算成本的难易程度，品种法又可分为两种：

（1）单品种的品种法，也称为简单法，即企业只生产一种产品，生产过程中发生的应计入产品成本的各种费用都是直接生产费用，不需要在各种产品之间分配，只需根据有关原始凭证及费用汇总表登记产品成本明细账（或产品成本计算单），将生产过程的费用汇总，得出完工产品的总成本，再除以产量，就是单位成本。

（2）多品种的品种法，即企业生产多种产品，生产过程中发生的应计入产品成本的各种费用要分产品品种来归集，分别登记各自的产品成本明细账（或产品成本计算单），计算出各自完工产品的总成本和单位成本。在该方法下，凡生产过程中发生的直接费用应直接计入各种产品成本计算单，间接费用则要采用适当的分配方法，在各种产品之间分配后计入各产品成本计算单。

（二）品种法的适用范围

（1）单步骤大量、大批生产的产品。在这种类型的生产中，产品的生产工艺过程不可能或者不需要划分为几个生产步骤，因而也就不可能或者不需要按照生产步骤计算产品成本，如发电、采掘、供水、供气、磨粉、粮食加工、铸造等企业的生产。

（2）不要求分步骤提供产品成本信息的多步骤大量、大批生产的产品，如果企业或车间的规模较小，或者车间是封闭式的（即从原材料投入到产品产出的全过程，都是在一个车间内进行的），或者生产是按流水线组织的，管理上不要求按照生产步骤计算产品成本，也可以采用品种法计算产品成本。如糖果厂、小砖瓦厂、小水泥厂、小瓷厂等企业的生产。

（3）企业内的供水、供电、蒸汽等辅助生产车间，计算提供给基本生产车间及其他车间或部门使用的水、电、汽的劳务成本。

二、品种法的主要特点

（一）成本计算对象

在采用品种法计算产品成本的企业或车间里，要以产品的品种（即企业的最终完工产品）为成本计算对象，开设“基本生产成本”明细账，并在账内按成本项目设立专栏或专行。

（二）成本计算期

成本计算期是每月的会计报告期。由于采用成本法计算成本的企业基本上是大量大批生产，意味着不断投入料工费，不断有产品完工，难以按照产品的生产周期来归集生产费用，计算产品成本，只能把按日历月份确定的会计报告期作为成本计算期。因此，产品成本是按月定期计算的，与会计报告期一致，而与产品生产周期不一致。

（三）月末费用在完工产品与在产品之间的分配

在单步骤生产中，月末计算成本时，一般不存在尚未完工的在产品，或者在产品数量很小，因而可以不计算在产品成本。在这种情况下，产品成本明细账中按成本项目归集的生产费用，就是该产品完工产品的总成本；在一些规模较小，而且管理上又不要求按照生产步骤计算成本的大量、大批的多步骤生产中，月末一般都有在产品，而且数量较多，这就需要将产品成本明细账中归集的生产费用，选择适当的分配方法，在完工产品与月末在产品之间进行分配，以便计算完工产品成本和月末在产品成本。

三、品种法的成本计算程序

（一）开设成本、费用明细账

（1）按照成本计算对象——产品品种设置“基本生产成本”明细账（或成本计算单），账内按成本项目设立专栏或专行，用以归集费用和计算成本。如果有月初在产品的成本，还应在基本生产成本明细账中登记月初在产品成本。

（2）设置“辅助生产成本”、“制造费用”、“废品损失”、“管理费用”、“销售费用”、“财务费用”等账户，并按费用的经济用途、成本项目和费用项目设置明细账。

（二）归集和分配各种要素费用，并做相关的会计分录

根据当月各项生产费用的原始凭证和其他有关资料，编制各种费用分配表或汇总表，分配各种要素费用。对于发生的各种直接费用，直接材料、直接人工等，能明确承担费用的具体产品时，可直接计入各该产品的“基本生产成本”或“辅助生产成本”明细账的相应成本项目中；不能明确承担费用的具体产品时，应按一定标准进行分配后再计入各该产品的“基本生产成本”或“辅助生产成本”明细账的相应成本项目中；对于发生的间接费用，计入“制造费用”账户中予以归集；对于发生的各种期间费用，则分别计入“管理费用”、“销售费用”、“财务费用”等账户中。

（三）归集和分配辅助生产费用并做相关的会计分录

（1）根据上述发生的要素费用，登记辅助生产成本明细账。

（2）月末，编制辅助生产成本分配表，将辅助生产成本明细账中归集的生产费用，采用适当的方法分配给各受益对象，并据以登记有关的成本费用明细账。

小提示

若辅助生产车间单独设置“制造费用”账户核算间接费用，则应该先分配辅助生产车间的“制造费用”，然后再分配结转“辅助生产成本”。

（四）归集和分配基本车间的制造费用并做相关的会计分录

（1）根据上述发生的要素费用，登记“制造费用”明细账。

（2）月末，将各个基本生产车间“制造费用”明细账上所归集的费用，采用一定的方法，在各该车间生产的各种产品之间进行分配，编制制造费用分配表，并计入各种产品的“基本生产成本”明细账。

（五）分配计算各种完工产品和在产品成本并做相关的会计分录

（1）根据上述发生的要素费用，登记“基本生产成本”明细账。

（2）月末，将各个产品的“基本生产成本”明细账（或成本计算单）上所归集的各种生产费用连同月初在产品成本，分别按成本项目进行加总，确定期末累计全部生产费用。如果没有月末在产品，则所归集的全部生产费用就是完工产品总成本；如果有月末在产品，则采用适当的分配方法，将生产费用在完工产品和月末在产品之间进行分配，确定完工产品和月末在产品成本。编制完工产品成本汇总表，计算各种完工产品的总成本和单位成本。

（六）归集和分配期间费用并做相关的会计分录

（1）根据上述发生的要素费用，登记“管理费用”、“销售费用”、“财务费用”明细账。

（2）期末，将“管理费用”、“销售费用”、“财务费用”明细账上所归集的费用，全部结转至当期损益。

小提示

期末结转期间费用的方法有两种：

1. 表结法

表结法即用“利润表”结转期末损益类项目，计算体现期末财务成果的方法。每月月末只结出损益类科目（包括期间费用）的月末余额，但不结转到“本年利润”科目，只有在年末结转时才使用“本年利润”科目。

2. 账结法

账结法是通过编制记账凭证来完成损益结转工作的方法。即在账上每月进行损益类科目（包括期间费用）的结转，每月末结出销售费用、管理费用和财务费用的余额，并从各科目的反方向结转入“本年利润”科目。期间费用的3个科目在月末结转后均无余额。

品种法的成本具体计算程序如图9-1所示。

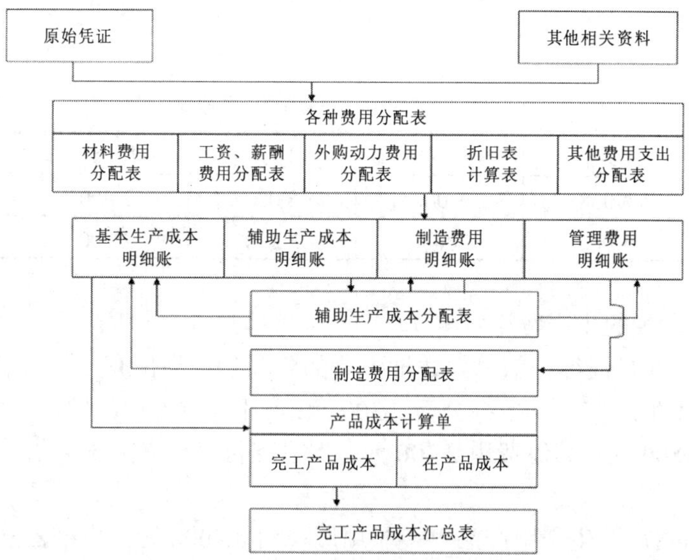

图 9-1 产品成本计算程序图

工作任务

通海工厂大量生产甲、乙两种产品，该厂设有一个基本生产车间和一个供电辅助生产车间。供电车间分别为基本生产车间和管理部门供电。该厂生产工艺属于单步骤生产。根据生产特点和管理要求，确定采用品种法计算甲、乙两种产品的成本。辅助生产车间不单独设置制造费用账户核算；该企业不单独核算废品损失，基本生产成本账户设"直接材料"、"燃料及动力"、"直接人工"和"制造费用"四个成本项目。2014 年 10 月有关资料如表 9-1、表 9-2 所示。

1. 10 月产量资料

表 9-1 10 月产量表 金额单位：元

产品名称	月初在产品	本月投产	本月完工	月末在产品	完工率
甲产品	500	6 700	7 200	0	
乙产品	450	3 980	4 000	430	50%

2．月初在产品成本

表 9-2　月初在产品成本　　金额单位：元

产品名称	直接材料	燃料及动力	直接人工	制造费用	合计
甲产品	4 038	1 000	6 000	2 900	13 938
乙产品	5 000	800	3 100	2 000	10 900

3．10 月发生的生产费用

（1）根据 10 月银行存款付款凭证汇总的各项货币支出有：供电车间发生办公费 610 元；基本生产车间发生办公费 2 300 元；企业行政管理部门发生办公费 2 000 元，差旅费 1 800 元，其他费用 2 400 元；本月支付已预提的长期借款的利息费用 3 000 元。

（2）材料费用。生产甲产品直接领用原材料 40 000 元，生产乙产品直接领用原材料 23 000 元，生产甲、乙产品共同领用原材料 34 000 元（甲、乙产品材料定额耗用量分别为 2 000 千克、1 400 千克），基本生产车间领用原材料 4 000 元。供电车间领用消耗性材料 7 000 元，行政管理部门领用原材料 1 600 元。甲、乙两种产品共同耗用材料按定额耗用量比例分配。

（3）本月职工薪酬。生产工人工资 110 000 元，供电车间工人工资 10 000 元，基本车间管理人员工资 9 000 元，厂部管理人员工资 20 000 元。生产工人工资按甲、乙产品工时比例分配。

（4）折旧费用。上月月初基本生产车间固定资产折旧费 8 000 元，上月增加固定资产的折旧额 400 元，上月减少固定资产的折旧额 300 元。上月月初供电车间固定资产折旧费 1 000 元，上月增加固定资产的折旧额 200 元，上月减少固定资产的折旧额 500 元。上月月初行政管理部门固定资产折旧费 3 000 元，上月增加固定资产的折旧额 600 元，上月减少固定资产的折旧额 100 元。

（5）工时记录。甲产品本月实际生产工时 7 000 小时，乙产品本月实际生产工时 3 000 小时。

（6）该厂银行短期借款利息采用按月预提季末结算的办法。本期计提利息费用 3 000 元。

（7）辅助生产费用按用电量采用直接分配法分配。供电车间本月供电 40 000 千瓦·时，产品生产用 30 000 千瓦·时，基本生产车间一般耗用 5 000 千瓦·时，厂部管理部门消耗 5 000 千瓦·时，甲、乙两种产品共同耗用的电费按甲、乙产品工时比例分配。

（8）制造费用按甲、乙产品工时比例分配。

（9）按约当产量分配计算月末在产品成本，甲产品耗用的原材料随加工进度陆续投入，乙产品耗用的原材料于生产开始时一次投入。

下面以通海工厂 10 月各项费用资料为例，说明产品成本计算的程序和相应的账务处理。

工作过程

一、根据各项费用的原始凭证和其他有关资料，编制各种费用分配表，分配各项要素费用，并做相关的会计分录

（1）根据 10 月银行存款付款凭证汇总编制各项货币支出（假定全部用银行存款支付）汇总表，见表 9-3。

表 9-3 银行存款付款凭证汇总表

2014 年 10 月 金额单位：元

应借科目			金额
总账科目	明细科目	成本或费用项目	
辅助生产成本	供电车间	制造费用	610
制造费用	基本生产车间	办公费用	2 300
管理费用		办公费用	2 000
		差旅费用	1 800
		其他费用	2 400
	小计		6 200
应付利息	支付利息费用		3 000
合计			12 110

会计分录：

借：辅助生产成本——供电车间　　610

　　制造费用——基本生产车间　　2 300

　　管理费用　　6 200

　　应付利息　　3 000

　　贷：银行存款　　12 110

（2）根据 12 月原材料用途归类的领退料凭证和有关的费用分配标准，编制原材料费用分配表，见表 9-4。

表 9-4　原材料费用分配表

车间、部门	产品	直接耗用材料	共同耗用材料			耗用原材料金额
			定量耗用量	分配率	金额	
基本生产车间	甲产品	40 000	2 000	10	20 000	60 000
	乙产品	23 000	1 400	10	14 000	37 000
	合计	63 000	3 400		34 000	97 000
供电车间		7 000				7 000
基本生产车间		4 000				4 000
管理部门		1 600				1 600
合计		75 600			34 000	109 600

会计分录：

借：基本生产成本——甲产品（直接材料）　60 000
　　　　　　　——乙产品（直接材料）　37 000
　　辅助生产成本——供电车间　7 000
　　制造费用　4 000
　　管理费用　1 600
　　贷：原材料　109 600

（3）根据各车间、部门的工资薪酬结算凭证，编制职工薪酬分配表，见表 9-5。

表 9-5　职工薪酬分配表

应借科目	工资薪酬			合计
	分配标准	分配率	金额	
基本生产成本——甲产品	7 000	11	77 000	77 000
基本生产成本——乙产品	3 000	11	33 000	33 000
小计	10 000		110 000	110 000
辅助生产成本——供电车间			10 000	10 000
制造费用			9 000	9 000
管理费用			20 000	20 000
合计			149 000	149 000

会计分录：

借：基本生产成本——甲产品（直接人工）　77 000
　　　　　　　——乙产品（直接人工）　33 000
　　辅助生产成本——供电车间　10 000

制造费用　　9 000
管理费用　　20 000
贷：应付职工薪酬　　149 000

（4）根据各车间、部门的本月应计提折旧的固定资产原价及月折旧率计算本月应计提固定资产折旧，编制固定资产折旧费用分配表，见表 9-6。

表 9-6　固定资产折旧费用分配表

2014 年 10 月　　金额单位：元

车间、部门	9 月初固定资产折旧额	9 月增加固定资产的折旧额	9 月减少固定资产的折旧额	本月固定资产折旧额
基本生产车间	8 000	400	300	8 100
供电车间	1 000	200	500	700
行政管理部门	3 000	600	100	3 500
合计	12 000	1 200	900	12 300

会计分录：
借：制造费用　　8 100
　　辅助生产成本——供电车间　　700
　　管理费用　　3 500
　　贷：累计折旧　　12 300

二、根据预提利息费用明细账记录，编制费用分配表，分配该费用

应根据当月预提利息费用的预提费用分配表登记。该分配表如表 9-7 所示。

表 9-7　预提费用分配表　　2014 年 10 月

摘要	应借科目		应贷金额（元）
	总账科目	明细科目	
本月预提利息费用 3 000 元	财务费用	利息支出	3 000

会计分录：
借：财务费用　　3 000
　　贷：应付利息　　3 000

三、归集和分配辅助生产费用并做相关的会计分录

根据上述各种费用分配表，登记辅助生产成本明细账（见表 9-8）、辅助生产费用分配表（见表 9-9）。

表 9-8 辅助生产成本明细账

车间名称：供电车间　　2014 年 10 月　　金额单位：元

摘要	机物料消耗	工资薪酬	折旧费	办公费	合计	转出
付款凭证汇总表				610	610	
材料费用分配表	7 000				7 000	
工资薪酬分配表		10 000			10 000	
折旧费用分配表			700		700	
辅助生产费用分配表						18 310
合计					18 310	

表 9-9 辅助生产费用分配表　　金额单位：元

应借科目	工资薪酬			合计
	分配标准	分配率	金额	
基本生产成本——甲产品	7 000	1.3 725	9 612.75	9 612.75
基本生产成本——乙产品	3 000	1.3 725	4 119.75	4 119.75
小计	10 000		13 732.50	13 732.50
制造费用	5 000	0.45 775	2 288.75	2 288.75
管理费用	5 000	0.45 775	2 288.75	2 288.75
合计			18 310.00	18 310.00

辅助生产费用分配率＝18 310÷40 000＝0.45 775

产品生产用电费＝30 000×0.45 775＝13 732.50（元）

产品生产用电费分配率＝13 732.50÷（7 000＋3 000）＝1.37 325

甲产品承担电费＝1.37 325×7 000＝9 612.75（元）

乙产品承担电费＝1.37 325×3 000＝4 119.75（元）

基本生产车间一般耗用电费＝5 000×0.45 775＝2 288.75（元）

厂部管理部门耗用电费＝5 000×0.45 775＝2 288.75（元）

会计分录：

借：基本生产成本——甲产品（燃料及动力）9 612.75

　　　　　　　　——乙产品（燃料及动力）4 119.75

　　制造费用　　2 288.75

　　管理费用　　2 288.75

　　贷：辅助生产成本——供电车间　　18 310.00

四、归集和分配基本生产车间的制造费用并做相关的会计分录

根据上列各种费用分配表和其他有关资料，登记基本生产车间的制造费用明细账，归集和分配基本生产车间的制造费用。见表9-10、表9-11。

表9-10 制造费用明细账 金额单位：元

摘要	机物料消耗	工资薪酬	折旧费	办公费	电费	合计	转出
付款凭证汇总表				2 300		2 300	
材料费用分配表	4 000					4 000	
工资薪酬分配表		9 000				9 000	
折旧费用分配表			8 100			8 100	
辅助生产费用分配表					2 288.75	2 288.75	
制造费用分配表							25 688.75
合计	4 000	9 000	8 100	2 300	2 288.75		

表9-11 制造费用分配表 金额单位：元

项目	生产工时	分配率	分配额
甲产品	7 000		17 982.125
乙产品	3 000		7 706.625
合计	10 000	2.568 875	25 688.75

会计分录：

借：基本生产成本——甲产品（制造费用） 17 982.125

——乙产品（制造费用） 7 706.625

贷：制造费用——基本生产车间 25 688.75

五、根据上列各种费用分配表和其他有关资料，登记管理费用明细账和财务费用明细账，归集和结转管理费用和财务费用并做相关的会计分录

（1）管理费用明细账格式见表9-12。

表9-12 管理费用明细账 金额单位：元

摘要	机物料消耗	工资薪酬	折旧费	办公费	差旅费	电费	其他	合计
付款凭证汇总表				2 000	1 800		2 400	6 200
材料费用分配表	1 600							1 600

摘要	机物料消耗	工资薪酬	折旧费	办公费	差旅费	电费	其他	合计
工资薪酬分配表		20 000						20 000
折旧费用分配表			3 500					3 500
辅助生产费用分配表						2 288.75		2 288.75
本月合计	1 600	20 000	3 500	2 000	1 800	2 288.75	2 400	33 588.75
本月转出	1 600	20 000	3 500	2 000	1 800	2 288.75	2 400	33 588.75

（2）根据管理费用明细账编制转账凭证，将其归集的管理费用结转计入当月损益。

会计分录：

借：本年利润　　　　33 588.75

　　贷：管理费用　　　　33 588.75

（3）财务费用明细账如表 9-13 所示。

表 9-13　财务费用明细账　　金额单位：元

月	日	摘要	利息支出	汇总损失	财务手续费	合计
10	31	预提本月利息费用	3 000			3 000
10	31	本月合计	3 000			3 000
10	31	本月结转	3 000			3 000

（4）根据财务费用明细账编制转账凭证，将归集的财务费用结转计入当月损益。

会计分录：

借：本年利润　　　　3 000

　　贷：财务费用　　　　3 000

六、根据各种费用分配表和其他有关资料，登记产品成本明细账

分别归集甲、乙两种产品成本，并选择适当的方法，分配计算两种产品的完工产品成本和月末在产品成本。

（1）根据各种费用分配表，登记产品成本明细账的本月生产费用发生额。甲、乙两种产品成本明细账如表 9-14、表 9-15 所示。

表 9-14 基本生产成本明细账

产品名称：甲产品　　2014 年 10 月　　金额单位：元

摘要	直接材料	燃料及动力	直接人工	制造费用	合计
月初在产品成本	4 038	1 000	6 000	2 900	13 938
本月生产费用	60 000	9 612.75	77 000	17 982.125	164 594.875
合计	64 038	10 612.75	83 000	20 882.125	178 532.875
完工产品成本	64 038	10 612.75	83 000	20 882.125	178 532.875
单位成本（7 200 件）	8.89	1.47	11.53	2.90	24.80

表 9-15 基本生产成本明细账

产品名称：乙产品　　2014 年 10 月　　金额单位：元

摘要	直接材料	燃料及动力	直接人工	制造费用	合计
月初在产品成本	5 000	800	3 100	2 000	10 900
本月生产费用	37 000	4 119.75	33 000	7 706.625	81 826.375
合计	42 000	4 919.75	36 100	9 706.625	92 726.375
在产品约当产量	430	215	215	215	
分配率	9.48	1.17	8.56	2.30	
完工产品成本（4 000 件）	37 920	4 680	34 240	9 200	86 040
单位成本	9.48	1.17	8.56	2.30	21.51
月末在产品成本（430 件）	4 080	239.75	1 860	506.625	6 686.375

（2）根据乙产品的有关资料，计算分配乙产品完工产品成本与月末在产品成本如下：

直接材料费用分配率＝42 000÷（4 000＋430）＝9.48

完工乙产品应负担的直接材料费用＝9.48×4 000＝37 920（元）

乙在产品应负担的直接材料费用＝42 000–37 920＝4 080（元）

燃料及动力费用分配率＝4 919.75÷（4 000＋430×50%）＝1.17

完工乙产品应负担的燃料及动力费用＝1.17×4 000＝4 680（元）

乙在产品应负担的燃料及动力费用＝4 919.75–4 680＝239.75（元）

直接人工费分配率＝36 100/（4 000＋430×50%）＝8.56

完工乙产品应负担的直接人工费＝8.56×4 000＝34 240（元）

乙在产品应负担的直接人工费＝36 100–34 240＝1 860（元）

制造费用分配率＝9 706.625÷（4 000＋430×50%）＝2.30

完工乙产品应负担的制造费用＝2.30×4 000＝9 200（元）

乙在产品应负担的制造费用＝9 706.625–9 200＝506.625（元）

（3）根据甲、乙产品成本明细账中的产成品成本，汇编产成品成本汇总表，结转产成品成本。产成品成本汇总表如表 9-16 所示。

表 9-16 完工产品成本汇总表

产品名称：乙产品　　2014 年 10 月　　金额单位：元

成本项目	甲产品（7 200 件）		乙产品（4 000 件）	
	总成本	单位成本	总成本	单位成本
直接材料	64 038	8.89	37 920	9.48
燃料及动力	10 612.75	1.47	4 680	1.17
直接人工	83 000	11.53	34 240	8.56
制造费用	20 882.125	2.90	9 200	2.30
合计	178 532.875	24.80	86 040	21.51

会计分录：

借：库存商品——甲产品　　178 532.875

　　贷：基本生产成本——甲产品　　178 532.875

借：库存商品——乙产品　　86 040

　　贷：基本生产成本——乙产品　　86 040

小提示

品种法是产品成本计算最基本的方法，因而品种法的计算程序，体现着产品成本计算的一般程序。各种成本计算方法，除了产品成本明细账的设立和登记程序有所不同外，其他的计算程序基本相同。本模块的知识，既是对前述成本核算的总结，又为以后各模块的学习打下了基础。

项目小结

品种法是以产品品种作为成本计算对象，设置成本明细账，归集生产费用，计算产品成本的方法，按照产品品种计算成本，是产品成本计算的最一般、最起码的要求。品种法是最基本的产品成本计算方法。

品种法的特点：

（1）以产品品种作为成本计算对象；

（2）成本计算定期按月进行；

（3）月末在产品费用的处理。

品种法的适用范围：主要适用于大量大批的单步骤生产的企业。

品种法的计算程序：

（1）开设成本明细账；

（2）分配各种要素费用；

（3）分配辅助生产费用；

（4）分配基本生产车间制造费用；

（5）分配计算各种完工产品成本和在产品成本并结转产成品成本；

（6）结转期间费用。

项目训练

一、单项选择题

1．品种法是产品成本计算中的（ ）的方法。

A．最基本　　B．最重要　　C．最简化　　D．最复杂

2．采用品种法计算产品成本，成本计算期（ ）。

A．与会计报告期一致　　B．与会计报告期不一致

C．与生产周期一致　　D．与营业周期一致

3．品种法在产品成本明细账内按照（ ）设置专栏。

A．要素费用　　B．成本项目　　C．产品品种　　D．产品规格

4．采用品种法计算产品成本，应根据各种产品成本明细账中的本月完工产品成本，汇总编制（ ）。

A．完工产品费用结转表　　B．完工产品费用分配表

C．完工产品成本计算表　　D．完工产品成本汇总表

5．品种法是按照产品（ ）归集生产费用，计算产品成本的一种方法。

A．批别　　B．品种　　C．类别　　D．生产步骤

6．品种法适用于（ ）单步骤生产。

A．大量大批　　B．大量成批　　C．大量　　D．大批

7．在大量大批多步骤生产下，如果管理上不要求按照生产步骤计算产品成本

的，也可以采用（ ）计算产品成本。

A. 分批法　　B. 分类法　　C. 品种法　　D. 分步法

8. 品种法下，企业如果只生产一种产品，则其发生的生产费用全部都是（ ）。

A. 间接费用　　B. 直接费用　　C. 固定费用　　D. 变动费用

9. 品种法下，企业如果生产两种或两种以上产品，则需要按照各产品的（ ）分别开设成本明细账。

A. 批别　　B. 品种　　C. 类别　　D. 定额

10. 品种法一般都定期在（ ）计算产品的生产成本。

A. 生产周期末　　B. 产品销售时　　C. 月末　　D. 产品完工时

二、多项选择题

1. 下列产品成本计算方法属于基本方法是（ ）。

A. 品种法　　B. 分类法　　C. 代数分配法　　D. 分批法

2. 品种法适用于（ ）的成本计算。

A. 大批大量连续性单步骤的产品生产

B. 大型建筑物的建造

C. 大批大量连续性多步骤的产品生产，但不要求分步计算产品成本的生产

D. 小批单件的产品生产

3. 采用品种法在月末计算产品成本时，如果（ ），也可以不计算在产品成本。

A. 没有在产品

B. 在产品数量很少，且成本数额不大

C. 在产品数量很少，但成本数额很大

D. 在产品数量很多，且成本数额很大

4. 采用品种法计算产品成本，需根据各种费用分配表登记（ ）等。

A. 基本生产成本明细账　　B. 期间费用明细账

C. 辅助生产成本明细账　　D. 制造费用明细账

5. 根据其生产特点，下列（ ）适宜采用品种法。

A. 煤矿　　B. 发电厂　　C. 自来水厂　　D. 机械制造厂

6. 品种法是（ ）。

A. 最基本的成本计算方法　　B. 适用于小批量的单步骤生产

C. 不要求按产品批别计算成本　　D. 适用于大量大批单步骤生产

7. 品种法的特点主要体现在（ ）等方面。

A. 成本计算对象

B. 成本计算期

C．生产费用的归集

D．生产费用一般不需在完工产品与在产品之间进行分配

三、判断题

1．在一般情况下，品种法的成本计算期与生产周期是一致的。（ ）

2．品种法既不要求按照产品的批别计算成本，也不要求按照产品的生产步骤计算成本。（ ）

3．品种法的成本计算对象是每件产品。（ ）

4．品种法产品成本的计算一般都定期在每个月的月末进行。（ ）

5．采用品种法计算产品成本，月末如果没有在产品或在产品数量很少，且在产品成本的数额不大，也可以不计算在产品成本。（ ）

6．按照品种法，如果不计算在产品成本，则成本明细账中归集的生产费用，就是完工产品成本。（ ）

7．品种法是产品成本计算中的最重要的方法。（ ）

8．品种法的产品成本明细账内应按照产品的成本项目设立栏目。（ ）

9．品种法只适用于单步骤生产。（ ）

10．单步骤生产的企业由于工艺过程不能间断，因而只能按照产品的品种计算成本。（ ）

11．按品种法计算产品成本时，不存在将生产费用在各种产品之间分配的问题。（ ）

12．品种法下，成本计算期一般与会计报告期一致，而与生产周期不一致。（ ）

四、计算分析题

1．资料：某企业生产 A、B 两种产品，产品成本采用品种法计算。各种生产费用均为 A、B 两种产品共同耗用。原材料在生产开始时一次投入。A 产品期初在产品成本为 4 800 元：直接材料 1 900 元，直接工资 1 754 元，其他直接支出 246 元，制造费用 900 元。本月发生的生产费用为 27 960 元：原材料 16 000 元，其中，产品生产领用 12 000 元，企业行政管理部门领用 3 000 元，生产车间一般消耗领用 1 000 元；应付工资 10 160 元（按应付工资总额的 14%计提福利费），其中，生产工人工资 5 600 元，企业行政管理部门人员工资 2 760 元，生产车间管理人员工资 1 800 元；固定资产折旧费 1 800 元，其中，生产车间 1 000 元，企业行政管理部门 800 元。本月发生的各项消耗分别为：A 产品生产工时 800 小时，B 产品 600 小时；材料消耗量：A 产品 2 800 千克，B 产品 2 000 千克。A 产品本月完工 100 件，月末在产品 60 件，在产品加工程度为 60%。

要求：

（1）按消耗量比例在 A、B 两种产品之间分配本月材料费用；按生产工时比例在 A、B 两种产品之间分配本月工资费用。

（2）按约当产量法计算 A 完工产品成本。

2. 资料：某企业生产甲、乙两种产品，有一个基本生产车间和一个供电车间。产品成本采用品种法计算。2014 年 8 月有关成本计算资料如下：

（1）基本生产车间本月发生原材料费用 66 000 元：甲产品耗用 A 材料 20 000 元，乙产品耗用 B 材料 28 000 元，甲、乙产品共同耗用 C 材料 16 000 元，车间一般耗用 C 材料 2 000 元。C 材料定额消耗量：甲产品 6 000 千克，乙产品 4 000 千克。

（2）基本生产车间本月发生应付工资 28 600 元：基本生产车间工人工资 24 000 元，基本车间管理人员工资 4 600 元。基本生产车间产品生产工时：甲产品 300 小时，乙产品 500 小时。

（3）基本生产车间月初在用固定资产原值 600 000 元，固定资产月折旧率为 2%。

（4）供电车间供电 1 200 千瓦·时，计 9 600 元：提供给基本生产车间 800 千瓦·时，其中甲产品 300 千瓦·时，乙产品 400 千瓦·时，车间管理部门 100 千瓦·时；提供给企业管理部门 400 千瓦·时。

（5）甲产品完工 200 件，月末没有在产品。乙产品本月完工 160 件，月末在产品 40 件，完工程度为 50%，原材料在生产开始时一次投入。甲产品月初在产品成本为 12 000 元，其中，直接材料 5 000 元，直接工资 2 632 元，燃料及动力 368 元，制造费用 4 000 元；乙产品月初在产品成本为 25 000 元，其中，直接材料 14 000 元，直接工资 4 386 元，燃料及动力 614 元，制造费用 6 000 元。

要求：

（1）对各项要素费用进行分配（C 材料按定额消耗量比例分配，基本生产工人工资按产品生产工时比例分配）。

（2）对辅助生产费用进行分配。

（3）对制造费用进行分配（按产品生产工时比例分配）。

（4）登记甲、乙产品成本明细账，计算甲、乙产品成本。

（5）编制完工产品成本汇总表。

产品成本明细账

产品名称：甲产品　　　　年　　月　　　　产量：200 件

摘要	直接材料	燃料及动力	直接人工	制造费用	合计
月初在产品成本					
分配材料费用					
分配工资薪酬费用					
分配动力费用					
分配制造费用					
月计					
累计					
减：月末在产品成本					
完工产品成本					
单位成本					

产品成本明细账

产品名称：乙产品　　　　年　　月　　　　产量：160 件

摘要	直接材料	燃料及动力	直接人工	制造费用	合计
月初在产品成本					
分配材料费用					
分配工资薪酬费用					
分配动力费用					
分配制造费用					
月计					
累计					
减：月末在产品成本					
完工产品成本					
单位成本					

完工产品成本汇总表

产品名称	产量/件	直接材料	燃料及动力	直接人工	制造费用	合计	单位成本
甲产品							
乙产品							
合计							

3．资料：某企业设有一个基本生产车间和供电、锅炉两个辅助生产车间，大量生产甲、乙两种产品。根据生产特点和管理要求，采用品种法计算产品成本，有关2014年10月成本计算资料如下：

（1）月初在产品成本：

甲产品月初在产品成本30 000元，其中直接材料10 000元，直接人工12 000元，制造费用8 000元；乙产品无在产品。

（2）本月生产数量：

甲产品本月实际生产工时40 000小时，本月完工800件，月末在产品400件，在产品原材料已全部投入，加工程度为50%；乙产品本月实际生产工时20 000小时，本月完工400件，月末无在产品。

供电车间本月供电30 000千瓦·时，其中锅炉车间用3 000千瓦·时，产品生产用20 000千瓦·时，基本生产车间一般耗用5 000千瓦·时，厂部管理部门消耗2 000千瓦·时。

锅炉车间本月供气15 000立方米，其中供电车间用1 000立方米，产品生产用10 000立方米，基本生产车间一般耗用2 000立方米，厂部管理部门消耗2 000立方米。

（3）本月发生的生产费用

① 材料费用：

发出材料汇总表　　　　金额单位：元

用途	直接领用	共同耗用	合计
产品生产直接消耗	60 000	20 000	80 000
甲产品	20 000		20 000
乙产品	40 000		40 000
基本生产车间一般耗用	10 000		10 000
供电车间消耗	500		500
锅炉车间消耗	1 000		1 000
厂部管理部门消耗	600		600
合计	72 100	20 000	92 100

② 本月职工薪酬：

职工薪酬汇总表

2014年10月　　　　金额单位：元

人员类别	应付职工薪酬
生产工人	150 000
供电车间人员	15 000
锅炉车间人员	10 000
基本生产车间人员	12 000
厂部管理人员	23 000
合计	210 000

③ 本月计提折旧费50 000元，其中基本生产车间30 000元，锅炉车间1 000元，供电车间10 000元，厂部管理部门9 000元。

④ 本月以银行存款支付的费用28 000元，其中基本生产车间水费12 000元，办公费3 200元；锅炉车间水费1 800元；供电车间外购电力和水费5 000元；厂部管理部门办公费4 000元，差旅费2 000元。

要求：

（1）开设甲、乙产品生产成本明细账、供电车间、锅炉车间辅助生产成本明细账，开设基本生产车间制造费用明细账、管理费用明细账，其他总账、明细账从略。

（2）根据资料进行费用分配和成本计算，编制产品成本计算单、会计分录，并计入有关账户。

① 根据甲、乙产品直接消耗材料比例分配共同用料，根据发出材料汇总表和分配结果编制会计分录，并计入有关账户。

② 根据甲、乙产品的实际生产工时，分配产品生产工人薪酬，根据分配结果编制会计分录，并计入有关账户。

③ 编制本月计提折旧的会计分录，并计入有关账户。

④ 编制本月以银行存款支付的费用的会计分录，并计入有关账户。

⑤ 编制辅助生产费用分配表（按生产工时分配）。根据分配结果编制会计分录，并计入有关账户。

⑥ 编制制造费用分配表（按生产工时分配），根据分配结果编制会计分录，并计入有关账户。

⑦ 采用约当产量法计算甲产品月末在产品成本，编制甲、乙产品成本计算单，并编制结转完工甲、乙产品成本的会计分录。

项目 10 成本计算基本方法（分批法）训练

案例引入

通淮衬衫厂生产出口和内销各式衬衫，产品所用原料以化纤为主，也生产一部分布料。产品生产根据订单要求，有自产自销和来料加工两种形式。该厂生产过程分为设计裁剪、缝纫加工、平整包装（包括锁眼、打扣）三大步骤，与生产工艺过程相适应，该厂设有三个基本车间和一个机电修理小组。三个基本生产车间是：一车间（裁剪）、二车间（缝纫）、三车间（锁眼、打扣、整烫、包装）。每月投产的产品批别完工程度不同，为了缩短生产时间，集中力量完成每月内能完成的产品生产任务，加速企业资金周转，该厂每月下旬下达截批通知（通知哪些批号完工，哪些批号未完工移至下月继续加工），确定当月能完成的生产批号，各部门据以组织生产经营活动。财会部门根据截批通知设立产品成本明细账，并根据截批通知确定应在本月完工的产品批号，计算完工批号的产品成本。

任务 10.1 用一般意义的分批法计算产品成本

知识准备

一、分批法的特点

产品成本计算的分批法，是按照产品批别或件别作为成本计算对象，归集生产费用，计算产品成本的一种方法。由于每批或每件产品的品种、数量一般都是按照客户的订单确定，并下达生产任务通知单，因此，分批法也称订单法。其主要特点是：

1. 成本计算对象

成本计算对象是产品的批别（单件生产为件别）。分批法按每批或每件产品开设“基本生产成本”明细账或产品成本计算单。对能按批次划分的直接费用，可直接计入各该“基本生产成本”明细账的有关成本项目；对于不能明确批次的间接费用，先按发生地点归集，然后采用适当的分配方法，在各批产品之间进行分配，然后计入各产品成本明细账。

2. 成本计算期

成本计算期是每批或每件产品的生产周期。分批法的成本计算期与产品的生产周期基本一致，而与会计核算报告期不一致。因为在分批法下，批内产品一般都能同时完工，产品成本要在订单完工后才计算，因此，产品成本计算是不定期的。

3. 生产费用在完工产品与在产品之间的分配

采用分批法计算产品成本时，由于产品成本计算期与产品的生产周期一致，只有在某批次产品完工时才计算产品实际成本，因而成本费用一般不需要在完工产品与在产品之间进行分配。月末，如某批产品尚未完工，“基本生产成本”明细账上所归集的生产费用就是全部在产品成本；如某批产品全部完工，则“基本生产成本”明细账上所归集的生产费用就是全部完工产品成本。

小提示

如某批内产品有跨月陆续完工的情况，在月末计算成本时，一部分产品已完工，另一部分产品尚未完工，这时就有必要在完工产品与在产品之间分配费用，以便计算完工产品成本和月末在产品成本。如果跨月陆续完工的情况不多，月末完工产品数量占批量比重较小时，可以采用按计划单位成本、定额单位成本或近期相同产品的实际单位成本计算完工产品成本，从产品成本明细账中转出，剩余数额即为在产品成本。等到该批产品全部完工时，还应计算该批产品的实际总成本和单位成本，但对已经转账的完工产品成本，不作账面调整。这样做主要是为了计算先交货的成本。

二、分批法的适用范围

分批法一般适用于小批单步骤生产的企业，也可用于管理上不要求分步骤计算成本的多步骤生产企业，如机械、船舶、服装等制造企业。企业新产品试制车间、自制设备、工具或模具的辅助生产车间等也可采用分批法。

三、分批法的计算程序

分批法与品种法的成本计算程序基本一致，主要按以下程序进行：

（1）按产品批别设置“基本生产成本”明细账。主要是根据生产部门下达的生产任务通知单中规定的产品批号来设置。

（2）归集和分配生产费用。在月份内，必须将各批次产品的直接费用，按批号直接汇总计入各批产品成本明细账内；而发生的间接费用按照一定的标准在各批次产品之间进行分配，分别计入有关批次的产品成本明细账。

（3）计算完工产品成本和在产品成本。月末将完工批别的产品成本明细账中归集的生产费用汇总，计算出完工产品的实际总成本和单位生产成本；如果某批次产品月末有部分完工、部分未完工时，要采用适当分配方法，将生产费用合计数在完工产品和在产品之间进行分配。如果某批内产品跨月陆续完工的情况不多，月末完工产品数量占批量比重较小时，可以采用按计划单位成本、定额单位成本或近期相同产品的实际单位成本计算完工产品成本，从产品成本明细账中转出，剩余数额即为在产品成本。等到全部产品完工时，再计算该批全部产品的实际总成本和单位成本，但对已转账的完工产品成本，不作账面调整。

用一般意义的分批法计算产品成本的过程与品种法基本相同（见图 10-1），主要通过三个步骤完成。

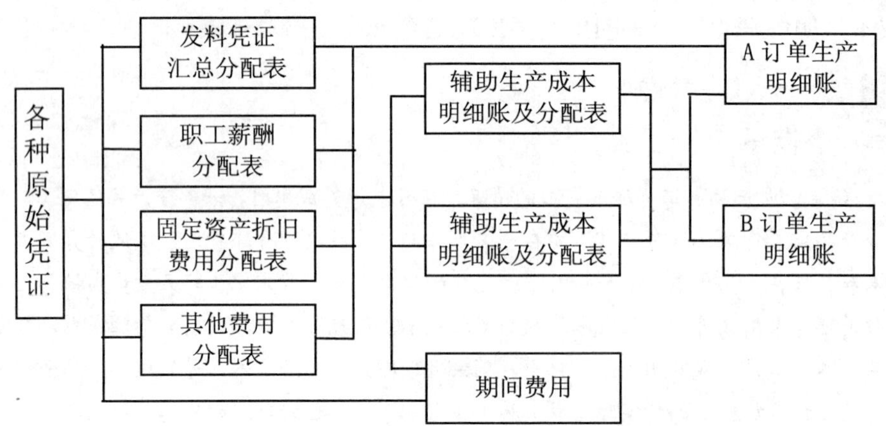

图 10-1 一般意义的分批法成本计算过程

工作任务

通河机械厂根据购买单位订货单小批生产甲、乙两种产品，采用分批法计算产品成本。2014 年 9 月的生产情况和生产费用支出情况的资料如下：

（1）本月生产产品的批号：

901 号甲产品 8 台，7 月投产，本月全部完工。

902 号甲产品 10 台，8 月投产，本月完工 2 台。

903 号乙产品 6 台，本月投产，全部未完工。

（2）有关生产费用资料：

① 各批产品的月初在产品费用见表 10-1。

表 10-1　月初在产品生产费用明细表　　金额单位：元

批号	直接材料	直接人工	制造费用	合计
901	15 000	2 000	1 500	18 500
902	22 000	3 500	2 000	27 500

② 根据各种费用分配表，汇总各批产品本月发生的生产费用详见表 10-2。

表 10-2　本月投入生产费用明细表　　金额单位：元

批号	直接材料	直接人工	制造费用	合计
901	—	6 500	750	7 250
902	—	4 300	1 020	5 320
903	10 500	6 700	3 200	20 400

（3）各批完工产品与在产品之间分配费用的方法：

902 号甲产品，本月末完工产品数量为 2 台。为简化核算，完工产品按计划成本转出，每台计划成本为：直接材料 2 100 元，直接人工 800 元，制造费用 280 元，合计 3 180 元。

工作过程

根据 9 月有关生产费用的资料，进行该月的成本核算，见表 10-3 至表 10-6。

表 10-3　产品成本明细账

产品批号：901　　投产日期：2014 年 7 月

产品名称：甲产品　　批量：8　　完工日期：2014 年 9 月　　金额单位：元

摘要	直接材料	直接人工	制造费用	合计
月初在产品成本	15 000	2 000	1 500	18 500
本月生产费用	—	6 500	750	7 250
生产费用合计	15 000	8 500	2 250	25 750
完工产品成本	15 000	8 500	2 250	25 750

表 10-4 产品成本明细账

产品批号：902　　投产日期：2014 年 8 月

产品名称：甲产品　批量：10　　完工日期：本月完工 2 台　　金额单位：元

摘要	直接材料	直接人工	制造费用	合计
月初在产品成本	22 000	3 500	2 000	27 500
本月生产费用	—	4 300	1 020	5 320
生产费用合计	22 000	7 800	3 020	32 820
完工产品成本	4 200	1 600	560	6 360
单位成本	2 100	800	280	3 180
月末在产品成本	17 800	6 200	2 460	26 460

表 10-5 产品成本明细账

产品批号：903　　投产日期：2014 年 9 月

产品名称：甲产品　批量：6　　完工日期：　　金额单位：元

摘要	直接材料	直接人工	制造费用	合计
本月生产费用	10 500	6 700	3 200	20 400
生产费用合计	10 500	6 700	3 200	20 400
月末在产品成本	10 500	6 700	3 200	20 400

表 10-6 产品成本汇总表

2014 年 9 月　　金额单位：元

批号	产品名称	计量单位	产量	成本项目			总成本	单位成本
				直接材料	直接人工	制造费用		
901	甲	台	8	15 000	8 500	2 250	25 750	3 218.75
902	甲	台	2	4 200	1 600	560	6 360	3 180
合计			—	10 500	6 700	3 200	20 400	—

任务 10.2 用简化分批法计算产品成本

知识准备

简化分批法账务处理的特点

1．设置“基本生产成本”二级账

必须设置“基本生产成本”二级账，同时按产品批别设置“产品成本”明细账。各批产品在完工之前，“产品成本”明细账内只需按月登记直接计入费用（如原材料费用）和生产工时。每月发生的间接计入费用，不是按月在各批产品之间进行分配，而是先将其归集在基本生产成本二级账中，按成本项目分别累计起来。

2．累计间接费用分配

“基本生产成本”二级账中累计的间接计入费用，只有在有产品完工的那个月份，按照产品累计工时的比例，对各批完工产品分配间接计入费用，计算各批完工产品成本；而对于未完工的在产品应负担的间接计入费用，则以总数反映在基本生产成本二级账中不进行分配，不分批计算在产品成本。计算公式如下：

$$\text{累计间接费用分配率}=\frac{\text{全部产品累计间接费用}}{\text{全部产品累计生产工时之和}}$$

某批完工产品应负担的间接费用＝该批完工产品累计工时×间接费用累计分配率

小提示

简化分批法是我国会计人员在成本计算方面的创造和发展。学习简化分批法一定要弄清其“简化”所在。

简化分批法的计算程序见图 10-2。

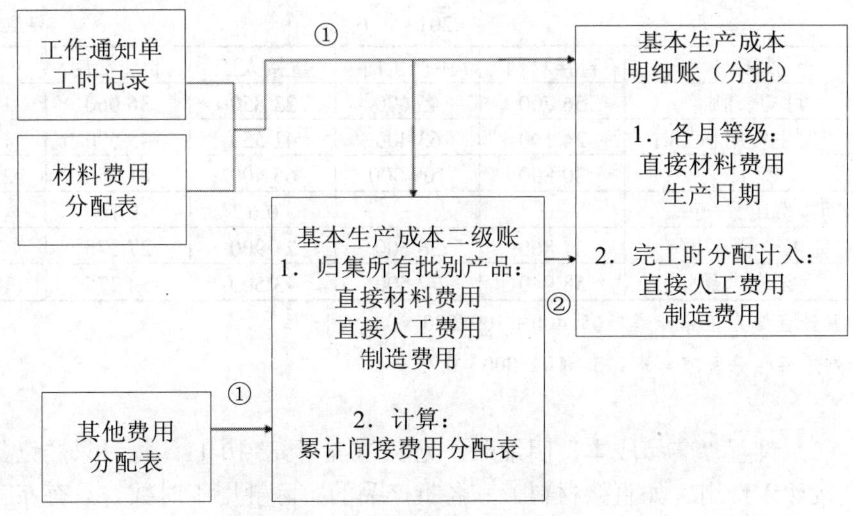

图 10-2 简化分批法的计算程序

工作任务

通风机械厂属于小批生产产品企业，由于产品批数多，但月末未完工产品也很多，为了简化成本计算工作，采用简化的分批法计算在产品成本。该企业 2014 年 6 月的产品批号有：

610 号：甲产品 8 件，4 月投产，本月完工。

611 号：甲产品 10 件，5 月投产，尚未完工。

612 号：乙产品 12 件，5 月投产，本月完工 2 件。

613 号：丙产品 6 件，6 月投产，尚未完工。

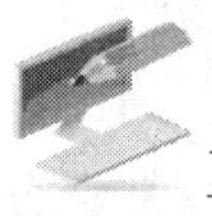

工作过程

（1）该企业设立的“基本生产成本”二级账，见表 10-7。在表 10-7 基本生产成本二级账中，分成本项目登记各批产品的全部生产费用和生产工时。本月发生的直接材料费用和生产工时，应根据本月直接材料费用分配表、生产工时记录，与各批产品成本明细账平行登记，计入“基本生产成本”二级账；本月发生的各项间接计入费用，应根据各该费用分配表汇总计入“基本生产成本”二级账。

表 10-7　基本生产成本二级账

2014 年 6 月　　金额单位：元

摘要	直接材料	生产工时	直接人工	制造费用	合计
月初余额	56 700	45 600	23 850	36 060	116 610
本月发生费用和工时	24 100	63 400	41 550	45 690	111 340
累计	80 800	109 000	65 400	81 750	227 950
间接费用分配率	—	—	0.6	0.75	—
完工产品转出	21 860	36 500	21 900	27 375	71 135
月末在产品	58 940	72 500	43 500	54 375	156 815

注：累计直接人工分配率＝65 400÷109 000＝0.6

累计制造费用分配率＝8 175÷109 000＝0.75

（2）设置“产品成本”明细账，见表 10-8 至表 10-11。每月只登记各批产品的直接计入费用（如直接材料）和各批产品的实际耗用工时数。只有在有产品完工的月份才分配登记间接计入费用。

表 10-8　产品成本明细账

产品批号：610　　投产日期：2014 年 4 月

产品名称：甲产品　批量：8　完工日期：2014 年 6 月　　金额单位：元

月	日	摘要	直接材料	生产工时	直接人工	制造费用	合计
6	1	月初余额	10 700	14 700	—	—	—
	30	本月发生	5 100	10 300	—	—	—
	30	累计数及分配率	15 800	25 000	0.6	0.75	—
	30	本月完工产品转出	15 800	25 000	15 000	18 750	49 550
	30	完工产品单位成本	1 975	—	1 875	2 343.75	6 193.75

表 10-9　产品成本明细账

产品批号：611　　投产日期：2014 年 5 月

产品名称：甲产品　批量：10　完工日期：　　金额单位：元

月	日	摘要	直接材料	生产工时	直接人工	制造费用	合计
6	1	月初余额	10 700	14 700	—	—	—
	30	完工产品单位成本	3 500	20 300	—	—	—

表 10-10　产品成本明细账

产品批号：612　　投产日期：2014 年 5 月

产品名称：乙产品　批量：12　完工日期：本月完工 2 件　　金额单位：元

月	日	摘要	直接材料	生产工时	直接人工	制造费用	合计
6	1	月初余额	25 000	15 000	—	—	—
	30	本月发生	11 360	20 000	—	—	—
	30	累计数及分配率	36 360	35 000	0.6	0.75	—
	30	本月完工产品转出	6 060	11 500	6 900	8 625	21 585
	30	完工产品单位成本	30 300	23 500	—	—	—

注：612 号所耗原材料按约当产量法计算，原材料在生产开始时一次投入。

表 10-11　产品成本明细账

产品批号：613　　投产日期：2014 年 6 月

产品名称：丙产品　批量：6　完工日期：　　金额单位：元

月	日	摘要	直接材料	生产工时	直接人工	制造费用	合计
6	30	本月发生	4 140	12 800	—	—	—

（3）产品成本汇总表，见表10-12。

表10-12　产品成本汇总表

2014年6月　　　　金额单位：元

批号	产品名称	计量单位	产量	成本项目			总成本	单位成本
				直接材料	直接人工	制造费用		
610	甲	件	8	15 800	15 000	18 750	49 550	6 193.75
612	甲	件	2	6 060	6 900	8 625	21 585	10 792.5
合计			—	21 860	21 900	27 375	71 135	—

根据“产品成本汇总表”，结转完工产品成本，编制会计分录如下：

借：库存商品——610号甲产品　　　　49 550

——612号乙产品　　　　21 585

贷：基本生产成本——610号甲产品　　　　49 550

——612号乙产品　　　　21 585

项目小结

分批法也叫订单法。分批法是按照产品的批别或件别作为成本核算对象，归集生产费用，计算产品成本的一种方法。分批法一般适用于小批单步骤生产的企业，也可用于管理上不要求分步骤计算成本的多步骤生产企业。

简化的分批法适用于同一月份投产的产品批数很多，且月末未完工的批数也较多的企业。采用简化的分批法必须设置“基本生产成本”二级账并按批别设置产品成本明细账。

项目训练

一、单项选择

1. 对于成本计算的分批法，下列说法正确的是（ ）。

A. 不存在完工产品与在产品之间费用分配问题

B. 成本计算期与会计报告期一致

C. 适用于小批、单件，管理上不要求分步骤计算产品成本的多步骤生产

D. 以上说法全部正确

2. 某企业采用分批法计算产品成本。6月1日投产甲产品5件，乙产品3件；

6 月 10 日投产甲产品 4 件，乙产品 4 件，丙产品 3 件；6 月 25 日投产甲产品 6 件。该企业 6 月应开设产品基本生产成本明细账的张数是（ ）。

A．3 张　　B．5 张　　C．4 张　　D．6 张

3．下列情况下，不宜采用简化分批法的是（ ）。

A．各月间接计入费用水平相差不大　　B．月末未完工产品批数较多

C．同一月份投产的批数很多　　D．各月间接计入费用水平相差较多

4．分批法的成本核算对象是（ ）。

A．产品订单　　B．产品批别　　C．生产计划　　D．产品品种

5．在单件小批多步骤生产条件下，如果管理上不要求分步骤计算产品成本，则采用的成本计算方法应该是（ ）。

A．分批法　　B．品种法　　C．分类法　　D．定额法

6．产品成本计算的分批法，适用的生产组织是（ ）。

A．大量成批生产　　B．大量小批生产

C．单件成批生产　　D．小批单件生产

7．采用简化的分批法，在产品完工之前，产品成本明细账（ ）。

A．不登记任何费用　　B．只登记直接费用和生产工时

C．只登记原材料费用　　D．登记间接费用，不登记直接费用

8．简化分批法是一种（ ）。

A．分批计算在产品成本的分批法　　B．不分批计算在产品成本的分批法

C．不计算在产品成本的分批法　　D．不分批计算完工产品成本的分批法

9．采用简化的分批法计算产品成本，全部产品累计间接费用分配率（ ）。

A．只是各批产品之间分配间接费用的依据

B．只是各批在产品之间分配间接费用的依据

C．既是各批产品之间，又是完工产品与月末在产品之间分配间接费用的依据

D．是完工产品与月末在产品之间分配间接费用的依据

10．采用简化的分批法，各批产品、完工产品与在产品之间间接费用的分配，都是依据（ ）进行的。

A．全部产品累计间接费用分配率　　B．全部产品累计生产工时

C．全部产品累计原材料费用分配率　　D．全部产品间接费用分配率

11．采用分批法计算产品成本时，应按（ ）。

A．每种产品设置产品成本明细账　　B．每批产品设置产品成本明细账

C．每个类别设置产品成本明细账　　D．每个步骤设置产品成本明细账

12．以下属于简化分批法特点的是（ ）。

A．分批计算完工产品成本

B．分批计算月末在产品成本

C．生产费用分配横纵两方向结合在一起进行

D．各项生产费用均不在各批产品之间进行分配

13．采用（ ）计算产品成本，必须设置基本生产成本二级账。

A．品种法　　B．简化分批法　　C．行结转分步法　　D．定额法

14．采用简化的分批法计算产品成本，对发生的间接费用，可以先在（ ）中，按成本项目累计起来。

A．产品成本明细账　　B．基本生产成本二级账

C．产品成本总账　　D．间接费用明细账

二、多项选择题

1．采用分批法计算产品成本时，如果批内产品跨月陆续完工的情况不多，完工产品数量占全部批量的比重很小，先完工的产品可以（ ）从产品成本明细账转出。

A．按计划单位成本计价　　B．按定额单位成本计价

C．按近期相同产品的实际单位成本计价　　D．按实际单位成本计价

2．分批法适用于（ ）。

A．小批生产　　B．管理上不要求分步计算成本的多步骤生产

C．分批轮番生产同一种产品　　D．单件生产

3．分批法成本计算的特点有（ ）。

A．以生产批号作为成本计算对象

B．产品成本计算期不固定

C．按月计算产品成本

D．一般不需要进行完工产品和在产品的成本分配

E．以生产批号或订单设置生产成本明细账

4．采用简化分批法，基本生产成本二级账与其所属各批次基本生产成本明细账核对内容包括（ ）。

A．基本生产成本二级账直接材料费用与各明细账余额之和相等

B．基本生产成本二级账中间接人工费用、制造费用与各明细账余额之和相等

C．基本生产成本二级账累计工时与各明细账累计工时之和相等

D．基本生产成本二级账期末余额与各明细账期末在产品成本之和相等

5．简化的分批法主要适用于（ ）的企业或车间采用。

A．同一月份投产产品的批数较多　　B．同一月份投产产品的批数较少

C．月末未完工产品的批数较多　　D．月末未完工产品的批数较少

E．各月间接费用水平相差不大

6．采用简化的分批法。在某批产品完工以前，该批产品的成本明细账上只需按月登记（ ）。

A．直接费用　　B．间接费用

C．生产工时　　D．全部产品累计间接费用分配率

7．简化分批法也被称之为（ ）。

A．累计间接费用分配法　　B．间接费用分配法

C．累计分配法　　D．不分批计算在产品成本的分批法

E．分批计算在产品成本的分批法

8．分批法与品种法的主要区别是（ ）。

A．成本计算对象　　B．成本计算期　　C．生产周期　　D．会计报告期

三、判断题

1．分批法成本核算对象是产品订单。（ ）

2．分批法成本计算期与产品生产周期是一致的。（ ）

3. 分批法适用于大量大批单步骤生产和管理上不要求分步骤计算成本的多步骤生产。（ ）

4．采用简化分批法，完工产品不分配结转间接计入费用。（ ）

5. 某批次完工产品应负担的间接计入费用，是根据该批产品累计工时和全部产品累计间接计入费用分配率计算的。（ ）

6. 采用简化的分批法计算产品成本，全部产品某项累计间接费用分配率等于全部产品该项本月间接费用除以全部产品累计生产工时。（ ）

7．分批法是按照产品的批别归集生产费用，计算产品成本的一种方法。（ ）

8．所有企业的成本计算期都是一个月。（ ）

9. 重型机器、船舶、精密仪器、专用设备及服装等的生产适用于分批法。（ ）

10．分批法月末通常不需要在完工产品和在产品之间分配生产费用。（ ）

11．分批法下，对于同一批别内先期完工并需要分批交货的产品，可采用估计成本来计算此部分完工产品的成本。（ ）

12．简化分批法也被称之为分批计算在产品成本的分批法。（ ）

13．采用简化分批法计算成本，在各批产品完工以前，对发生的间接费用，可以不按月在各批产品之间进行分配。（ ）

14．采用简化分批法计算成本，在各批产品完工以前，对发生的间接费用，只以总数的形式反映在产品成本二级账中。（ ）

15．简化的分批法适用于同一月份投产产品的批数较多，月末未完工产品的

批数也较多且各月间接费用水平相差不大的企业采用。( )

四、业务核算题

1．某公司生产 A、B 两种产品，生产组织为小批生产，成本计算采用分批法进行。5 月的产品批号为：5010 批号：A 产品 12 件，本月投产，本月完工 8 件；5011 批号：B 产品 12 件，本月投产，本月完工 3 件。

5 月各批号生产费用资料见下表：

生产费用分配表

金额单位：元

批号	直接材料	直接人工	制造费用
5010	39 990	24 660	29 980
5011	46 875	36 795	20 012

5010 批号 A 产品完工数量较大，原材料在生产开始时一次投入，其他费用在完工产品与在产品之间采用约当产量比例法分配，在产品完工程度为 50%。

5011 批号 B 产品完工数量较少，完工产品按计划成本结转。每台产品单位计划成本：直接材料 3 180 元，直接工资 4 400 元，制造费用 2 500 元。

要求：根据上述资料，采用分批法，登记产品成本明细账，计算各批产品的完工成本和月末在产品成本。

2．某企业根据订单生产产品，6 月的生产情况如下：

501 号：5 月投产乙产品 10 件，本月全部完工。

601 号：本月投产丙产品 8 件，计划 7 月份完工，本月提前完工 2 件。

其他有关资料如下：

（1）月初在产品成本中，直接材料 25 000 元，直接人工 18 000 元，制造费用 12 000 元。

（2）本月丙产品投入直接材料费用 12 000 元。501 号和 601 号本月共发生直接人工 42 000 元，制造费用 35 000 元（本月乙产品生产工时 8 000 工时，丙产品 6 000 工时）。

（3）丙产品完工数量较少，完工产品按计划成本结转。每件产品单位计划成本：直接材料 1 400 元，直接工资 3 200 元，制造费用 2 200 元。

要求：根据上述资料，采用分批法，计算各批完工产品的成本。

3．某公司生产组织属于小批生产，产品的批数多，月末有多个批号产品不能完工，产品成本计算采用简化的分批法进行。2 月产品批号：

2110 号：甲产品 6 件，1 月投产，2 月 25 日全部完工。

2111 号：乙产品 12 件，1 月投产，2 月完工 8 件。

2112 号：丙产品 6 件，1 月末投产，尚未完工。

2113 号：丁产品 8 件，2 月初投产，尚未完工。

各批号 2 月末累计原材料费用（原材料在生产开始时一次投入）和工时为：

2110 号：原材料费用 22 000 元，工时 1 000 小时。

2111 号：原材料费用 28 600 元，工时 2 650 小时。

2112 号：原材料费用 16 800 元，工时 950 小时。

2113 号：原材料费用 12 000 元，工时 800 小时。

2 月末，该公司全部产品累计原材料费用 79 400 元，工时 5 400 小时，直接人工 29 700 元，制造费用 8 100 元。

2 月末，完工产品工时 2 850 小时，其中乙产品 1 850 小时。

要求：（1）根据上列资料，登记产品成本二级账和各批产品生产成本明细账。

（2）计算和登记累计间接费用分配率。

（3）计算各批完工产品成本。

基本生产成本二级账

（各批产品总成本）　　　　金额单位：元

摘要	直接材料	生产工时	直接人工	制造费用	合计
累计					
全部产品累计间接费用分配率					
本月完工产品成本转出					
在产品					

产品成本明细账

产品批号：2110　　　　产品名称：甲产品　　　　批量：

开工日期：　　　　完工日期：　　　　金额单位：元

摘要	直接材料	生产工时	直接人工	制造费用	合计
累计					
全部产品累计间接费用分配率					
本月完工产品					
单位产品成本					

产品成本明细账

产品批号：2111　　　　　　产品名称：乙产品　　　　　　　　　　　　　　批量：

开工日期：　　　　　　　　完工日期：　　　　　　　　　　　　　　金额单位：元

摘要	直接材料	生产工时	直接人工	制造费用	合计
累计					
全部产品累计间接费用分配率					
本月完工产品					
单位产品成本					

产品成本明细账

产品批号：2112　　　　　　产品名称：丙产品　　　　　　　　　　　　　　批量：

开工日期：　　　　　　　　完工日期：　　　　　　　　　　　　　　金额单位：元

摘要	直接材料	生产工时	直接人工	制造费用	合计
累计					

产品成本明细账

产品批号：2113　　　　　　产品名称：丁产品　　　　　　　　　　　　　　批量：

开工日期：　　　　　　　　完工日期：　　　　　　　　　　　　　　金额单位：元

摘要	直接材料	生产工时	直接人工	制造费用	合计
累计					

4．某公司采用简化分批法计算产品成本，有关资料如下：

（1）2014 年 3 月生产批号有：

3001 批号：A 产品 9 件，2 月投产，3 月 26 日全部完工；

3002 批号：B 产品 21 件，2 月投产，3 月完工 11 件；

3003 批号：C 产品 16 件，2 月投产，尚未完工；

3004 批号：D 产品 18 件，3 月投产，尚未完工。

（2）各批号产品 3 月末累计原材料费用（原材料在生产开始时一次投入）和生产工时为：

3001 批号：原材料 43 600 元，工时 1 250 小时；

3002 批号：原材料 60 400 元，工时 2 500 小时；

3003 批号：原材料 24 000 元，工时 880 小时；

3004 批号：原材料 19 500 元，工时 760 小时。

（3）3 月末，该公司全部累计原材料费用 147 500 元，累计工时 5 390 小时，累计直接燃料及动力 64 680 元，累计直接人工 16 709 元，累计制造费用 26 950 元。

（4）3 月末，该公司完工产品工时 3 100 小时，其中 B 产品 1 850 小时。

要求：（1）计算全部产品累计间接费用分配率。

（2）按批号计算完工产品成本。

（3）计算月末在产品成本。

项目 11 成本计算基本方法（分步法）训练

案例引入

红光机床厂为大量大批生产的中型国有企业，生产过程分为铸工、加工（下设两个生产车间）和装配三个步骤，从事 HG-3 130 磨床、HG-4 250 钻床和 HG-5 140 铣床的生产。另外设有机修和供汽两个辅助生产车间。

生产工艺流程是：铸工车间根据生产计划浇铸各种铁铸件，经检验合格后送交自制半成品仓库；加工车间分别从仓库领用各种铸件，经不同工序加工制成各种不同的零部件，直接送交装配车间；装配车间将收到的零部件连同由仓库领来的外购件等组装成各种机床，经检验合格后送交成品仓库。

该厂实行厂部和车间两级核算，成本计算方法以分步法为主，结合运用品种法和分批法。铸工车间以铁铸件和铝铸件作为成本计算对象，采用品种法计算铸件成本；铸工车间、半成品仓库、加工车间之间，采用逐步综合结转的方法结转各种铸件成本；加工车间和装配车间以磨床、钻床和铣床三种产品作为成本计算对象，采用分批法计算各机床成本；加工车间和装配车间之间采用平行结转的方法结转产品成本。

知识准备

一、分步法的特点

产品成本计算的分步法，是按照产品的品种及生产步骤归集生产费用，计算产品成本的一种方法。

（一）成本计算对象

分步法的成本计算对象是各种产品的生产步骤。因此，在计算产品成本时，应按照产品的生产步骤设立基本生产成本明细账。如果只生产一种产品，成本计算对象就是该种产成品及其所经过的各生产步骤，基本生产成本明细账应该按照产品的生产步骤开立。如果生产多种产品，成本计算对象则是各种产成品及其所经过的各生产步骤。基本生产成本明细账应该按照每种产品的各个生产步骤开立。在进行成本计算、分配和归集生产费用时，单设成本项目的直接计入费用，直接计入各成本计算对象；单设成本项目的间接计入费用，分配计入各成本计算对象；不单设成本项目的费用，一般先按车间、部门或者费用用途归集为综合费用，月末再直接计入或分配计入各成本计算对象。

小提示

在实际工作中，产品成本计算的分步与产品生产步骤的划分不一定完全一致。企业可根据管理的要求，本着简化计算工作的原则，确定成本计算对象。

（二）成本计算期

分步法的成本计算期是每月的会计报告期，而不是生产周期。这是因为分步法适用于多步骤的大量大批生产。大量大批生产意味着不断投入原材料不断有产品完工，没有必要按生产周期计算成本，因此，成本计算一般都是按月、定期进行，因而与产品的生产周期不相一致。

（三）生产费用在完工产品与在产品之间分配

在大量大批的多步骤生产中，由于生产过程较长且可以间断，产品往往都是跨月陆续完工，月末各步骤一般都存在未完工的在产品。因此，在成本计算时，还需要采用适当的分配方法，将汇集在基本生产成本明细账中的生产费用，在完工产品与在产品之间进行分配计算各该产品、各该生产步骤的完工半成品（最后步骤为完工产成品）和在产品成本。

（四）各步骤之间结转成本

由于产品生产是分步骤进行的，上一步骤生产的半成品是下一步骤的加工对象。因此，为了计算各种产品的产成品成本，还需要按照产品品种，结转各步骤成本。也就是说，与其他成本计算方法不同，采用分步法计算产品成本时，各步骤之间还需进行成本结转，这是分步法的一个重要特点。

小提示

由于各企业生产工艺过程的特点和成本管理对各步骤成本资料的要求（要不要计算半成品成本）不同，以及对简化成本计算工作的考虑，各生产步骤成本的计算和结转采用两种不同的方法：逐步结转和平行结转。因而，产品成本计算的分步法也就相应地分为逐步结转分步法和平行结转分步法两种。

二、适用范围

分步法主要适用于大量、大批的多步骤生产，因为在这些企业中，产品生产可以划分为若干个生产步骤进行。例如，纺织企业生产可分为纺纱、织布、印染等步骤；冶金企业生产可分为炼铁、炼钢、轧钢等步骤；机器制造企业生产可分为铸造、加工、装配等步骤。每个产品生产步骤除了生产出半成品（最后一个步骤生产的产成品）外，还有一些加工中的在产品。已生产出的这些半产品，可能用于下一步骤的继续加工或装配，也可能对外销售。为了适应这种生产特点，加强成本管理，不仅要求按照产品品种归集生产费用，计算产品成本，而且要求按照产品的生产步骤归集生产费用，计算各步骤产品成本，提供反映各种产品及其各生产步骤成本计划执行情况的资料。

任务 11.1　用逐步结转分步法计算产品成本

知识准备

逐步结转分步法（又称为计算半成品成本分步法或顺序结转分步法），是指按照产品生产加工步骤的先后顺序，逐步计算并结转半成品成本，依次直至最后步骤累计计算出产成品成本的一种成本计算方法。逐步结转分步法就是为了计算半成品成本而采用的一种分步法。

一、逐步结转分步法的特点

（1）半成品的成本要随着半成品的实物转移而结转。在逐步结转分步法下，当某一步骤半成品完工，实物转入半成品仓库或直接转入下一步骤加工时，其成本也随之转入“自制成品成本明细账”或下一步骤“基本生产成本明细账”。

（2）各步骤“基本生产成本明细账”归集的费用，包括本步骤自身发生的费用和上一步骤完工转入的半成品成本。

小提示

只就某一步骤的成本计算方法而言，其实就是品种法，逐步结转分步法实际上就是品种法的多次连续应用。

（3）逐步结转分步法下的在产品是狭义的在产品。不包括各步骤已完工的半成品，只包括在各个步骤加工中的在产品。

二、逐步结转分步法的适用范围

逐步结转分步法通常适用于连续加工式多步骤生产的产品计算，如棉纺织企业，生产工艺过程包括纺纱和织布两大步骤。在纺纱步骤中，原料（原棉）投入生产后，经过清花、梳棉、并条、粗纺、细纱等工序，纺成各种棉纱；然后送往织布步骤，经过络经、整经、浆纱、穿箱、织造等工序，织成各种棉布，再经过印染、整理、打包，即可入库待售；装配式多步骤生产一般不宜采用逐步结转分步法计算成本。

小提示

多步骤生产，是指生产工艺过程由若干个可以间断的、分散在不同地点、分别在不同时间进行的生产步骤所组成的生产。多步骤生产按其产品的加工方式，可以分为连续加工式生产和装配式生产。

三、逐步结转分步法的计算程序

逐步结转分步法成本计算程序如图 11-1 所示。

小提示

从图 11-1 的核算程序中可以看出，采用这种分步法，每月月末，各项生产费用（包括所耗上一步骤半成品成本）在各步骤基本生产成本明细账中归集以后，如果该步骤既有完工的半成品（最后步骤为产成品），又有正在加工中的在产品，为了计算完工的半成品（最后步骤为产成品）的成本，还应将各步骤归集的生产费用，采用适当的分配方法，在完工半成品（最后步骤为产成品）与正在加工中的在产品之间进行分配；然后通过半成品的逐步结转，在最后一个步骤的基本生产成本明细账中，计算出完工产成品的成本。

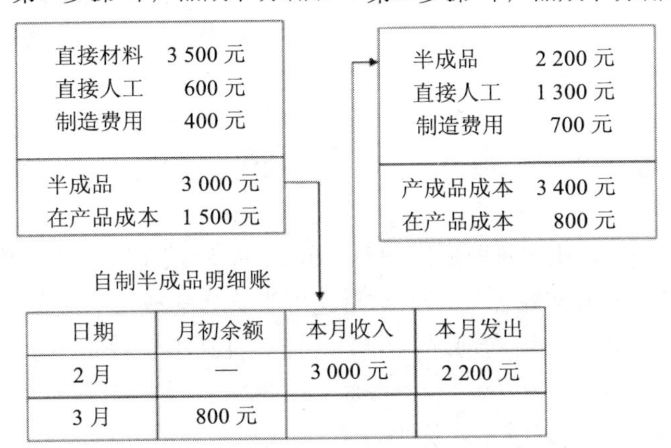

日期	月初余额	本月收入	本月发出
2 月	—	3 000 元	2 200 元
3 月	800 元		

图 11-1　逐步结转分步法计算程序图

采用逐步结转分步法，按照结转的半成品成本在下一步骤基本生产成本明细账中的反映方法，分为综合结转法和分项结转法。

（一）综合结转法

综合结转分步法是指各生产步骤在领用上一生产步骤的半成品时，将所耗上一步骤半成品的成本综合计入其基本生产成本明细账的“原材料”或“半成品”成本项目的方法，而不是将所耗上一步骤的半成品按其成本构成项目，分别以“直接材料”、“直接人工”和“制造费用”转入下一步骤基本生产成本明细账的相应项目之中。

综合结转分步法既可以按照半成品的实际成本结转，也可以按照半成品的计划成本（或定额成本）结转。按实际成本综合结转半成品成本时，对所耗上一步骤的半成品成本，应根据所耗半成品数量乘以实际单位成本计算。按计划成本综合结转半成品成本时，对半成品的日常收发均按计划单位成本核算；在半成品实际成本计算出以后，再计算半成品的成本差异率，调整所耗半成品的成本差异。

在综合结转分步法下，采用实际成本计价，对下一步骤领用半成品成本的计算必须等上一步骤计算出半成品成本以后才能进行，造成各生产步骤半成品或完工产品成本的计算不能同步进行，而且按品种计算各生产步骤耗用半成品实际成本的工作量也较大。

采用综合结转分步法结转半成品成本，各生产步骤所耗半成品成本是以“半成品”或“直接材料”项目综合反映的，因此，在完工产品成本的构成中，绝大部分是最后一个步骤所耗上一步骤的半成品成本，其人工费用和制造费用则是最后一个步骤发生的费用。这样计算出来的产品成本，不能提供按原始成本项目反映的成本资料，不便于进行成本分析和考核，也不利于加强对产品成本的管理。因此，需要对综合结转分步法计算出来的产品成本进行成本还原。

成本还原是指将完工产品中所耗“半成品”的综合成本逐步分解，还原成“直接材料”、“直接人工”和“制造费用”等原始的成本项目，从而求得按原始成本项目反映的产品成本资料。

成本还原的方法是采用倒顺序法，即从最后一个步骤起，把各步骤所耗上一步骤的半成品的综合成本，按照上一步骤本月完工半成品的成本项目的比例分解还原为原来的成本项目。如此自后向前逐步分解还原，直到第一步骤为止，然后再将各步骤还原后的成本项目加以汇总，求得按原始成本项目反映的完工产品成本。

成本还原的方法主要有成本还原率法和项目比重还原法两种。

1. 成本还原率法

成本还原率法是指以本月产品成本中所耗上一步骤半成品的综合成本占该种半成品总成本的比例，分别乘以所耗该种半成品的各个成本项目金额进行还原，从而取得完工产品原始成本的方法。其具体计算过程如下：

（1）计算成本还原率：

$$\text{成本还原率}=\frac{\text{本月完工产品成本中所耗上一步骤半成品成本}}{\text{上一步骤本月完工半成品成本}}$$

（2）将成本进行还原：

还原的上一步骤各成本项目金额=上一步骤本月完工半成品各成本项目金额×成本还原率

（3）计算还原后的总成本：

将成本还原前和还原后相同的成本项目进行汇总，求出完工产品还原以后的总成本和单位成本。

2．项目比重还原法

项目比重还原法是指根据本月产品成本中所耗费上一步骤本月完工半成品各成本项目金额占本月完工该种半成品总成本的比重，以将本步骤耗费的半成品成本分解还原，从而取得完工产品原始成本结构的方法。其计算公式如下：

$$\begin{array}{c}\text{上一步骤本月完工半成品}\\ \text{各成本项目占总成本的比重}\end{array}=\frac{\text{上一步骤本月完工半成品各成本项目金额}}{\text{本月完工该种半成品总成本}}$$

本步骤所耗的上一步骤各成本项目金额=本步骤所耗的上一步骤半成品成本×上一步骤本月完工半成品各成本

项目占总成本的比重

综合结转分步法具体成本计算程序如图 11-2 所示。

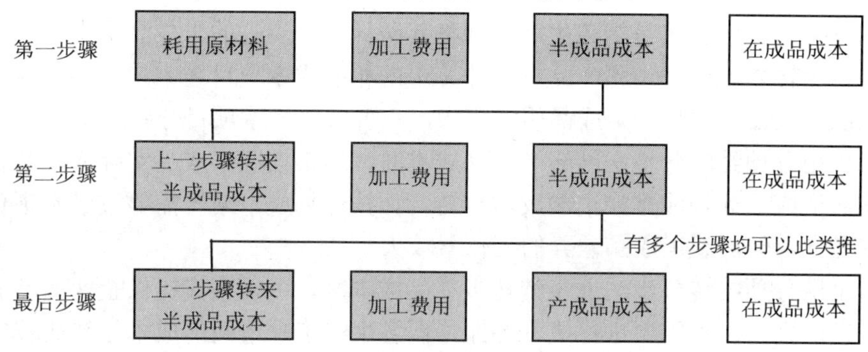

图 11-2 综合结转分步法成本计算程序

综合结转分步法通常按下列步骤来计算产品成本：

(1) 根据计入第一步骤成本计算单上的直接材料、直接人工和制造费用，计算出第一步骤的半成品成本。

如果半成品完工后，不通过自制半成品库，直接转入第二生产步骤加工，则应将第一步骤完工的半成品成本转到第二步骤相关的产品成本计算单中，并编制会计分录如下：

借：生产成本——基本生产成本——第二车间

　　贷：生产成本——基本生产成本——第一车间

如果半成品完工后，需通过半成品库收发，在验收入库时应编制会计分录如下：

借：自制半成品——××半成品

　　贷：生产成本——基本生产成本——第一车间

（2）第二步骤将从第一步骤转入或从自制半成品库领用的半成品成本加上第二步骤加工半成品领用的直接材料、直接人工和制造费用，计算出第二步骤的半成品成本，再按前述方法编制有关会计分录。

借：生产成本——基本生产成本——第二车间

　　贷：自制半成品——××半成品

（3）第三步骤将从第二步骤转入或从自制半成品库领用的半成品成本计入第三步骤成本计算单的相关项目。这样，按照加工程序逐步计算和逐步结转半成品成本，在最后一个步骤就可以计算出完工产品成本，并编制会计分录如下：

借：库存商品

　　贷：生产成本——基本生产成本——第三车间

（4）对采用综合结转分步法计算出来的完工产品成本进行成本还原。

（二）分项结转分步法

分项结转分步法是指各生产步骤将其所耗上一步骤的半成品成本，按照成本项目分项转入本生产步骤产品成本计算单的相应成本项目之中。如果半成品通过半成品库收发，在自制半成品明细账中，也要按照成本项目分别登记。

采用分项结转分步法结转半成品成本时，通常按照半成品实际成本结转，也可按照半成品计划成本或定额成本结转，如按计划成本结转需要按成本项目调整成本差异，但调整半成品差异的工作量较大。

采用分项结转分步法逐步结转半成品成本时，可以直接提供企业产品成本结构的正确资料，不需要进行成本还原，但各生产步骤之间的成本结转比较复杂，特别是产品生产步骤较多或半成品经过半成品库收发，则产品成本计算的工作量较大。

产品成本计算单中的成本项目栏目合一格式，是指产品成本计算单中的成本项目不分设“上一步骤转入”与“本步骤发生”两个栏目进行成本计算。如此进行成本计算，成本计算的工作量比较小，但计算结果的准确性会差一些。

工作案例

[例 11-1]通达企业大量生产甲产品，材料在开始时一次投入，产品经过第一、第二车间顺序加工而成为产成品。半成品从第一步骤完工后交半成品库验收，第二车间所需半成品从半成品库领用，半成品按综合成本结转。第一车间生产甲半成品，第二车间将甲半成品加工成甲产成品。在产品成本采用按年初固定成本计算，所耗半成品成本按全月一次加权平均法计算。2014 年 7 月有关成本资料如下。

（1）根据各项费用分配表编制第一车间甲半成品成本计算单，见表 11-1。

表 11-1　第一车间产品成本计算单

产品名称：甲半产品　　　　2014 年 7 月　　　　金额单位：元

月	日	摘要	产量	直接材料	直接人工	制造费用	成本合计
7	1	月初在产品成本	—	3 600	1 050	1 500	6 150
	31	本月生产费用	—	5 080	3 010	6 600	14 690
	31	生产费用合计	—	8 680	4 060	8 100	20 840
	31	完工半成品成本	200	5 080	3 010	6 600	14 690
	31	在产品成本	—	3 600	1 050	1 500	6 150

（2）根据第一车间半成品交库单和第二车间半成品领用单，登记“自制半成品成本”明细账，见表11-2。

表11-2　自制半成品明细账

产品名称：甲半产品　　　　金额单位：元

月份	月初余额		本月增加		合计			本月减少	
	数量	实际成本	数量	实际成本	数量	实际成本	单位成本	数量	实际成本
7	50	5 810	200	14 690	250	20 500	82	220	18 040
8	30	2 460							

根据第一车间的半成品交库单，编制如下会计分录：

借：自制半成品——甲半成品　　14 690

　　贷：基本生产成本——第一车间（甲半成品）　　14 690

根据第二车间半成品领用单，编制如下会计分录：

借：基本生产成本——第二车间（甲半成品）　　18 040

　　贷：自制半成品——甲半成品　　18 040

（3）根据各种费用分配表，编制第二车间产品成本计算单，见表11-3。

表11-3　第二车间产品成本计算单

产品名称：甲产品　　2014年7月　　金额单位：元

月	日	摘要	产量	直接材料	直接人工	制造费用	成本合计
7	1	月初在产品成本	—	5 560	1 875	2 755	10 190
	31	本月生产费用	—	18 040	2 800	5 960	26 800
	31	生产费用合计	—	23 600	4 675	8 715	36 900
	31	完工成品成本	200	18 040	2 800	5 960	26 800
	31	在产品成本	—	5 560	1 875	2 755	10 190

（4）编制完工产品入库的会计分录。

借：库存商品——甲产品　　26 800

　　贷：基本生产成本——第二车间（甲产品）　　26 800

[例11-2]仍以[例11-1]资料为例，第二车间甲产品成本明细账中算出的本月产成品所耗上一车间半成品费用为18 040元，按照第一车间产品成本明细账中算出

的本月所产该种半成品成本 14 690 元的成本构成进行还原，求出按原始成本项目反映的甲产成品成本。根据两个车间产品成本明细账的有关资料，编制产成品成本还原计算表详见表 11-4。

表 11-4　产品成本还原计算表　　金额单位：元

项目	产量（件）	还原分配率	半成品	直接材料	直接人工	制造费用	成本合计
还原前产成品总成本	200	—	18 040	—	2 800	5 960	26 800
本月所产半成品总成本	—	—	—	5 080	3 010	6 600	14 690
产成品成本中半成品成本还原	—	1.2 280	-18 040	6 238.48	3 696.42	8 105.10	—
还原后产成品总成本	—	—	—	6 238.48	6 496.42	14 065.10	26 800
还原后产成品单位成本	—	—	—	31.19	32.48	70.33	134.00

$$成本还原分配率=\frac{18\,040}{14\,690}\approx 1.228\,0$$

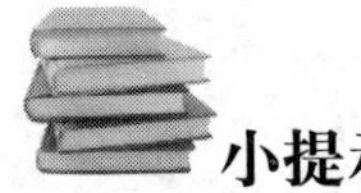

小提示

如果产品的生产步骤不是两步，而是三步，按照上述方法应先从第三步起，将其所耗第二步骤生产的半成品综合成本，按本月第二步骤生产的该种半成品的成本构成进行分解、还原。但还原后“半成品”项目还会有未还原尽的综合成本，因此，还应将其按照本月第一步骤生产的该种半产品成本构成再进行一次还原，直到还原成原始成本项目为止。

[例 11-3]仍用[例 11-1]甲产品成本资料，说明采用分项结转法的成本计算程序。

（1）第一步骤产品成本计算单同表 11-1。

（2）“自制半成品成本”明细账见表 11-5。

表 11-5　“自制半成品成本”明细账

产品名称：甲半产品　　2014 年 7 月　　金额单位：元

项目	数量	直接材料	直接人工	制造费用	成本合计
月初余额	50	2 110	1 350	2 350	5 810
本月增加	200	5 080	3 010	6 600	14 690
合计	250	7 190	4 360	8 950	20 500

项目	数量	直接材料	直接人工	制造费用	成本合计
单位成本	—	28.76	17.44	35.8	82
本月减少	220	6 327.2	3 836.8	7 876	18 040
月末余额	30	862.8	523.2	1 074	2 460

根据第一车间的半成品交库单，编制如下会计分录：

借：自制半成品——甲半成品　　14 690

　　贷：基本生产成本——第一车间（甲半成品）　　14 690

根据第二车间半产品领用单，编制如下会计分录：

借：基本生产成本——第二车间（甲半成品）　　18 040

　　贷：自制半成品——甲半成品　　18 040

（3）根据各项费用分配表和“自制半成品成本”明细账，登记第二步骤产品成本计算单，见表11-6。

表11-6　第二车间产品成本明细账

产品名称：甲产品　　2014年7月　　金额单位：元

月	日	摘要	产量	直接材料	直接人工	制造费用	成本合计
7	1	月初在产品成本	—	5 560	1 875	2 755	10 190
	31	耗用半成品成本	—	6 327.2	3 836.8	7 876	18 040
	31	本月生产费用	—	—	2 800	5 960	8 760
	31	生产费用合计	—	11 887.2	8 511.8	16 591	36 900
	31	完工成品成本	200	6 327.2	6 636.8	13 836	26 800
	31	在产品成本	—	5 560	1 875	2 755	10 190

（4）编制完工产品入库的会计分录。

借：库存商品——甲产品　　26 800

　　贷：基本生产成本——第二车间（甲产品）　　26 800

知识链接

综合结转分步法与分项结转分步法的比较

逐步结转分步法分为综合结转分步法与分项结转分步法。两者的共同点是半成品成本都是随着半成品实物的转移而结转的，各生产步骤基本生产成本明细账的余额反映处在各个生产步骤的在产品成本，有利于加强在产品的实物管理和生产资金管理。两者的不同点是半成品成本在下一步骤产品成本计算单中的反映形式不同，前者综合反映，后者分项反映。

采用综合结转分步法可以反映各生产步骤耗用原材料、自制半成品和加工费用的水平及自制半成品和完工产品的成本，有利于各个生产步骤成本的管理、控制、分析和考核，便于分清各自的生产经营效果和责任。为了反映产品成本的原始构成，以加强企业综合成本的管理，需要进行成本还原，从而增加了成本计算的工作量。当然，随着会计电算化在我国企业中的广泛应用，这一问题是很容易得到解决的。这种方法适用于管理上要求反映各生产步骤完工半成品成本的企业。

采用分项结转分步法可以直接反映完工产品各成本项目的原始结构，便于从整个企业角度考核与分析成品计划的执行情况，不需要成本还原，成本计算工作较为简便。然而这种方法的成本结转工作较为复杂，而且在各生产步骤完工产品成本中反映不出所耗费的上一步骤半成品的费用和本步骤加工费用的水平，不便于对完工产品成本进行综合分析。这种方法适用于管理上不要求分别反映各生产步骤完工产品所耗费的半成品费用，而要求按照原始成本项目计算产品成本的企业。

任务 11.2 用平行结转分步法计算产品成本

知识准备

一、平行结转分步法的特点

平行结转分步法是指各生产步骤不计算也不结转本步骤完工半成品成本，只归集本步骤自身发生的费用和应由最终完工产成品成本负担的部分，将各步骤成本计算单中产成品应负担的份额平行汇总来计算产品成本的一种方法。由于不计算半成品成本，因此，也称为不计算半成品成本的分步法。其主要特点如下：

（1）半成品的成本在生产过程中不随着半成品的实物转移而结转。当某一步骤半成品完工，实物转入半成品仓库或直接转入下一步骤加工时，其费用仍停留在本步骤的“基本生产明细账”内。

（2）各生产步骤不计算半成品成本，在各步骤“基本生产明细账”只归集自身发生的费用，不归集从上步骤转入的半成品成本。

（3）采用这一方法，只是在企业的产成品入库时，才将各步骤费用中应计入产成品成本的“份额”，从各步骤基本生产成本明细账中转出，平行结转汇总计算完工产成品的成本。

（4）每一生产步骤的生产费用也要在其完工产品与月末在产品之间进行分配。但这里的完工产品，是指企业最后完工的产品；某步骤完工产品费用，是该步骤生产费用中应计入产成品成本的份额。因此，这里的在产品是广义在产品，即指尚未制成的全部在产品和半成品，包括：①尚在本步骤加工中的在产品，即狭义在产品；②本步骤已完工转入半成品库的半成品；③已从半成品库转到以后各步骤进一步加工、尚未最后产成的产品。

二、适用范围

从理论上讲大量大批中的连续式、装配式的多步骤生产的企业，均可以采用平行结转分步法来计算其成本。但平行结转分步法无法提供各步骤完工半成品成本，比如，当企业有半成品外售的情况，需要外销半成品成本，就不能采用平行结转分步法。平行结转分步法主要适用于在成本管理上要求分步归集生产费用，但不需要提供半成品成本的大量大批的多步骤生产的企业。

三、平行结转介步法的计算程序

（1）按产品和加工步骤设置成本明细账。

（2）各步骤成本明细账分别按成本项目归集本步骤发生的生产费用（但不包括耗用上一步骤半成品的成本）。

（3）月末将各步骤归集的生产费用在产成品与广义在产品之间进行分配，计算各步骤费用中应计入产成品成本的份额。

（4）将各步骤费用中应计入产成品成本的份额按成本项目平行结转，汇总计算产成品的总成本及单位成本。

平行结转分步法的成本核算程序，如图11-3所示。

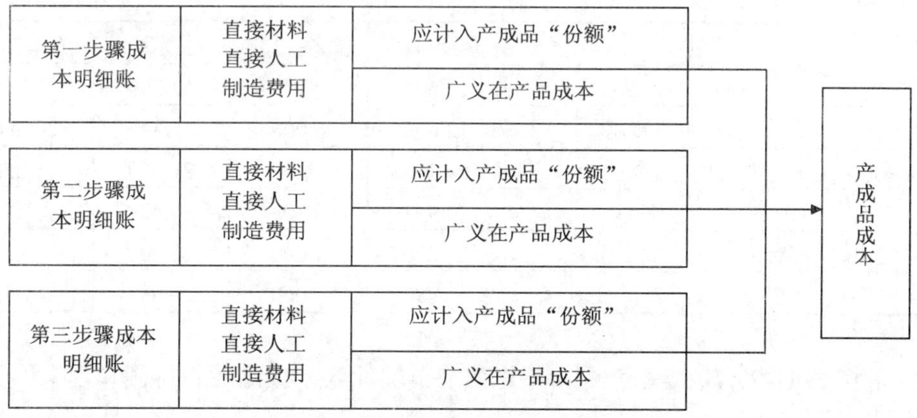

图11-3 平行结转分步法成本核算程序图

工作案例

通河企业生产乙产品，分两个步骤完成，由于半成品不对外出售，管理上也不需要计算半产品成本，因此采用平行结转分步法计算乙产品。生产费用在完工产品与在产品之间的分配采用定额比例法，其中原材料费用按定额原材料费用比例分配；其他各项费用均按定额工时比例分配。2014 年 6 月份成本核算程序如下。

第一步，有关乙产品的定额资料，详见表 11-7。

表 11-7　乙产品的定额资料　　金额单位：元

车间份额	月初在产品		本月投入		本月产成品		
	定额材料费用	定额工时	定额材料费用	定额工时	产量	定额材料费用	定额工时
一车间份额	14 300	23 000	15 100	27 000	350	17 400	30 000
二车间份额		7 000		17 000	350		22 000
合计	14 300	30 000	15 100	44 000	350	17 400	52 000

第二步，根据各项费用分配表和有关定额资料，登记各步骤产品成本明细账，见表 11-8 至表 11-10。

表 11-8　产品成本明细账

车间名称：第一车间　　产品：乙产品　　产量：350　　金额单位：元

月	日	摘要	直接材料	直接人工	制造费用	成本合计
6	1	月初在产品成本	16 506	9 150	12 200	37 856
	30	本月生产费用	12 600	6 000	8 800	27 400
	30	生产费用合计	29 106	15 150	21 000	65 256
	30	费用分配率	0.99	0.303	0.42	
	30	计入产成品成本份额	17 226	9 090	12 600	38 916
	30	月末广义在产品成本	11 880	6 060	8 400	26 340

根据表 11-7 有关定额资料，计算第一车间计入产成品成本份额和月末广义在产品成本计算过程如下：

①采用倒挤的方法计算月末广义在产品定额材料费用和定额工时：

月末广义在产品定额材料费用＝14 300＋15 100－17 400＝12 000（元）
月末广义在产品定额工时＝23 000＋27 000－30 000＝20 000（小时）
②计算各种费用分配率：

$$直接材料费用分配率=\frac{29106}{17400+12000}=0.99$$

$$直接人工费用分配率=\frac{15150}{30000+20000}=0.303$$

$$制造费用分配率=\frac{21000}{30000+20000}=0.42$$

③计算应计入产成品成本的份额：
直接材料应计入产成品成本的份额＝17 400×0.99＝17 226（元）
直接人工应计入产成品成本的份额＝30 000×0.303＝9 090（元）
制造费用应计入产成品成本的份额＝30 000×0.42＝12 600（元）
④计算月末广义在产品成本：
广义在产品成本直接材料费用＝29 106－17 226＝11 880（元）
广义在产品成本直接人工费用＝15 150－9 090＝6 060（元）
广义在产品成本制造费用＝21 000－12 600＝8 400（元）
将计算结果计入第一车间基本生产成本明细账（见表 11-9）。

表 11-9　产品成本明细账

车间名称：第二车间　　产品：乙产品　　产量：350　　金额单位：元

月	日	摘要	直接材料	直接人工	制造费用	成本合计
6	1	月初在产品成本	7 000	2 200	1 900	4 100
	30	本月生产费用	17 000	7 400	12 500	19 900
	30	生产费用合计	24 000	9 600	14 400	24 000
	30	费用分配率	—	0.4	0.6	—
	30	计入产成品成本份额	22 000	8 800	13 200	22 000
	30	月末广义在产品成本	2 000	800	1 200	2 000

计算过程与第一车间类似，从略。

表 11-10　乙产品成本汇总表

2014 年 6 月　　　　金额单位：元

车间份额	产量	直接材料	直接人工	制造费用	成本合计
第一车间份额	350	17 226	9 090	12 600	38 916
第二车间份额	350	—	8 800	13 200	22 000
合计	350	17 226	17 890	25 800	60 916
单位成本	350	49.22	51.11	73.71	174.04

第三步，结转完工验收入库产品成本

根据产品入库单和“乙产品成本汇总表”等资料编制产品验收入库会计分录，并结转完工产品成本。

借：库存商品——乙产品　　　　60 916

　　贷：基本生产成本——第一车间　　　　38 916

　　　　　　　　　　——第二车间　　　　22 000

项目小结

（1）分步法是一种以产品的生产步骤作为成本计算对象，计算产品成本的一种方法。通常适用于大量大批多步骤的生产。按结转时采用的方法不同，可分为逐步结转分步法和平行结转分步法两种。

（2）逐步结转分步法是为了计算半成品成本而采用的分步法。这种方法，各步骤所耗用的上一步骤半成品的成本，要随着半成品实物的转移，从上一步骤的基本生产成本明细账或自制半成品明细账中转入下一步骤相同产品的基本生产成本明细账中，以便逐步计算各步骤的半成品成本和最后步骤的产成品成本。逐步结转分步法又分为综合结转法和分项结转法两种。

（3）综合结转法是将各步骤所耗用的上一步骤半成品成本，以完工半成品的成本合计数这一综合内容，不分成本项目计入各该步骤的基本生产成本明细账中的“直接材料”或“半成品”项目。综合结转法计算出来的完工产成品成本，未按原始的成本项目反映其构成。为了满足成本管理的要求，需要进行成本还原。

（4）分项结转法是将各步骤所耗用的上一步骤半成品成本，按照成本项目分别计入各该步骤的基本生产成本明细账中对应的成本项目。分项结转法计算出来的完工产成品成本，按原始的成本项目反映了其构成情况。无须进行成本还原。

（5）平行结转分步法，各步骤只归集本步骤自身发生的费用，并计算其中应计入产成品成本的份额。最后，将各步骤应计入产成品成本的份额，平行结转、汇总计算完工产品的成本。

项目训练

一、单项选择题

1．下列各种分步法中，半成品成本不随实物转移而结转的方法是（ ）。

A．按实际成本综合结转法　　B．按计划成本综合结转法

C．平行结转分步法　　D．分项结转法

2. 在平行结转分步法下，其完工产品与在产品之间的费用分配，是指下列（ ）两者之间的费用分配。

A．各步骤完工半成品与月末加工中的在产品

B．产成品与月末各步骤尚未加工完成的在产品

C．产成品与月末各步骤尚未加工完成的在产品和各步骤已完工但尚未最终完成的产品

D．各步骤完工半成品与月末各步骤尚未完工的在产品

3．下列方法中属于不计算半成品成本的分步法是（ ）。

A．逐步结转分步法　　B．综合结转法

C．分项结转法　　D．平行结转法

4．采用逐步结转分步法，其在完工产品与在产品之间分配费用，是指在（ ）之间分配费用。

A．产成品与月末在产品

B．完工半成品与月末加工中的在产品

C．产成品与广义的在产品

D．前面步骤的完工半成品与加工中的在产品及最后步骤的产成品与加工中的在产品

5．成本还原的对象是（ ）。

A．产成品

B．各步骤所耗上一步骤半成品的综合成本

C．最后步骤的产成品成本

D．各步骤半成品成本

6．进行成本还原，应以还原分配率分别乘以（ ）。

A．本月所产半成品各成本项目的费用

B．本月所耗半成品各成本项目的费用

C．本月所产该种半成品各成本项目的费用

D．本月所耗该种半成品各成本项目的费用

7．产品成本计算的分步法包括（ ）两种方法。

A．综合结转和分项结转　　B．逐步结转和平行结转

C．实际成本结转和计划成本结转　　D．分步结转和成本还原

8．下列方法中需要进行成本还原的是（ ）。

A．平行结转法　　B．逐步结转法

C．综合结转法　　D．分项结转法

9．成本还原就是从最后一个步骤起，把各步骤所耗上一步骤半成品成本，按照（ ）逐步分解，还原算出按原始成本项目反映的产成品成本。

A．本月所耗半成品成本的结构　　B．本月完工产品成本的结构

C．上一步骤所产该种半成品成本的结构　　D．上一步骤月末在产品成本的结构

10．平行结转分步法的优点是（ ）。

A．能够提供各步骤的半成品成本资料

B．有利于加强半成品的实物管理

C．有利于加强各步骤的成本管理

D．各步骤可以同时计算产品成本，加快成本计算速度

11．逐步结转分步法下，自制半成品入库时，应借记（ ）会计科目。

A．“库存商品”　　B．“自制半成品”

C．“基本生产成本”　　D．“制造费用”

12．某产品经三个步骤加工完成，成本计算采用逐步结转分步法进行，需要进行（ ）次成本还原。

A．2　　B．3　　C．1　　D．4

13．综合结转法进行成本还原的目的是按（ ）反映完工产品成本。

A．费用要素　　B．成本项目　　C．实际成本　　D．原始成本项目

14．成本还原是从（ ）生产步骤起，将完工产品所耗半成品的成本，按上一步骤本月所产半成品成本项目比例分解还原为其原来成本项目的一种成本计算工作。

A．第一个　　B．倒数第二个　　C．最后一个　　D．第二个

15．平行结转分步法的特点是（ ）。

A．各步骤只对本步骤生产的半成品进行平行结转

B．各步骤只计算本步骤自己所发生的各种生产费用以及这些费用中应计入完工产品成本的“份额”

C．各步骤只计算本步骤发生的各种费用

D．各步骤不生产半成品，因而不需计算半成品成本

16．采用平行结转分步法计算产品成本，第二生产步骤的广义在产品不包括（ ）。

A．第三生产步骤正在加工的在产品

B．第二生产步骤正在加工的在产品

C．第二生产步骤完工入库的半成品

D．第一生产步骤正在加工的在产品

17．逐步结转分步法的综合结转法适用于（ ）。

A．要求计算半成品成本的产品

B．管理上要求计算各步骤完工半成品成本，但不需要进行成本还原的产品

C．不要求计算半成品成本的产品

D．不要求计算完工产品耗用半成品成本，但要求按原始成本项目反映成本的产品

二、多项选择题

1．综合结转法是将各步骤所耗用的上一步骤半成品成本，以（ ）的形式，综合计入各步骤生产成本明细账中的方法。

A．完工产品　　B．在产品　　C．直接材料　　D．半成品

2．平行结转分步法的特点是（ ）。

A．各步骤半成品成本要随着半成品实物的流转而结转

B．各步骤半成品成本不随着半成品实物的流转而结转

C．成本计算对象是完工产品成本份额

D．需要计算并结转完工半成品成本

E．不需要计算并结转完工半成品成本

3．采用综合结转法结转半成品成本的优点是（ ）

A．便于各步骤进行成本管理

B．便于各生产步骤完工产品的成本分析

C．便于从整个企业角度分析和考核产品成本的构成和水平

D．便于同行业间产品成本对比分析

4．采用逐步结转分步法（ ）。

A．半成品成本的结转同其实物的流转是同步进行的

B. 成本核算手续简便

C. 能够提供半成品成本资料

D. 有利于加强生产资金管理

E. 为对外销售半成品和对各车间成本指标考核提供成本资料

5. 在平行结转分步法下，完工产品与在产品之间费用的分配，正确的说法是指（ ）两者之间的费用分配。

A. 产成品与广义的在产品

B. 产成品与狭义的在产品

C. 各步骤完工半成品与月末加工中的在产品

D. 应计入产成品的“份额”与广义的在产品

6. 广义的在产品是指（ ）。

A. 尚在本步骤加工中的在产品

B. 转入各半成品库的半成品

C. 已从半成品库转到以后各步骤进一步加工，尚未最后制成的半成品

D. 全部加工中的在产品和半成品

7. 平行结转分步法适宜在（ ）的情况下采用。

A. 产品种类多，计算和结转半成品工作量大

B. 管理上不要求提供各步骤半成品成本资料

C. 管理上不要求提供原始成本项目反映的产成品成本资料

D. 管理上不要求全面地反映各生产步骤的生产耗费水平

8. 与逐步结转分步法相比，平行结转分步法的缺点是（ ）。

A. 各步骤不能同时计算产品成本

B. 不需要进行成本还原

C. 不能为实物管理和资金管理提供资料

D. 不能提供各步骤的半成品成本资料

9. 分步法可进一步细分为（ ）等多种方法。

A. 逐步结转分步法　　B. 多步结转分步法

C. 同步结转分步法　　D. 两步结转分步法

E. 平行结转分步法

10. 逐步结转分步法按照半成品成本在下一步骤产品成本明细账中反映形式的不同，可划分为（ ）等多种方法。

A. 分项结转　　B. 不分项结转

C. 综合结转　　D. 单项结转

11．所谓成本还原就是将完工产品所耗用的上一步骤半成品的综合成本分解还原为原始的（ ）等项目的一种成本计算工作。

A．直接材料　　B．直接人工

C．直接支出　　D．制造费用

12．平行结转分步法只归集（ ）。

A．各步骤本身所发生的费用　　B．各步骤耗用的上步骤费用

C．各步骤的直接费用　　D．各步骤的间接费用

E．各步骤应计入完工产品成本的“份额”

三、判断题

1．分项结转法不能直接提供按原始成本项目反映的产品成本资料。（ ）

2．平行结转分步法各步骤不计算半成品成本。（ ）

3．逐步结转分步法也就是计算半成品成本分步法。（ ）

4．成本还原的对象是产成品成本。（ ）

5．采用分项结转半成品成本，在各步骤完工产品成本中看不出所耗上一步骤半成品的费用和本步骤加工费用的水平。

6．完工产品的各成本项目，其成本还原后的合计与成本还原前的合计应该是相等的。（ ）

7．在平行结转分步法下，各步骤完工产品和在产品之间的费用分配，都是指完工产品和广义在产品之间的费用分配。（ ）

8．采用平行结转分步法计算产品成本，半成品成本的结转与半成品实物的流转不是同步的。（ ）

9．分步法的成本计算对象是每种产品和每种产品所经过的生产步骤。（ ）

10．平行结转分步法的在产品包括本步骤正在加工中的在产品和完成本步骤加工已存入半成品库的半成品两部分。（ ）

11．分步法可进一步细分为单步骤结转分步法和多步骤结转分步法两种。（ ）

12．逐步结转分步法主要适用于按照成本管理的要求，需要提供各生产步骤半成品成本资料的企业采用。（ ）

13．综合结转法是将各步骤所耗用上一步骤半成品的成本，以“直接材料”或“半成品”项目的形式，综合计入各该步骤产品成本明细账中的方法。（ ）

14．综合结转可以按照半成品的计划成本或定额成本进行。（ ）

15．采用综合结转法结转成本时，半成品的实际单位成本同材料核算一样，可以采用先进先出法或加权平均法计算。（ ）

16．成本还原是对产品成本从最后一个生产步骤开始，逐步将各步骤半成品

的综合成本分解还原为原始成本项目的一项成本计算工作。( )

17. 分项结转法是将各步骤半成品成本，按照其成本项目分项结转计入各该步骤产品成本明细账的对应成本项目上，最终计算完工产品成本的方法。( )

18. 按照分项结转法逐步结转半成品成本，可以直接提供完工产品的原始成本项目资料。( )

19. 平行结转分步法半成品成本的结转与其半成品实物的流转相互分离。( )

20. 怎样正确地将各步骤的生产费用在完工产品和广义在产品之间进行合理的分配，是平行结转分步法计算产品成本的核心问题。( )

四、计算分析题

1. 资料：某企业 2014 年 10 月 A 产品生产经过第一和第二两个车间进行。第一车间为第二车间提供半成品。半成品经验收后入半成品库。第二车间所耗半成品费用采用全月一次加权平均法计算。两车间月末在产品成本均按定额成本确定。

(1) 第一车间产品成本明细账如下：

产品成本明细账

产品名称：A 半成品　　　　2014 年 10 月　　　　金额单位：元

月	日	摘要	产量	直接材料	直接燃料及动力	直接人工	制造费用	成本合计
9	30	在产品成本（定额成本）		5 420	1 860	2 420	1 320	11 020
10	31	本月生产费用		31 000	16 200	19 800	8 600	75 600
	31	生产费用合计						
	31	完工半成品成本转出	4 000					
	31	在产品成本（定额成本）		3 320	1 140	1 482	808	6 750

(2) 自制半成品明细账如下：

自制半成品明细账

产品名称：A 半成品　　　　2014 年 10 月　　　　金额单位：元

月份	月初余额		本月增加		合计			本月减少	
	数量	实际成本	数量	实际成本	数量	实际成本	单位成本	数量	实际成本
10	1 600	58 600						4 800	

（3）第二车间产品成本明细账如下：

产品成本明细账

第二车间：A产品　　　　2014年10月　　　　金额单位：元

月	日	摘要	产量	半成品	直接燃料及动力	直接人工	制造费用	成本合计
9	30	在产品成本（定额成本）		12 400	1 160	1 520	980	16 060
10	31	本月生产费用			14 200	20 000	12 600	
	31	生产费用合计						
	31	完工半成品成本转出	2 000					
	31	完工产品单位成本						
	31	在产品成本（定额成本）		22 100	2 068	2 710	1 746	28 624

要求：（1）计算第一车间完工半成品成本。

（2）根据第一车间产品成本明细账和半成品入库单，编制会计分录。

（3）根据半成品入库单和第二车间半成品领用单，登记自制半成品明细账。

（4）根据自制半成品明细账和第二车间半成品领用单，编制会计分录。

（5）计算第二车间完工产品成本。

2．有关资料如下：

产成品成本还原计算表

产品名称：A产品　　　　产品产量：100件　　　　金额单位：元

项目	产量/件	还原分配率	半成品	原材料	工资及福利费	制造费用	成本合计
还原前产成品成本			8 400		2 800	4 160	15 360
本月所产半成品成本				2 900	1 380	2 720	7 000
产成品所耗半成品成本还原							
还原后产成品总成本							
还原后产成品单位成本							

要求：（1）计算还原分配率。

（2）将还原前产成品成本中的半成品费用，按本月所产半成品成本的结构进行还原，计算按原始成本项目反映的产成品成本。

3．资料：某企业甲产品经第一、第二两个生产车间加工完成。成本计算采用逐步结转分步法进行。两车间之间的半成品直接结转。本月第一车间结转计入第二车间的半成品成本 129 800 元，其中，直接材料 76 000 元，直接燃料及动力 13 200 元，直接人工 4 600 元，制造费用 36 000 元。本月第二车间发生的生产费用 35 500 元，其中，直接燃料及动力 8 800 元，直接人工 2 400 元，制造费用 24 300 元。第二车间月初在产品成本 14 580 元，其中，直接材料 8 200 元，直接燃料及动力 3 600 元，直接人工 980 元，制造费用 1 800 元；第二车间月末在产品成本按定额成本计算为 24 520 元，其中直接材料 12 260 元，直接燃料及动力 6 200 元，直接人工 1 960 元，制造费用 4 100 元。

要求：采用分项结转分步法计算甲完工产品成本。

4．资料：某企业生产甲产品，有第一、第二两个生产车间，生产费用在完工产品和在产品之间的分配采用定额比例法进行，其中原材料费用按定额原材料费用比例分配，其他费用均按定额工时比例分配。该企业采用平行结转分步法进行成本计算。

（1）有关甲产品定额资料如下：

甲产品定额资料　　金额单位：元

生产步骤	月初在产品		本月投入		本月完工产品				
					单件定额		产量	总定额	
	直接材料	定额工时	直接材料	定额工时	直接材料	工时		直接材料	工时
一车间份额	35 600	34 200	32 000	31 600	463	438	100	46 300	43 800
二车间份额		2 640		48 300		432	100		43 200
合计	35 600	36 840	32 000	79 900	463	870	100	46 300	87 000

（2）各车间产品成本明细账如下：

产品成本明细账

第一车间　　产品名称：甲产品　　金额单位：元

项目	完工产量/件	直接材料		定额工时	直接燃料及动力	直接人工	制造费用	成本合计
		定额	实际					
月初在产品			34 500		17 800	23 200	12 400	
本月费用			30 100		16 200	19 800	8 600	
合计								

项目	完工产量/件	直接材料		定额工时	直接燃料及动力	直接人工	制造费用	成本合计
		定额	实际					
分配率								
完工产品成本中本步骤份额	100							
月末在产品								

产品成本明细账

第二车间　　　　产品名称：甲产品　　　　金额单位：元

项目	完工产量/件	直接材料		定额工时	直接燃料及动力	直接人工	制造费用	成本合计
		定额	实际					
月初在产品					740	1 420	1 200	
本月费用					15 600	21 300	14 300	
合计								
分配率								
完工产品成本中本步骤份额	100							
月末在产品								

（3）完工产品成本汇总计算表如下：

完工产品成本汇总计算表

产品名称：甲产品　　　　金额单位：元

车间	完工产品产量/件	直接材料	直接燃料及动力	直接人工	制造费用	成本合计
一	100					
二	100					
合计	100					
单位成本						

要求：（1）根据上述资料，登记一、二车间产品成本明细账，计算各车间费用中应计入完工产品的份额和月末在产品成本。

（2）编制完工产品成本汇总计算表，编制结转完工产品成本的会计分录。

项目 12　成本计算辅助方法（分类法）训练

任务 12.1　用分类法计算产品成本

知识准备

一、分类法的定义及适用范围

分类法是先按照产品的类别归集生产费用，计算各类完工产品成本的总成本，然后采用一定标准分配计算类内各种产品成本的一种成本计算方法。

分类法与产品的生产类型无关，主要适用于生产的产品品种、规格较多，又可以按一定标准分类的大量生产的车间或企业。例如，灯泡厂生产的不同规格的灯泡、食品厂生产的不同种类的食品等，都可以采用分类法计算各种产品成本。

二、分类法的特点

（1）分类法的成本计算对象是产品的生产类别。有些企业生产的产品品种规格繁多，某些产品生产所消耗的原材料和生产工艺基本相同，可以作为一类，进而确定成本计算对象，设置"基本生产成本"明细账，计算该类完工产品总成本。分类的恰当与否直接关系到各种或各规格产品成本计算的准确性。分类的标准视具体情况而定，类距不宜过大，应以原材料和工艺相近为依据；类距也不宜过小，以免使成本核算工作复杂化。所以分类法首先要解决分类的问题，进而科学、合理地确定成本计算对象。

（2）同一类别内各种规格的产品的成本，要采用适当的标准进行分配。分配的标准通常有材料消耗定额、工时定额、工资定额、费用定额，以及产品的售价、重量或体积等。在实际工作中，有时为了简化成本计算工作，类内不同规格产品成本的计算经常采用系数法，即在类内选择一种产量较大、生产稳定、规格适中的产品作为标准产品，将其分配标准定为"1"，将其他产品的分配标准与标准产品的分配标准相对比，计算各自的分配标准系数，然后将各种产品的产量乘以分配系数，计算出各种产品的标准产量，再将该类完工产品总成本按照各种产品的标准产量进行分配，计算每种产品的生产成本。

原材料费用系数一般采用材料费用定额标准计算，其他费用系数一般采用工时定额标准计算。“系数”的具体计算公式如下：

$$原材料费用系数=\frac{其他产品材料费用定额}{标准产品材料费用定额}$$

$$其他费用系数=\frac{其他产品工时定额}{标准产品工时定额}$$

系数法作为一种成本计算的辅助方法，不能单独使用，必须与品种法、分批法或分步法等基本方法结合使用，首先由成本计算的基本方法将该类完工产品总成本计算出来，在此基础上，按照一定的标准计算类内各种产品的成本。

工作案例

[例 12-1]某企业生产产品品种、规格较多，可以归为 A、B 和 C 3 类产品，其中 A 类中有生产耗用原材料和生产工艺基本相同的 3 种产品，分别为 A1、A2 和 A3，其中 A2 为标准产品。企业采用分类法计算各种产品的成本。原材料费用系数按照原材料费用定额标准确定，其他费用系数按照工时定额标准确定。A 类完工产品总成本、3 种产品产量和有关定额资料如下：

（1）A 类完工产品总成本见 A 类产品成本的明细账，见表 12-1。

表 12-1 “基本生产成本”明细账

产品类别：A 类　　　　2014 年 2 月　　　　金额单位：元

项目	直接材料	直接人工	制造费用	合计
月初在产品成本	38 000	4 300	6 900	49 200
本月生产费用	587 000	66 300	89 200	742 500
合计	625 000	70 600	96 100	791 700
本月完工产品成本	592 000	62 580	89 400	743 980
月末在产品成本	33 000	8 020	6 700	47 720

（2）定额资料见表 12-2。

表 12-2 各种产品系数折算表

2014 年 2 月　　　　金额单位：元

产品名称	产量	原材料费用定额/元	原材料费用系数	原材料费用总系数	工时定额/时	其他费用系数	其他费用总系数
A1	1 000	240	0.8	800	8.2	0.82	820
A2	1 200	300	1	1 200	10	1	1 200

产品名称	产量	原材料费用定额/元	原材料费用系数	原材料费用总系数	工时定额/时	其他费用系数	其他费用总系数
A3	800	360	1.2	960	12	1.2	960
合计	—	—	—	2 960	—	—	2 980

注：表中数据计算公式如下：

各种产品原材料费用系数＝该产品原材料费用定额÷标准产品原材料费用定额

原材料费用总系数＝产量×原材料费用系数

各种产品其他费用系数＝该产品工时定额÷标准产品工时定额

其他费用总系数＝产量×其他费用系数

（3）根据计算的标准产量，计算分配率，分配各种产品的直接材料、直接人工和制造费用，计算各种产品成本见表12-3。

有些工业企业，特别是化工企业，对同一原材料进行加工可以同时生产出几种主要产品，例如，原油经过提炼可以加工出汽油、柴油、煤油等产品，这些联产品也可以归为一类，同样适宜采用分类法计算各种产品成本。

表12-3　各种产品系数折算表

2014年2月　　　　金额单位：元

项目	原材料费用总系数	材料分配率	直接材料	其他费用总系数	直接人工分配率	直接人工	制造费用分配率	制造费用	合计
A1	800	200	160 000	820	21	17 220	30	24 600	201 820
A2	1 200	200	240 000	1 200	21	25 200	30	36 000	301 200
A3	960	200	192 000	960	21	20 160	30	28 800	240 960
合计	2 960	200	592 000	2 980	21	62 580	30	89 400	743 980

注：直接材料分配率＝直接材料费用总额÷各种产品材料费用总系数之和

各种产品分配直接材料费用＝该产品材料费用总系数×直接材料分配率

直接人工分配率＝直接人工费用总额÷各种产品其他费用总系数之和

各种产品分配直接人工费用＝该产品其他费用总系数×直接人工分配率

制造费用分配率＝制造费用总额÷各种产品其他费用总系数之和

各种产品分配制造费用＝该产品其他费用总系数×制造费用分配率

另外，企业有时可能生产一些零星产品，虽然生产原料和工艺不一定完全相同，但是其品种、规格较多，数量少，成本小，为了简化成本计算工作，可以将其归为一类，采用分类法计算产品成本。

有些轻工业企业，如纺织厂和毛巾厂，生产产品的原料和工艺完全相同，由于工人的操作原因产生了质量上有差别的等级产品，则不能采用分类法计算产品成本。如果等级产品本身就是由于原料和工艺的不同而产生的，则这些产品可以视为同一品种不同规格的产品，将其归为一类，采用分类法计算产品成本。

任务 12.2 计算联产品成本

知识准备

联产品成本的计算

所谓联产品，是指在同一生产过程中，利用同一原料进行加工同时生产出两种或两种以上的主要产品。例如，炼油厂加工原油，从中同时提炼出汽油、柴油、煤油等各种主要产品。

各种联产品有的从始至终在同一过程生产，最后才分离出来；有的是在某一个生产步骤中分离出来；有的分离后不需要进一步加工，有的则需要。基于上述特点，分离前的产品成本不可能分别单独计算，必须视为一类产品综合计算所发生的费用，选择适当的方法计算联产品的总成本，一般称为“联合成本”或“综合成本”，然后再采用一定的标准分配计算各种产品的成本。

联产品分离后，如果某些产品还要继续加工，则应按产品品种设置产品成本明细账，采用适当的方法计算各产品分离后继续加工的成本，还要加上该产品分离前应负担的联合成本，综合计算各种产品成本。从这个意义上说，联产品成本的计算与典型的分类法既有联系，又有一些区别。

工作案例

联产品成本计算的方法一般有系数法、实物量比例分配法、售价比例分配法等。

1．系数法

系数法是联产品成本计算中使用较多的一种分配方法，就是将各种联产品的实际产量按照事先规定的系数折合为标准产量，然后将联合成本按照各种联产品的标准产量比例进行分配。这种方法虽然计算过程比较复杂，但是其分配结果比较精确，因而在实际中被广泛采用。

[例 12-2]某企业生产甲、乙、丙 3 种主要产品，它们是在同一生产过程中利用同一原材料加工而成的产品。已经计算出分离前联合成本为 51 000 元，甲、乙、丙 3 种产品的实际产量分别为 300kg、200kg 和 100kg，3 种产品的系数分别为 1、0.8 和 0.5。按系数比例法计算 3 种产品成本，如表 12-4。

表 12-4　联产品成本计算表

2014 年 2 月　　　　金额单位：元

产品名称	实际产量/千克	系数	标准产量/千克	分配率	分配产品总成本	单位成本
甲	300	1	300	100	30 000	100
乙	200	0.8	160	100	16 000	80
丙	100	0.5	50	100	5 000	50
合计	600	—	510	100	51 000	51 000

2．实物量比例分配法

实物量比例分配法是将联合成本按照各种联产品的实物量，如重量、体积、面积、容积等比例计算各种产品成本的方法。该方法按照简单平均单位成本计算各种产品成本，其优点是核算简便，但是由于产品成本与实物量并不都是直接相关且成正比例变动的，所计算出来的各种产品单位成本都是一样的，造成产品的盈亏不实，因此，实物量比例分配法只适用于联产品的成本与实物量关系密切且呈正比例变动的情况。

[例 12-3]仍使用例 12-2 资料，按照实物量比例计算联产品成本，见表 12-5。

表 12-5　联产品成本计算表

2014 年 2 月　　　　金额单位：元

产品名称	实际产量/千克	分配率	分配产品总成本	单位成本
甲	300	85	25 500	85
乙	200	85	17 000	85
丙	100	85	8 500	85
合计	600	85	51 000	—

3．售价比例分配法

所谓售价比例分配法，是指按照各种联产品售价比例分配联合成本的方法。该方法可以弥补实物量比例分配法按照实物量简单平均单位成本造成产品盈亏不实的不足，但是选择售价标准分配联产品成本也有其局限性，因为售价与产品成本之间也不一定密切相关，也并非同比例变动。

[例 12-4]仍采用例 12-2 资料，假设甲、乙、丙 3 种产品的售价分别为 500 元、300 元和 200 元，按照售价比例分配法计算联产品成本，见表 12-6。

表 12-6　联产品成本计算表

2014 年 2 月　　金额单位：元

产品名称	实际产量/千克	单位产品售价	售价	分配率	分配产品总成本	单位成本
甲	300	500	150 000	0.255	38 250	127.5
乙	200	200	40 000	0.255	10 200	51
丙	100	100	10 000	0.255	2 550	25.5
合计	600	—	200 000	0.255	51 000	—

任务 12.3　计算副产品成本

知识准备

副产品成本的计算

（一）副产品的含义

所谓副产品，是指在同一生产过程中生产出主要产品的同时，附带生产出来的一些非主要产品，如炼油生产出来的渣油、制皂生产出来的甘油、酿酒厂生产出来的酒糟等。副产品和联产品都是利用同一原料在同一生产过程中生产出来的，它们之间的主要区别在于价值的高低、产量的多少、生产的目的及对生产经营的影响程度等。企业生产出来的几种主要产品价值都比较高，关系到企业生产经营得失，视作为联产品；而副产品其价值较低，产量少，也非主要产品，属于附带产品，有废物利用的性质。但是副产品毕竟有一定价值，又可以满足一定的社会需要，因而也应进行成本核算。

当然企业的联产品和副产品也非一成不变，随着技术的变化、经济的发展和企业生产工艺的改进，联产品和副产品还可以相互转变，联产品可能因为过时而被淘汰，变成副产品；副产品有时其用途可能扩大，价值提升，从而转变成联产品。

（二）副产品成本计算的方法

由于副产品和主产品是在同一生产过程中生产出来的，所投入的生产费用很难划分。所以，在实际工作中，先将主、副产品作为一类产品归集生产费用，计算该类全部主、副产品的总成本，然后将联合成本在主、副产品之间进行分配。副产品的计价是其成本计算的核心内容。如果副产品数量很少，或者分离后直接出售，可以不计算副产品成本；如果副产品价值较高，可以按照副产品售价扣除销售税金和销售利润后的余额计算副产品成本，扣除的方法有两种：一是将副产品成本从联合成本的“直接材料”项目中扣除；二是将副产品成本按比例从联合成本的各个成本项目中扣除；如果企业生产的副产品种类较多，可以按照企业制定的副产品计划成本和定额成本计算副产品成本。

工作案例

[例 12-5]某企业在同一生产过程中生产出甲、乙、丙 3 种产品，其中丙产品是附带生产出来的副产品。假定本月完工产品联合成本为 20 000 元，其中直接材料 8 000 元，直接人工 5 000 元，制造费用 7 000 元。本月丙产品产量 1 000kg，售价 2 元，销售税金 0.25 元，销售费用 0.35 元，正常利润 0.5 元。副产品成本按比例从各个成本项目中扣除，根据上述资料计算副产品成本，见表 12-7。

表 12-7　副产品成本计算表

2014 年 2 月　　　　金额单位：元

成本项目	直接材料	直接人工	制造费用	合计
联合成本	8 000	5 000	7 000	20 000
各个成本项目占总成本的比重/%	40	25	35	100
副产品成本	360	225	315	900
主产品成本	7 640	4 775	6 685	19 100

[例 12-6]仍采用例 12-5 资料，假设副产品价值较小，副产品成本可以在直接材料项目下扣除。计算结果见表 12-8。

表 12-8 副产品成本计算表

2014 年 2 月 金额单位：元

成本项目	直接材料	直接人工	制造费用	合计
联合成本	8 000	5 000	7 000	20 000
副产品成本	900	—	—	—
主产品成本	7 100	5 000	7 000	19 100

如果副产品与主要产品分离后，还需要进一步加工处理才能销售，还会继续投入一些材料费用或人工费用。此时，副产品成本要按其分配的联合成本和分离后进一步加工成本综合确定。

[例 12-7]仍采用例 12-5 的资料，假设丙产品还需要进一步加工才能出售，加工过程中发生材料费用 200 元，直接人工 700 元，应负担的制造费用 400 元，计算副产品成本，见表 12-9。

表 12-9 副产品成本计算表

2014 年 2 月 金额单位：元

成本项目	直接材料	直接人工	制造费用	合计
分配联合成本	360	225	315	900
加工费用	200	700	400	1 300
副产品总成本	560	525	715	2 200

任务 12.4 计算等级产品成本

知识准备

等级产品成本的计算

（一）等级产品的含义

等级产品是指所使用的原材料相同，经过的生产工艺相同、品种相同，但是质量不同的产品。如搪瓷器皿、电子元件和纺织产品经常会出现一等品、二等品、三等品和等外品。等级产品产生的原因主要有：工人技术操作不当、管理不善、原材料质量和生产技术条件不一致。

（二）等级产品成本计算

等级产品成本的计算方法应该根据企业具体情况和等级产品产生的原因具体确定。一般情况下，由于技术操作不当或管理不善造成的等级品，成本计算上不应有区别，其售价的不同导致利润不同正说明企业有必要改善经营管理。由于原材料质量和企业生产技术条件造成的等级产品，如果各等级产品售价差别较大可以按照售价比例计算分配各等级产品的成本。

工作案例

[例 12-8]某毛巾厂生产毛巾 50 000 条，由于原材料质量原因造成 8 000 条二等品和 4 000 条三等品，采用售价比例分配计算等级产品成本，其中一等品为标准产品。3 月完工产品总成本 140 400 元，其中直接材料 90 000 元，直接人工 20 400 元，制造费用 30 000 元。3 个等级产品的售价分别为 5 元、4 元和 3 元。等级产品成本计算见表 12-10。

表 12-10　等级产品成本计算表

2014 年 3 月　　　　金额单位：元

项目	产量	售价	系数	总系数（标准产量）	分配率	总成本	单位成本
	（1）	（2）	（3）	（4）=（1）×（3）	（5）	（6）=（4）×（5）	（7）=（6）÷（1）
一等品	38 000	5	1	38 000	3	114 000	3
二等品	8 000	4	0.8	6 400	3	19 200	2.4
三等品	4 000	3	0.6	2 400	3	7 200	1.8
合计	50 000	—	—	46 800	3	140 400	—

项目小结

主要介绍了产品成本计算的辅助方法：分类法。它的特点是不能单独运用于企业的成本计算，必须与产品成本计算基本方法结合使用。

分类法的适用范围是企业生产产品的品种和规格繁多，使用的原料和生产工艺基本相同，可以按一定标准分类的大量生产。分类法计算程序中应注意的问题是分类类距大小的选择及类内各种产品成本分配标准的确定。

项目训练

一、单项选择题

1．采用分类法，应按照（ ）设置“产品成本”明细账。

A．产品品种　　B．产品类别

C．联产品　　D．副产品

2．联产品成本计算主要是指（ ）。

A．联产品联合成本　　B．联产品成本分离前的成本计算

C．联产品的分类问题　　D．联产品可归属成本的计算

3．在本月完工产品与月末在产品之间分配脱离定额差异的依据是（ ）。

A．本月投产产品的定额成本

B．月初在产品的定额成本

C．月末在产品定额成本

D．本月完工产品定额成本和月末在产品定额成本

4．下列可以采用分类法计算产品成本的是（ ）。

A．联产品

B．品种规格繁多，但是可以按一定标准分类的产品

C．由于工人操作原因造成的等级产品

D．由于生产工艺原因造成的等级产品

5．原材料费用脱离定额差异的计算方法有（ ）。

A．限额领料单　　B．切割法

C．盘存法　　D．平均年限法

6. 企业利用同种原料，在同一生产过程中生产出来几种价值不同的主要产品，称（ ）。

A．产成品　　B．联产品

C．副产品　　D．等级产品

7．在分离前发生的加工成本称为（ ）。

A．联合成本　　B．可归属成本

C．可分成本　　D．共同成本

二、多项选择题

1．类内各种（规格）产品成本的分配采用系数分配法时，各种（规格）产品系数确定的依据有（ ）等。

A．产品定额耗用量　　B．产品定额成本

C．产品售价　　D．产品生产地点

2．下列可采用分类法进行产品成本计算的有（ ）。

A．联产品

B．等级产品

C．标准产品

D．产品品种规格繁多，但可按一定标准分类

3．采用分类法计算产品成本，一般可将（ ）等方面相同或相似的产品归为一类。

A．产品的结构、性质　　B．产品耗用的原材料

C．产品的生产工艺过程　　D．产品的销售和使用对象

4．类内不同品种、规格之间费用分配的标准有（ ）等。

A．定额耗用量　　B．定额成本

C．产品售价　　D．产品排列顺序

5．采用分类法计算成本的优点有（ ）。

A．可以简化成本计算工作

B．可以分类掌握产品成本情况

C．可以使类内的各种产品成本的计算结果更为准确

D．便于成本日常控制

6．联产品的成本是由（ ）之和组成。

A．联合成本　　B．可归属成本

C．制造成本　　D．销售成本

7．联产品联合成本的分配方法有（ ）等。

A．系数分配法　　B．相对销售价值分配法

C．实物量分配法　　D．人工成本分配法

8．对于分离后需要进一步加工的副产品，其成本计价的方法有（ ）。

A．副产品只负担可归属成本

B．副产品只负担共同成本

C．副产品既负担可归属成本，也负担分离前的共同成本

D．副产品不负担任何成本

三、判断题

1. 分类法是以成本项目为成本计算对象归集生产费用，计算产品成本的一种方法。( )

2. 分类法不是产品成本计算的基本方法，它与企业生产类型没有直接关系。( )

3. 联产品成本的计算可以采用分类法。( )

4. 分类法与品种法、分批法或分步法一起构成基本的成本计算方法。( )

5. 类内各产品成本的分配，可按选定的分配标准将类内各种产品折合为系数。( )

6. 联产品的成本计算，就是将分离点后联产品的联合成本在各类联产品之间进行分配。( )

7. 对于副产品，可以单独计算成本，可采用与品种法相似的方法计算成本。( )

四、业务核算题

某企业生产的A、B、C、D这4种产品，生产耗用的原材料费用和生产工艺基本相同，可以归为一类，其中A产品为标准产品，采用分类法计算产品成本，该企业2007年6月完工产品成本为26 536元。其中，直接材料10 520元，直接人工6 160元，制造费用9 856元，4种产品该月实际产量分别为200件、240件、480件和300件。4种产品材料消耗定额分别为10千克、12千克、8千克和6千克，4种产品工时定额分别为10时、9时、12时和8时。

要求：采用系数比例法计算类内4种产品的成本，并填制产品成本计算单。

产品成本计算单

2014年6月　　　　金额单位：元

项目	原材料费用总系数	直接材料	其他费用总系数	直接人工	制造费用	合计
A						
B						
C						
D						
合计						

项目 13 成本计算辅助方法（定额法）训练

知识准备

一、定额法的含义和特点

产品成本计算的定额法，是以产品的定额成本为基础，加上脱离定额差异、材料成本差异和定额变动差异，计算产品实际成本的一种方法。它事先制定产品的定额成本作为目标成本，在实际发生时，将实际发生的生产费用与目标成本对比揭示差异，找出原因，及时控制和监督实际费用的支出，并根据定额成本与各种成本差异核算产品实际成本。定额法是一种为了加强企业成本管理，进行成本控制而采用的一种方法。定额法是产品成本计算的辅助方法。其主要特点有：

1．事前制定产品的定额成本

定额法是以产品的定额成本为基础来计算产品的实际成本。采用定额法，企业必须事先制定产品的各项消耗定额和费用定额，并以现行的定额为依据，制定产品的定额成本，作为成本控制的目标。

2．分别计算符合定额差异和脱离定额差异

采用定额法计算产品成本，在生产费用实际发生时，就将符合定额差异和脱离定额差异分别核算，及时揭示实际费用脱离定额差异，以便加强产品成本的日常核算，对产品成本进行有效的控制和分析。

3．完工产品实际成本以定额成本为基础计算

在定额法下，完工产品的实际成本是以完工产品定额成本为基础，加减完工产品应负担的脱离定额差异、材料成本差异和定额变动差异，求得实际成本。用公式表示为：

产品实际成本=产品定额成本±脱离定额差异±材料成本差异±定额变动差异

二、定额成本的制定

采用定额法计算产品成本，首先要制定产品的原材料、动力、工时等的消耗定额，并根据各项消耗定额和原材料的计划单价、计划小时工资率或计件单价、计划小时制造费用率等资料，计算产品的各项费用定额和单位产品的定额成本。计算公式如下：

直接材料费用定额＝单位产品材料消耗定额×材料计划单价

直接人工费用定额＝单位产品工时定额×计划小时工资率

制造费用定额＝单位产品工时定额×计划小时制造费用率

单位产品定额成本＝直接材料费用定额＋直接人工定额＋制造费用定额

产品定额成本与计划成本并不完全相同。定额成本是以现行消耗定额为依据计算的产品成本，年度内可能因为定额的修订而变动；计划成本则是以计划期内平均消耗定额为依据计算的产品成本，计划成本通常是不变的。定额成本反映了企业各时期现有生产条件下应达到的成本水平，是计算产品实际成本的基础，是日常费用控制的依据，而计划成本则反映了企业在计划期内的成本控制目标，是考核成本计划是否完成的依据。

在实际工作中，单位产品定额成本的制定，应包括零件、部件和产成品的定额成本，通常由企业生产技术、计划、会计部门共同制定。一般先制定各零件的定额成本；然后汇总部件和产成品的定额成本。如果产品的零件、部件较多，为了简化成本计算过程，可以不计算零件的定额成本，直接计算部件或产成品的定额成本。零件定额卡、部件定额卡、产品消耗定额和产成品定额成本计算见表 13-1 至表 13-4。

表 13-1　零件定额卡

零件编号：101　　　　零件名称：A　　　　2014 年 3 月

材料编号	材料名称	计量单位	材料消耗定额
C200	Z	千克	8

工序	工时定额/元	累计工时定额/元
第一工序	4	4
第二工序	4	8
第三工序	2	10

表 13-2　部件定额卡

部件编号：B601　　　　部件名称：B　　　　2014 年 3 月　　　　金额单位：元

耗用部件名称	耗用部件数量	材料定额成本				工时消耗定额
		Z 材料			材料金额合计	
		数量	计划单价	金额		
101	2	5	8	40	80	10
102	1	6	8	48	48	15
组装	—	—	—	—	—	5
合计	—	11	8	88	128	30

表 13-3 产品消耗定额计算表

产品名称：甲产品　　2014 年 3 月　　金额单位：元

耗用部件名称	耗用部件数量	材料定额成本		工时消耗定额	
		部件定额	产品定额	部件定额	产品定额
B601	1	128	128	30	30
B602	2	36	72	25	50
装配	—	—	—	—	20
合计	—	—	200	—	100

表 13-4 产品定额成本计算表

2014 年 3 月　　金额单位：元

产品名称	直接材料	工时定额	直接人工		制造费用		定额成本合计
			计划小时费用率	定额成本	计划小时费用率	定额成本	
甲	200	100	1.5	150	2.5	250	600
乙	220	50	1.5	75	2.5	125	420
丙	100	60	1.5	90	2.5	150	340

产品脱离定额差异是指在生产过程中，各项生产费用的实际支出脱离现行定额的数额，包括直接材料脱离定额差异、直接人工脱离定额差异和制造费用脱离定额差异等。脱离定额差异的计算，要在发生各项生产费用的时候，为符合定额差异和脱离定额差异分别编制定额凭证和差异凭证，并在有关的费用分配表和明细账中予以登记。这样，就能及时控制和分析生产费用的支出情况。对于差异凭证，还必须按照规定办理有关的审批手续，严格控制费用的超支，减少浪费和损失。

脱离定额差异也应当按照企业制定的产品成本项目分别核算。

（一）直接材料脱离定额差异的计算

材料脱离定额差异是由于产品实际耗用材料数量与定额耗用量之间的差异而引起的成本差异。

直接材料费用在产品成本中占有相当大的比重，对于直接材料费用更要按照规定对符合定额差异和脱离定额差异分别编制不同凭证予以反映。直接材料脱离定额差异的核算方法一般有以下几种：

1. 限额领料单法

采用定额法计算产品成本时，为了加强材料费用的控制，应当实行限额领料单制度，符合定额的原材料应填制限额领料单等定额凭证领发。由于增加产量需增加的用料，在追加限额手续后，也可以根据定额凭证领发。由于其他原因发生的超额领料，属于材料脱离定额超支的差异，应当专设超额领料单等差异凭证，或者以不同颜色或者加盖专用戳记的普通领料单代替，并在差异凭证中，填写差异的数量、金额及发生差异的原因。差异凭证的填制须经过有关部门的审批。

在每批生产任务完成以后，车间余料应编制退料单。退料单也是一种差异凭证，退料单中原材料的数额和限额领料单中的原材料余额都是原材料脱离定额差异中的节约差异，在实际工作中，可以按下列公式计算本期材料实际消耗量：

本期材料实际耗用量＝本期领用材料数量＋期初结余材料数量－期末结余材料数量

月末将各种材料差异凭证进行汇总，就可以计算出直接材料费用脱离定额差异。计算公式如下：

直接材料脱离定额差异＝（材料实际消耗量－材料定额消耗量）×材料计划单价

2．切割法

为了更好地控制原材料的用料差异，对于某些贵重材料或经常大量使用的，且又需要经过在车间或下料工段切割后才能进一步进行加工的材料，如板材、棒材等，应采用材料切割核算单。材料切割单的格式见表 13-5。通过材料切割核算单，核算用料差异控制用料。

表 13-5　材料切割单

材料名称：C10　　　　材料计量单位：kg　　材料计划单价：8 元

产品名称：甲　　　　　　　　　　　图样号：12

切割工人编号：　　　　　　　　　　机床编号：A18

发交切割日期：2014 年 3 月 11 日　　　完工日期：2014 年 3 月 14 日

发料数量	退回余料数量	材料实际消耗量	废料回收数量
208	18	190	20

单件消耗定额	单件回收废料定额	应切割毛坯数量	实际切割数量	材料定额消耗量	废料定额回收量
10	1	19	18	180	18

材料脱离定额差异			废料脱离定额差异			差异原因	责任人：
数量	单价	金额	数量	单价	金额	由于增加了毛边，减少了毛坯	
10	8	80	−2	1.2	−2.4		

注：表中数字计算过程如下：

应切割毛坯数量＝190÷10＝19（件）

材料定额消耗量＝18×10＝180（千克）

材料脱离定额差异＝（190－180）×8＝80（元）

废料定额回收量＝18×1＝18（千克）

废料脱离定额差异＝（19－20）×1.2＝－2.4（元）

材料切割核算单应按切割材料的批别开立，在材料切割单中要填写切割材料种类、数额、消耗定额和应切割成的毛坯数量。切割完毕后，要填写实际切割的毛坯数量和材料的实际耗量；然后根据实际切割成的毛坯数量和消耗定额，求得材料定额消耗量，再将此与材料实际消耗量相比较，即可确定脱离定额差异。材料定额消耗量、脱离定额的差异，以及发生差异的原因均应填入切割单中，并由相关人员签字。另外，只有在实际切割成的毛坯数量大于或等于应切割毛坯数量的情况下，才可以将超定额回收废料的差异认定为材料费用节约差异。

3．盘存法

盘存法是指通过定期盘存的方法来核算材料脱离定额差异。在企业大量生产，不能按照分批核算原材料脱离定额差异的情况下，应定期（按工作班、工作日或按周、旬等）通过盘存的方法核算差异。下面是具体的核算程序：

（1）根据产品入库单等凭证记录的完工产品数量和在产品盘存（实地盘存或账面结存）数量算出投产产品数量，再乘以原材料消耗定额，算出原材料定额消耗量。其中投产产品数量的计算公式如下：

本期投产产品数量＝本期完工产品数量＋期末在产品数量－期初在产品数量

（2）根据限额领料单、超额领料单、退料单等材料凭证以及车间余料的盘存数量，计算原材料实际消耗量。

（3）将原材料实际消耗量与定额消耗量进行比较，进而确定原材料脱离定额的差异。计算公式如下：

材料脱离定额差异＝本期材料实际消耗量－本期投产产品数量×材料计划单价

应当指出的是，按照上述公式计算本期投产产品数量，必须具备以下条件：原材料在生产开始时一次投入，期初和期末在产品都不再耗用原材料。如果原材料是随着生产的进行陆续投入，在产品还要耗用原材料，那么上述公式中的期初和期末在产品数量应改为按原材料消耗定额计算的期初和期末在产品的约当产量。

[例 13-1]假设某企业生产甲产品，原材料在生产开始时一次投入，单位产品材料消耗定额为 20 千克，材料计划单价为 10 元。甲产品月初在产品 50 件，本期完工产品 1 000 件，期末实地盘点在产品 40 件。根据限额领料单本月领用材料 20 000 千克，期初车间余料 80 千克，期末车间余料 100 千克。材料脱离定额

差异计算如下：

本月投产产品数量＝1 000＋40－50＝990（件）

本月材料定额消耗量＝990×20＝19 800（千克）

本月材料实际消耗量＝20 000＋80－100＝19 980（千克）

材料脱离定额差异＝（19 980－19 800）×10＝1 800（元）

上述计算结果说明甲产品材料脱离定额差异为超支差异 1 800 元。

（二）直接人工脱离定额差异的计算

在计件工资形式下，生产工人工资属于直接计入费用，在计件单价不变的情况下，定额工资没有脱离定额差异。只有在因工作条件发生变化而在计件单价之外支付的工资、津贴、补贴等，才是生产工资脱离定额差异。凡是符合定额的生产工资直接反映在有关的产量记录中。对脱离定额的差异，设置“工资补付单”等差异凭证予以反映，并在“工资补付单”中填写发生差异的原因。

在计时工资形式下，直接人工费用一般为间接计入费用，其脱离定额差异不能在平时计算，只有在月末本月实际直接人工费用总额和产品生产总工时确定后才能计算。其计算公式如下：

$$计划小时工资率=\frac{计划产量下的定额直接人工费用}{计划产量的定额生产工时总数}$$

产品定额直接人工费用＝该产品实际产量的定额生产工时×计划小时工资率

产品实际直接人工费用＝该产品实际生产工时×实际小时工资率

直接人工费用脱离定额差异＝该产品实际直接人工费用－该产品定额直接人工费用

（三）制造费用脱离定额差异的计算

制造费用一般属于间接计入费用，在日常核算中不能按照产品直接确定脱离定额差异，只能根据月份的费用计划，按照费用的发生地点和费用项目计算脱离定额差异，对制造费用进行控制和监督。其计算公式如下：

$$计划小时制造费用率=\frac{某车间制造费用总额}{该车间计划产量的定额工时总数}$$

$$实际小时制造费用率=\frac{某车间实际制造费用总额}{该车间各种产品实际生产工时总数}$$

定额制造费用＝该产品实际产量的定额工时×计划小时制造费用率

实际制造费用＝该产品实际生产工时×实际小时制造费用率

制造费用脱离定额差异＝该产品实际制造费用－该产品定额制造费用

对于废品损失及其发生的原因，应采用废品通知单和废品损失计算表单独反映，其中不可修复废品的成本应按照定额成本计算。由于产品定额成本中一般不包括废品损失，因而发生的废品损失，通常作为脱离定额差异来处理。

通过将产品的各项生产费用都分别计算出符合定额费用的部分和脱离定额差异的部分，在产品的定额成本上，加上或者减去脱离定额的差异，即可求得产品的实际成本。计算公式如下：

产品实际成本＝产品定额成本±脱离定额差异

为了计算完工产品的实际成本，上述脱离定额的差异，还应在完工产品和月末在产品之间进行分配。由于采用定额法计算产品成本的企业，都有现成的定额成本资料，所以脱离定额差异在完工产品与月末在产品之间的分配，大多采用定额比例法进行。计算公式如下：

$$\text{脱离定额差异分配率}=\frac{\text{脱离定额差异合计}}{\text{完工产品定额成本}+\text{月末在产品定额成本}}$$

完工产品分配脱离定额差异＝完工产品定额成本×脱离定额差异分配率

月末在产品分配脱离定额差异＝月末在产品定额成本×脱离定额差异分配率

如果各月在产品的数量比较稳定，也可以采用按定额成本计算在产品成本的方法，将全部差异计入完工产品成本，月末在产品不负担脱离定额差异。

（四）材料成本差异的分配

在采用定额法计算产品成本的企业中，为了便于对产品成本的考核和分析，材料的日常核算都应按计划成本进行。因此，日常所发生的原材料费用，包括原材料定额费用和原材料脱离定额的差异都是按照原材料的计划单位成本计算的。原材料定额费用是定额消耗量乘以计划单位成本，原材料脱离定额的差异是消耗量差异乘以计划单位成本。也就是说，前述的原材料脱离定额的差异，是按计划单位成本反映的数量差异，即量差。因此，月末计算产品的实际原材料费用时，还必须考虑所耗原材料应负担的成本差异问题，即所耗原材料的价差。其计算公式如下：

某产品应分配材料成本差异＝（产品定额成本±脱离定额差异）×材料成本差异率

各种产品应分配的材料成本差异，一般均由各该产品的完工产品成本负担，月末在产品不再负担。

（五）定额变动差异的核算

定额变动差异，是指因修订消耗定额或生产耗费的计划价格而产生的新旧定额之间的差额。定额变动差异与脱离定额差异是不同的。定额变动差异是定额本身变动的结果，它与生产中费用支出的节约或浪费无关；而脱离定额差异则反映生产中费用支出符合定额的程度。

消耗定额和定额成本一般是在月初、季初或年初定期进行修订。在修订定额的月份，其月初在产品的定额成本并未修订，它仍然是按照旧定额计算的。为了将按旧定额计算的月初在产品定额成本和按新定额计算的本月投入的定额成本，在新定额的同一基础上相加，应计算月初在产品的定额差异，以调整月初在产品的定额成本。

月初在产品定额变动差异，可以根据定额发生变动的在产品盘存数量（或在产品账面结存数量）和修订前后的消耗定额，计算出月初在产品新的定额消耗量和新的定额成本，再与修订前月初在产品定额成本比较，计算出定额变动差异。为了简化成本计算工作，也可以根据定额变动前后单位产品的定额成本计算出定额变动系数，采用“系数法”确定月初在产品定额变动差异。计算公式如下：

$$\text{定额变动系数}=\frac{\text{按新定额计算的单位产品定额成本}}{\text{按旧定额计算的单位产品定额成本}}$$

月初在产品定额变动差异＝按旧定额计算的单位产品定额成本×（1＋定额变动系数）

各种消耗定额的变动，一般表现为不断下降的趋势，因而月初在产品定额变动差异，通常表现为月初在产品定额成本的降低。在这种情况下，一方面应从月初在产品定额成本中扣除该项差异；另一方面，由于该项差异是月初在产品生产费用的实际支出，因此还应将该项差异计入本月产品成本。相反，若消耗定额不是下降，而是提高，在计算出定额变动差异后，应将此差异加入月初在产品定额成本之中，同时从本月产品成本中予以扣除，因为实际上并未发生这部分支出。因此，定额变动差异的产生，并不影响生产费用总额的增加或减少。

在有月初在产品定额变动差异时，产品实际成本的计算公式应为：

产品实际成本＝产品定额成本±脱离定额差异±材料成本差异±定额变动差异

定额变动差异一般应按照定额成本比例，在完工产品和月末在产品之间进行分配。因为这种差异不是当月工作的结果，不应全部计入当月完工产品成本。但是，若定额变动差异数额较小，或者月初在产品本月全部完工，那么，定额变动差异也可以全部由完工产品负担，月末在产品不再负担。

工作案例

定额法下，产品实际成本的计算程序如下：

（1）根据消耗定额和费用定额，按照产品的品种和规定的成本项目计算各种产品的定额成本。直接材料根据产品消耗的各种材料的消耗定额和材料的计划单价计算；直接人工按照产品的现行工时定额和计划直接人工费用率计算；制造费用按照产品现行的工时定额和计划制造费用率计算。

（2）按照产品品种设置产品成本明细账，账内分别反映“月初在产品成本”、“本月生产费用”、“完工产品成本”和“月末在产品成本”4部分内容，在各成本项目下根据需要分别设置“定额成本”、“脱离定额差异”、“材料成本差异”和“定额变动差异”小栏目进行详细核算。

需要特别指出的是，在填制月初在产品成本时，如果有定额变动差异，以负号表示定额降低，以正号表示定额提高；本月生产费用务必按符合定额成本和脱离定额成本分别核算。

（3）产品的定额成本加减各种差异，计算产品的实际成本。

[例 13-2]某企业大量生产甲产品，该企业定额管理制度健全，产品生产定型、各项消耗定额比较准确稳定，因此，采用定额法进行成本核算，材料在开工时一次投入，材料成本差异和定额变动差异由完工产品负担，本月材料成本差异率为节约2%。

（1）假设月初在产品数量20件，本月投产60件，本月完工产品70件，月末在产品10件。在产品完工率一律为50%。月初在产品的定额以及脱离定额差异见表13-6。该企业2008年5月对材料消耗定额进行修订，单位产品的消耗定额由40千克降低到36千克。材料计划单价10元。

表 13-6　月初在产品定额成本及脱离定额差异表

产品名称：甲产品　　　　2014年5月　　　　金额单位：元

直接材料	10 000	−500
直接人工	1 000	+100
制造费用	3 000	+200
合计	14 000	−200

月初在产品定额变动差异计算如下：

定额变动系数＝360÷400＝0.9

月初在产品定额变动差异＝10 000×（1−0.9）＝1 000（元）

（2）本月发生的生产费用按照限额领料单及其他凭证归集，实际耗用材料费用22 600元，实际生产工人工资费用6 500元，实际制造费用4 500元，本月投入定额工时1 180小时，本月产品定额成本计算见表13-7。

表 13-7 产品定额成本计算表

产品名称：甲产品 2014 年 5 月 金额单位：元

<table>
<tr><td>材料名称</td><td colspan="2">计量单位</td><td colspan="2">材料消耗定额</td><td>材料计划单价</td><td>材料费用定额</td></tr>
<tr><td>略</td><td colspan="2">千克</td><td colspan="2">40</td><td>10</td><td>400</td></tr>
<tr><td rowspan="2">工时定额</td><td colspan="2">直接人工</td><td colspan="2">制造费用</td><td colspan="2" rowspan="2">产品定额成本合计</td></tr>
<tr><td>计划小时费用率</td><td>金额</td><td>计划小时费用率</td><td>金额</td></tr>
<tr><td>20</td><td>5</td><td>100</td><td>4</td><td>80</td><td colspan="2">580</td></tr>
</table>

（3）根据以上资料计算甲产品成本，见表 13-8。

表 13-8 产品成本计算单

产品名称：甲产品 2014 年 5 月 金额单位：元

项目		直接材料	直接人工	制造费用	合计
月初在产品成本	定额成本	8 000	1 000	3 000	12 000
	脱离定额差异	−500	100	200	−200
月初在产品定额调整	定额变动调整	−1 000	—	—	−1 000
	定额变动差异	1 000	—	—	1 000
本月生产费用	定额成本	21 600	6 200	4 800	32 600
	脱离定额差异	1 000	300	−300	1 600
	材料成本差异	−452	—	—	−452
生产费用合计	定额成本	29 600	7 200	7 800	44 600
	脱离定额差异	500	400	−400	800
	材料成本差异	−452	—	—	−452
	定额变动差异	1 000	—	—	1 000
差异分配率/%		1.69	5.56	−1.28	—
完工产品成本	定额成本	25 900	6 720	7 280	39 900
	脱离定额差异	437.7	373.6	−93.2	718.1
	材料成本差异	−452	—	—	−452
	定额变动差异	1 000	—	—	1 000
	实际成本	26 885.7	7 093.6	7 186.8	41 166.1
月末在产品成本	定额成本	3 700	480	520	4 700
	脱离定额差异	62.5	26.7	−6.7	82.5

注：表中完工产品和月末在产品定额成本是按照约当产量比例法进行分配的。

知识链接

定额法的优缺点和适用范围

定额法的优点主要有以下 3 个方面：

（1）定额法在其日常核算中，既反映了产品的定额成本，又反映了产品实际成本脱离定额的差异，便于企业了解生产费用的节约、超支情况，及时发现生产过程中的问题，采取措施，降低成本，有利于加强企业日常成本控制。

（2）由于产品的实际成本是按照定额成本和脱离定额差异分别核算的，因此，有利于企业定期进行成本分析和成本考核，进一步分析成本差异产生的原因，挖掘企业降低成本的潜力。

（3）脱离定额差异的核算，既可以反映实际成本脱离定额成本的程度，又可以检验定额成本的制定是否科学合理，以便随时修订企业的各项定额，提高定额管理的水平。

定额法的主要缺点是：由于采用定额法，事先必须制定各项消耗定额和工时定额，计算定额成本，事中要分别核算定额成本和脱离定额差异，而且又要根据生产条件的变化，修订消耗定额，重新确定定额成本，因此成本核算的工作量极大，成本核算复杂。因此只有具备较高定额管理水平，有良好的定额管理工作的基础，并且产品的生产已经定型的企业能适用定额法，而生产组织形式是大批、大量类型的企业更容易具备这些条件。

项目小结

主要介绍了产品成本计算的辅助方法：定额法。它的特点是不能单独运用于企业的成本计算，必须与产品成本计算基本方法结合使用。

定额法是一种以定额成本为基础，通过调整脱离定额差异和定额变动差异来计算产品实际生产成本的一种方法。它通过各种原始凭证揭示定额成本与实际成本的差异，因此能够及时反映和控制生产费用支出，有效进行成本控制。定额法主要适用于定额管理制度较好的企业。在定额法的计算程序中应注意定额成本、脱离定额差异、定额变动差异的区别，并能够计算，进一步正确计算产品实际成本。

项目训练

一、单项选择题

1．产品成本计算的辅助方法有（ ）。

A．品种法　　B．分步法　　C．分类法　　D．分批法

2．定额成本是一种（ ）。

A．先进的平均成本　　B．企业实际成本

C．企业成本控制的目标　　D．企业确定的计划成本

3．制定定额成本的依据是（ ）。

A．企业现行的各项定额　　B．企业平均的各项定额

C．企业实际材料消耗和工时消耗　　D．先进的定额成本

二、判断题

1．定额变动差异是产品生产过程中费用脱离现行定额的差异。（ ）

2．定额法是一种将成本计算与成本控制相结合的成本计算方法。（ ）

3．一个企业只能采用同一种方法计算产品成本。（ ）

三、业务核算题

某企业生产甲产品，月初在产品直接材料定额成本为 20 000 元，直接人工为 7 500 元，制造费用为 12 500 元，月初在产品脱离定额差异分别为直接材料－1 250 元，直接人工 650 元，制造费用 1 000 元。

本月投入直接材料定额成本为 190 125 元，直接材料实际成本为 193 750 元；直接人工实际成本 149 340 元，直接人工定额成本为 148 125 元；制造费用实际成本 243 800 元，制造费用定额成本 246 875 元。

本月完工产品产量 400 件，单位产品直接材料 487.5 元、直接人工 375 元、制造费用 625 元。

本月 A 产品的直接材料定额成本由 500 元调整为 487.5 元，材料成本差异率为 1%。材料成本差异和定额变动差异由完工产品负担。脱离定额差异按照定额成本比例在完工产品和在产品之间进行分配。

要求：采用定额法计算 A 产品成本，并填制产品成本计算单（见下表）。

产品成本计算单

产品名称：甲产品　　　　2014 年 5 月　　　　金额单位：元

项目		直接材料	直接人工	制造费用	合计
月初在产品成本	定额成本				
	脱离定额差异				
月初在产品定额调整	定额变动调整				
	定额变动差异				
本月生产费用	定额成本				
	脱离定额差异				
	材料成本差异				
生产费用合计	定额成本				
	脱离定额差异				
	材料成本差异				
	定额变动差异				
差异分配率					
完工产品成本	定额成本				
	脱离定额差异				
	材料成本差异				
	定额变动差异				
	实际成本				
月末在产品成本	定额成本				
	脱离定额差异				

第 4 篇 成本核算的拓展技能训练

学习目标

通过本篇的学习，明确成本报表的作用和成本报表种类；能根据企业有关成本核算的资料编制主要产品单位成本表和其他成本报表，并在此基础上能熟练运用成本分析的基本方法对企业成本进行分析，从而掌握企业成本控制的方法。

单元导航

成本受多种因素的影响，是一项综合指标，成本水平的高低与企业的收益和盈利水平有直接的相关性。提高企业经济效益的重要途径，就是要在保证产品质量的前提下，加强成本管理和控制，降低企业生产成本。在第 2 篇中，我们学习了生产费用的归集和分配的基本方法，掌握了成本核算的基本技能，能够将各类成本信息分门别类地汇总计算；第 3 篇我们学习了针对不同的生产类型和管理要求企业的成本计算方法，能够结合企业生产类型和管理要求对企业成本进行计算，得到企业成本信息，这些资料对于内部指导和监督成本活动无疑是十分重要的，但这些资料还比较分散，远远不能满足企业加强经营管理的需要，为此，有必要将这些成本资料加以归纳整理，形成一定的书面报告，并对报告进行分析，以满足企业内部对成本信息的要求，所以我们还应该掌握成本报表的编制方法，能分析成本升降的原因，把日常的成本核算资料分类、综合，以书面报告的形式提供给企业的管理部门，以便决策者及时了解成本，利用成本有关数据进行预测和决策。本篇包括三个项目：项目 14 是学习和训练成本报表编制，具体讲解成本报表的作用和分类、成本报表的编制；项目 15 是学习和训练成本分析，具体讲解成本分析方法、成本计划的分析、主要产品单位成本的分析；项目 16 是学习和训练成本控制，主要讲解成本控制的基本程序、成本控制方法。

学习建议

学习时，应首先理解和掌握成本报表的编制方法，会进行企业成本的分析，从而掌握成本控制的方法。

本篇的重点是商品产品成本报表、主要产品单位成本报表和制造费用明细表等主要成本报表编制，商品产品成本计划完成情况分析和可比产品成本降低计划完成情况分析，以及标准成本法的运用。

本篇的难点是商品产品成本计划完成情况分析和可比产品成本降低计划完成情况分析，以及标准成本法的运用，依据企业的不同环境选择适合企业的成本控制方法。

项目 14 学习和训练成本报表编制

案例引入

章敏强会计专业大学毕业后任职于一家民营生产企业的财务部。该企业设立甲、乙、丙三个生产车间，主要生产甲、乙、丙三种产品。2014 年 11 月 16 日上午，企业召开了全厂中层干部会议，主要议题是由财务部章敏强汇报各车间产品成本情况。章敏强在给各位参会人员列示了三种产品成本数据后指出，甲车间产品成本管理最好，产品成本降低率达到了 21%，而乙车间排在最后，产品成本降低率只有 8%。听到这个结果后，乙车间主任认为章敏强的结论不对，理由是厂里年初核定的乙产品单位成本为 320 元，而年终实际计算出的乙产品单位成本是 280 元，每件降低了 40 元，产品成本降低率应是 12.5%。厂长王宜弘听后感到纳闷，怎么出来了两个数据？到底哪个正确？还是都不正确？学完本部分内容后你将能给出正确的答案。

会计报表是企业依据日常核算资料加以归集、汇总、加工而成的一个完整的报告体系。通过这一报告体系可以反映企业一定时日的资产、负债和投资人权益的情况及其经营成果和财务状况信息，从而满足企业内外各方了解、分析、考核企业经济效益的需要。企业会计报表分为两大类：一类为向外报送的会计报表，如资产负债表、利润表、现金流量表，其具体格式和编制说明由会计制度作出规定；另一类为企业内部管理需要的报表，如成本报表等，其具体种类、格式由企业自行规定。成本报表是企业内部报表中的主要报表，本项目主要介绍成本报表的种类及其编制方法。

任务 14.1 认知成本报表的作用和分类

一、成本报表的作用

（一）反映企业报告期内产品成本水平

产品成本是反映企业生产技术经营成果的一项综合性指标，企业在一定时期内的物质消耗、劳动效率、工艺水平、生产经营管理的水平，都会直接或间接地在产品成本中综合地体现出来。通过编制成本报表能够及时地发现企业在生产、技术、质量、管理等方面取得的成绩和存在的问题，不断总结经验，提高企业经济效益。

（二）反映企业成本计划的完成情况

成本报表中所反映的各项产品成本指标，对掌握企业一定时期的成本水平，分析、考核产品成本计划完成情况和加强成本管理等具有重要作用。

（三）为制定成本计划提供依据

计划年度的成本计划是在报告年度产品成本实际水平的基础上，结合报告年度成本计划执行情况，考虑计划年度中可能出现的有利因素和不利因素而制定的，所以本期报表所提供的资料，是制定下期成本计划的重要参考依据，各管理部门还可以根据成本报表的资料对未来时期的成本进行预测，为企业制定正确的经营决策和加强成本控制及时提供相关而有用的数据。

（四）为企业的成本决策提供信息

对成本报表进行分析，可以发现成本管理工作中存在的问题，查明产品成本升降情况，可以揭示成本差异对产品成本升降的影响程度，从而把注意力集中放在那些不正常的、对成本有重要影响的关键性差异上，查明原因和责任，以便采取有针对性的措施，促使成本水平的不断降低，为企业挖掘降低成本的潜力指明方向。

二、成本报表的分类

成本报表作为企业内部的报表，其格式、编报时间、报送对象等，都由企业根据自身的特点和企业管理的具体要求而定。不仅企业之间各不相同，就是同一企业在不同时期也可能设置不同的内部成本报表。一般情况下，成本报表具有种类多、编报迅速、涉及面广、与企业生产工艺过程联系紧密等特点。

（一）按报表反映的内容分类

1．反映成本计划执行情况的报表

这类报表主要有商品产品成本报表、主要产品单位成本报表、制造费用明细表等。通过它们可以揭示企业为生产一定产品所付出成本是否达到了预定的要求。在报表中，可将报告期实际成本水平与计划成本水平、历史成本水平以及同行业成本水平进行比较，以反映成本管理工作的成效，并为深入进行成本分析、挖掘降低成本的潜力提供资料。

2．反映费用支出情况的报表

这类报表主要有财务费用明细表、管理费用明细表、销售费用明细表等。通过它们可以了解企业在一定时期内费用支出的总额及其构成的情况，了解费用支出的合理程度和变动趋势，以便于企业管理部门正确制定费用预算，考核各项消耗和支出指标的完成情况，明确各有关部门和人员的经济责任。

3．反映生产经营情况的报表

这类报表有生产情况表、材料耗用表、材料差异分析表等。这类报表属于专题报表，主要反映生产中影响产品生产成本的某些特定的重要问题，一般依据实际需要灵活设置。

（二）按报表编制的时间分类

成本报表在报送内容上虽不像财务报表那样规范，尤其在报送时间上具有很大灵活性，但主要报表仍可按编制时间分为年报、季报、月报、旬报、周报、日报等报表。

知识链接

道化学公司的实践

道（Dow）化学公司的主计长怀疑，他们为经理们提供了过量内容的会计信息，使经理们无法有效地使用信息，每一层次的经理都会收到一套完整的月度会计报表。主计长意识到经理们将“过多”的时间用在了分析数据上，进而对过量分析产生了疑问，亦即信息流动加快是否有助于更好地制定决策？信息流转是否有效？

带着这个疑问，主计长和其下属对全公司经理进行了调查，以决定哪些信息是真正需要的。他们向经理们提出这样的问题，“谁需要信息？”和“怎样利用信息？”主计长的调查显示，他们提供了过多的报告使经理们使用大量的时间分析报告。因此主计长决定使用季度报告。月度报告的消除使公司获得了更大的信息和管理分析上的成本节约，而经理们也可以通过季度报告更好地工作。

任务 14.2 成本报表的编制训练

一、成本报表编制概述

（一）成本报表的设置要求

成本报表一般根据企业生产特点与管理需要自行设置，并可随着情况的变化对报表的种类、格式进行调整。在设置成本报表时应重点考虑以下几个方面：

1．报表的专题性

成本报表有些反映企业成本全貌，有些则反映成本中的某一问题。成本报表设置考虑其专题性是首要问题。专题性即指成本报表的设置要反映成本管理的某一方面需要，突出管理中的重点问题，要对成本形成影响大、费用发生集中的部门设置报表，使成本报表的编制能取得最好的效果。

2．报表指标内容的实用性

成本报表指标的设置以适应企业内部管理的需要为基础，成本指标既可按完全成本反映，也可以按变动成本反映，还可以考虑将成本指标与生产工艺规程及各项消耗定额对照，以便从最原始的资料入手，分析成本升降的原因，挖掘降低产品成本的潜力。

3．报表格式的针对性

成本报表格式的设计要能针对某一具体业务的特点及其存在问题，重点突出，简明扼要。

（二）成本报表的编制要求

为了充分发挥成本报表在经济管理中的积极作用，企业应按照一定的要求正确编制各种成本报表。

1．数字准确

数字准确，是指报表中的各项数据必须真实可靠，不能任意估计，更不允许弄虚作假、篡改数字，因此，企业在编制报表前，应将所有的经济业务登记入账，应核对各种账簿之间的记录，做到账账相符；清查财产、物资，做到账实相符。然后再依据有关账簿的记录编制报表。报表编制完毕后，还应检查各个报表中相关指标的数字是否一致。

2．内容完整

内容完整，是指主要报表种类应齐全，应填列的报表指标和文字说明必须全面，表内项目和表外补充资料，不论根据账簿资料直接填列，还是分析计算填列，都应当完整无缺，不得任意取舍。注意保持各成本报表计算口径一致，计算方法如有变动，应在附注中说明。对定期报送的主要成本报表，还应有分析、说明生产成本和费用升降情况、原因、措施的文字材料。

3．编报及时

成本报表有些定期编制，有些不定期编制，无论是定期编制或是不定期编制，都要求及时编制，及时反馈。所谓编报及时是指根据企业管理部门的需要迅速提供各种成本报表。只有这样，才能及时地对企业成本完成情况进行检查和分析，从中发现问题，及时采取措施加以解决，以充分发挥成本报表的应有作用。要做到这一点，要求企业不仅要做好日常成本核算工作，还要注意整理、收集有关的历史成本资料、同行业成本资料、统计资料以及成本计划资料、费用预算资料等。

二、商品产品成本报表的编制

（一）商品产品成本报表的概念和作用

商品产品成本报表是反映企业在报告期内生产的全部商品产品（包括可比产品和不可比产品）的总成本和各主要商品产品的单位成本的会计报表。

编制商品产品成本报表是为了考核企业全部商品产品成本的执行情况以及可比产品成本降低任务的完成情况，以便分析成本增减变化的原因，指出进一步降低产品成本的途径。

（二）商品产品成本报表的结构和内容

商品产品成本报表按可比产品和不可比产品分别反映其单位成本和总成本。可比产品是指以前年度或上年度曾经生产过的产品；不可比产品是指以前年度或上年度未正常生产过的产品。对可比产品而言，因需要同上年度实际成本做比较，所以表中不仅要列示本期的计划成本和实际成本，而且还要列示按上年实际平均单位成本计算的总成本。对不可比产品而言，因没有上年的实际单位成本可比，所以只列示计划成本和实际成本。商品产品成本报表的格式见表 14-1。

表 14-1 商品产品成本表

2014 年 12 月

金额单位：元

产品名称	计量单位	实际产品		单位成本				本月总成本			本年累计总成本		
		本月	年内累计	上年实际平均	本年计划	本月实际	本年累计实际平均	按上年实际平均单位成本计算	按本年计划单位成本计算	本月实际	按上年实际平均单位成本计算	按本年计划单位成本计算	本年实际
		（1）	（2）	（3）	（4）	（5）=（9）/（1）	（6）=（12）/（2）	（7）=（1）/（3）	（8）=（1）/（4）	（9）	（10）=（2）/（3）	（11）=（2）/（4）	（12）
可比产品合计								43 050	40 600	37 025	476 200	448 400	417 000
其中：甲	件	30	320	1 010	970	880	900	30 300	29 100	26 400	323 200	310 400	28 800
乙	件	25	300	510	460	425	430	12 750	11 500	10 625	153 000	138 000	129 000
不可比产品合计									10 800	10 440		102 000	102 300
其中：丙	件	18	170		600	580	590		10 800	10 440		102 000	102 300
产品成本合计									51 400	47 465		550 400	517 300

补充材料：（1）可比产品成本降低额 59 200 元；（2）可比产品成本降低率 12.43%；（3）计划成本降低额 33 100 元；（4）计划成本降低率 6%。

（三）商品产品成本报表的编制方法

（1）“产品名称”栏按企业规定的主要商品产品的品种分别列示，每项注明各品种的名称、规格和计量单位。

（2）“实际产量”栏数字应根据成本计算单等资料所记录的本月和从年初起到本月末止的各种主要商品产品实际产量填列。

（3）“单位成本”栏数字应按上年度或以前年度报表资料、本期成本计划资料和本期实际成本资料分别计算填列。

（4）“本月总成本”栏数字按本月实际产量分别乘以上年实际平均单位成本、本月计划单位成本和本月实际单位成本的积填列。

（5）“本年累计总成本”栏数字应按自年初到本月末止的本年累计产量分别乘以上年实际平均单位成本、本年计划单位成本和本年累计实际平均单位成本的积填列。

（6）补充资料中，可根据计划、统计和会计等有关资料计算后填列。其中，可比产品成本降低额和可比产品成本降低率，可以按下列公式计算后填列。

$$\text{可比产品成本降低额}=\text{按上年实际平均单位成本计算的可比产品总成本}-\text{本年可比产品实际总成本}$$

$$\text{可比产品成本降低率}=\text{可比产品成本降低额}\div\text{按上年实际平均单位成本计算的可比产品成本}\times 100\%$$

根据表 14-1 的资料计算如下：

可比产品成本降低额=476 200–417 000=59 200（元）

可比产品成本降低率=59 200÷476 200×100%=13.43%

三、主要产品单位成本报表的编制

（一）主要产品单位成本报表的概念和作用

主要产品单位成本报表，是反映企业一定时期内主要产品生产成本水平、变动情况及构成情况的成本报表。由于商品产品成本报表中各主要产品的成本只列示总数，无法根据表格分析构成情况，因此要编制主要产品单位成本报表作为商品产品成本报表的补充报表。

编制主要产品单位成本报表是为了考核各种主要产品单位成本计划的执行情况，分析单位成本的构成，分析各成本项目的变化及其原因，以便深入寻找差距，挖掘潜力，降低成本。

（二）主要产品单位成本报表的特点结构

主要产品单位成本报表的特点是按产品的成本项目分别反映产品单位成本及各成本项目的历史先进水平、上年实际平均、本年计划、本月实际和本年累计实际平均的成本资料。

通过该报表，可以反映出主要产品单位成本的变动，并可分析产品成本变动的原因。主要产品单位成本报表的格式见表 14-2。

表 14-2　主要产品单位成本表

2014 年 12 月　　　　　　　　　　　　　　　　　　　　金额单位：元

产品名称	规格	计量单位	产量		直接材料					直接人工					制造费用					产品单位成本				
			本月实际	本年累计实际	历史先进水平	上年实际平均	本年计划	本月实际	本年累计实际平均	历史先进水平	上年实际平均	本年计划	本月实际	本年累计实际平均	历史先进水平	上年实际平均	本年计划	本月实际	本年累计实际平均	历史先进水平	上年实际平均	本年计划	本月实际	本年累计实际平均
1	2	3	4	5	6	7	8	9	10	11	12	13	14	15	16	17	18	19	20	21	22	23	24	25
甲		件	30	320	60	70	66	61	62	10	13	12	10	11	12	18	19	16	17	82	101	97	87	90
乙		件	20	200	79	82	81	80	81	32	35	34	34	34	19	21	20	20	20	130	138	135	134	135
丙		件	18	150	40	43	42	41	41	68	72	70	70	71	18	20	20	21	20	126	135	132	132	132

（三）主要产品单位成本报表的编制方法

主要产品单位成本报表的编制方法如下：

（1）基本部分的产品名称、规格、计量单位、产量，根据有关产品成本计算单填列。

（2）各成本项目的历史先进水平的数字，根据企业的成本历史资料填列。

（3）各成本项目的上年实际平均单位成本的数字，根据上年度的成本资料填列。

（4）各成本项目的本年计划单位成本的数字，根据本年计划资料填列。

（5）各成本项目的本月实际单位成本的数字，根据实际成本资料填列。

（6）各成本项目的本年累计实际平均单位成本的数字，根据本年各项目总成本除以累计产量后的商数填列。

四、制造费用明细表的编制

（一）制造费用明细表的概念和作用

制造费用明细表是反映企业在一定时期内为组织和管理生产所发生的费用总额和各明细项目数额的报表。

利用制造费用明细表可以考核企业制造费用的构成和变动情况，考核制造费用预算执行结果，以便进一步采取措施，降低费用，达到降低产品制造成本的目的。

（二）制造费用明细表的结构和内容

制造费用明细表按照其费用明细项目反映企业在本期内实际发生的各项费用。该表按费用项目分别“上年实际”、“本年计划”、“本年实际”进行反映。通过本年实际与上年实际比较，可了解制造费用各项目的变动情况，从动态上研究其特征及发展规律；本年实际与本年计划比较，可以反映制造费用计划完成情况及节约或超支的原因。

制造费用明细表中费用明细项目的划分，可参照财政部有关制度的规定，也可根据企业的具体情况增减，但不宜经常更动，以保持各报告期之间相关数据的可比性。若本年度内对某些明细项目的划分做了修改使得计算结果与上年不一致，应将上年度有关报表的对应明细项目按照本年度划分标准进行调整，并在表后的附注中以文字说明。

制造费用明细表的格式见表 14-3。

表 14-3　制造费用明细表

2014 年 12 月　　　　金额单位：元

项目	行次	上年实际	本年计划	本年实际
职工薪酬	1	17 000	18 390	21 090
折旧费	2	20 000	20 000	22 500
修理费	3	11 000	12 900	10 850
办公费	4	1 400	1 800	1 360
水电费	5	7 000	7 000	7 200
机物料消耗	6	6 500	6 600	6 360
劳动保护费	7	30 000	30 000	27 800
季节性停工损失	8	—	—	—
保险费	9	—	—	—
其他	10	—	—	—
合计		92 900	93 690	97 260

（三）制造费用明细表的编制方法

（1）“上年实际”栏则根据上年制造费用明细表的有关明细填列。

（2）“本年计划”栏应分别根据本年费用计划资料填列。

（3）“本年实际”栏应根据制造费用明细账中有关数字填列。

五、其他成本报表的编制

企业除了编制上述各种成本报表外，还要根据企业成本管理的需要编制其他成本报表，这些报表主要包括责任成本报表、生产损失报告表等。其他成本报表视企业的具体需要而编制，因此这些报表具有形式灵活、种类繁多、强调时间的及时性和内容的针对性等特点。

（一）责任成本报表

责任成本报表是实行责任成本预算和核算的企业，根据各成本责任中心的日常责任成本核算资料编制的，用以反映和考核责任成本预算执行情况的报表。

责任成本是指责任中心可控的成本。责任成本报表的内容通常按各成本中心的可控制成本列示其预算数、预算调整数、实际数、业务量差异和各种差异。责任成本报表的内容的详细程度应服从于各级成本管理人员的信息需求，越低层次的责任成本报表越详细，越高层次的责任成本报表越概要。责任成本报表的核心是揭示差异，如果预算数小于实际数，称为“不利差异”，表示可控成本的超支，通常用“+”或“U”表示；如果预算数大于实际数，称为“有利差异”，表示可控成本的节约，通常用“–”或“F”表示。

责任成本报表的一般格式见表 14-4。

表 14-4 ××基本生产车间责任成本报表

2014 年 12 月　　　　金额单位：元

项目	预算	调整预算	实际	业务量差异	耗费或效率差异
	（1）	（2）	（3）	（4）=（2）-（1）	（5）
直接材料：材料	20 000	25 000	22 000	+5 000	
材料耗用量差异					−3 000
直接人工	30 000	28 000	32 000	−2 000	
效率差异					−1 000
工资率差异					+5 000
变动制造费用	36 000	39 600	30 800	+3 600	
效率差异					−3 400
耗用差异					−5 400
变动成本合计	86 000	92 600	84 800	+6 600	−7 800
可控固定成本					
管理人员工资	8 000	8 000	8 500		+500
折旧	30 000	30 000	30 000		0
合计	38 000	38 000	38 500		+500
车间可控成本合计	124 000	130 600	123 300	+6 600	−7 300

责任成本报表的编制方法：第（1）栏直接根据各责任中心的责任成本预算填

列；第（2）栏以实际生产量、标准单耗和标准单价三者的乘积填列；第（3）栏和第（5）栏直接根据各责任中心的成本和有关差异账户的数据填列。

（二）生产损失报表

为了分析各项生产损失产生的原因，企业需要有关部门编制"生产损失报表"。生产损失报表可直接根据"停工损失"、"废品损失"等账户的记录或其他原始凭证填列。生产损失报表的一般格式见表 14-5。

表 14-5　××车间生产损失报表

2014 年 12 月　　　　金额单位：元

<table>
<tr><td colspan="2" rowspan="3">项目</td><td rowspan="3">原因</td><td rowspan="3">数量</td><td rowspan="3">工时</td><td colspan="6">报废净损失</td><td colspan="4">修复费用</td><td rowspan="3">备注</td></tr>
<tr><td colspan="4">生产成本</td><td rowspan="2">回收残值</td><td rowspan="2">净损失</td><td rowspan="2">直接材料</td><td rowspan="2">直接人工</td><td rowspan="2">制造费用</td><td rowspan="2">合计</td></tr>
<tr><td>直接材料</td><td>直接人工</td><td>制造费用</td><td>合计</td></tr>
<tr><td rowspan="3">废品损失</td><td>可修复</td><td></td><td></td><td></td><td></td><td></td><td></td><td></td><td></td><td></td><td></td><td></td><td></td><td></td><td></td></tr>
<tr><td>不可修复</td><td></td><td></td><td></td><td></td><td></td><td></td><td></td><td></td><td></td><td></td><td></td><td></td><td></td><td></td></tr>
<tr><td>合计</td><td></td><td></td><td></td><td></td><td></td><td></td><td></td><td></td><td></td><td></td><td></td><td></td><td></td><td></td></tr>
<tr><td colspan="2" rowspan="2"></td><td colspan="3">工资福利费</td><td colspan="3">办公费</td><td colspan="3">折旧费</td><td colspan="3">其他</td><td colspan="2">合计</td></tr>
<tr><td colspan="3"></td><td colspan="3"></td><td colspan="3"></td><td colspan="3"></td><td colspan="2"></td></tr>
</table>

项目小结

成本报表通过表格的形式对企业发生的成本费用进行归纳和总结，为企业内部管理提供所需的会计信息，为企业制定成本计划提供依据，反映成本计划的完成情况。

为了充分发挥成本报表在经营管理中的积极作用，编制成本报表应数字准确、内容完整、编报及时。为了揭示企业为生产一定产品所付出的成本是否达到预定的要求，通常需要编制商品成本报表、主要产品单位成本报表和制造费用明细表等。

成本分析是指根据成本核算资料和成本计划资料及其他有关资料，运用一系列专门方法来揭示企业成本计划的完成情况，查明影响原因，计算各因素变动对计划完成的影响程度，以帮助企业寻找降低成本、挖掘内部增产节约潜力的一项专门工作。其蕴含于费用发生和成本形成的全过程。

项目训练

一、单项选择题

1. 企业成本报表是（ ）

A. 对外报表　　B. 对内报表

C. 既是对外报表，也是对内报表　　D. 由企业自行决定对内还是对外报送

2. 成本责任中心的责任成本报表，一般只需要按该责任中心的（ ）列示。

A. 产品成本　　B. 变动成本　　C. 可控成本　　D. 不可控成本

3. 成本报表属于内部报表，成本报表的种类、格式等由（ ）。

A. 企业自行决定　　B. 国家统一决定

C. 国家做原则性规定　　D. 上级主管部门决定

4. 商品产品成本报表是反映企业在报告期内生产（ ）。

A. 全部商品产品的总成本　　B. 主要商品产品的总成本

C. 主要商品的单位成本　　D. 全部商品的单位成本

5. 责任成本报表通常只反映各成本中心的（ ）。

A. 可控成本　　B. 不可控成本　　C. 全部成本　　D. 单位成本

二、多项选择题

1. 成本报表的设置要求是（ ）。

A. 专题性　　B. 实用性　　C. 针对性　　D. 对外性

2. 成本报表的编制要求是（ ）。

A. 数字准确　　B. 内容完整　　C. 编报及时　　D. 内容统一

3. 主要产品单位成本报表应列示（ ）等内容。

A. 历史先进水平　　B. 上年实际平均水平

C. 本年计划　　D. 标准成本

4. 以下说法正确的有（ ）。

A. 责任成本是指责任中心可控的成本

B. 责任成本报表的核心是差异的揭示

C. 责任成本报表内容的详细程度应服从于各级成本管理人员的信息需求

D. 责任成本报表是用以反映和考核责任成本预算执行情况的报表

5. 下列关于制造费用明细表的说法正确的有（ ）。

A. 制造费用明细表中费用明细项目的划分有统一规定

B．通过本年实际与本年计划比较，可以反映制造费用计划完成情况及节约或超支的原因

C．利用制造费用明细表可以考核企业的制造费用的构成和变动情况

D．制造费用明细表的格式由企业自行决定

三、判断题

1．成本报表是重要的对外报表。（ ）

2．不同企业的成本报表可以存在差异。（ ）

3．由于成本指标的特殊性，成本报表只能定期编制和报送。（ ）

4．成本报表一般根据企业生产的特点与管理的需要自行设置。（ ）

5．成本报表的数字准确是指报表中的各项数据必须真实可靠。（ ）

6．商品产品成本报表只反映可比产品的有关情况。（ ）

7．商品产品成本报表中各主要产品的成本只列示总数。（ ）

8．责任成本报表的核心是差异的揭示。（ ）

9．生产损失报表可直接根据“停工损失”、“废品损失”等账户的记录或其他的原始凭证填列。（ ）

10．主要产品单位成本表是按产品的成本项目分别反映产品单位成本资料。（ ）

四、核算题

目的：练习全部产品成本报表的编制。

资料：某公司按产品种类反映的全部产品生产成本表如下表所示。

全部产品生产成本表

2014 年 12 月　　　　金额单位：元

产品名称	计量单位	实际产量	单位成本			总成本		
			上年实际平均	本年计划	本期实际	按上年实际平均单位成本计算	按本年计划单位成本计算	本期实际
可比产品合计								
其中：甲产品	件	30	700	690	680			
乙产品	件	35	900	850	830			
不可比产品合计								
其中：丙产品	件	20		400	460			
全部产品								

要求：

（1）计算并填列全部产品生产成本表中总成本各栏金额；

（2）计算可比产品成本降低额和可比产品成本降低率。

项目 15　学习和训练成本分析

案例引入

当 2014 年新年钟声敲响的时候，某钢铁公司仍然是一片紧张的生产景象，上下班的职工们像平时一样认真地开起班前或班后成本分析会。

晚 11 时 50 分，某炼钢厂转炉工段丙班的全体职工已换好工作服，戴上安全帽，“全副武装”地召开班前会。值班长王海认真考勤之后，作了简短的发言：“昨天因为钢水温度偏低，我们班产量并不高，成本也没降多少。有人说这是客观原因造成的，但我觉得这和我们没有执行好操作程序有很大关系。今天一定要吸取教训，力争完成生产 45 炉钢的任务。”

这时转炉工段工段长走进屋里给夜班工人拜年，并带来了一大袋花生和糖果。他告诉记者，去年这个班的经济效益在炼钢厂排名第二位，今年他们铆足了劲，在元月份已名列榜首。

晚 11 时 55 分，班前会结束。16 名工人走出休息室，开始生产新年的第一炉钢。

这时，下了班的炼钢厂大板坯工段丙班的职工们开起成本分析会。

“日核算、旬分析、月总结”是大板坯工段的“专利”，其内容是：对生产班组而言，每天要核算成本，每旬要分析成本，每月要写出书面成本总结，制定今后降低成本的措施。

“今天又赚大了!”成本核算员张强核算完成本后。高兴得几乎跳了起来。

成本分析在企业管理活动中起着极其重要的作用。它不仅有利于企业揭示问题，找出差距，提高管理水平，而且还可以分清成本的经济责任，促进企业成本责任制度完善。本项目主要阐述成本分析的意义、成本分析的方法以及成本分析方法在全部商品产品成本计划完成情况分析和单位产品成本分析中的应用。

任务 15.1 认知成本分析方法

知识准备

成本分析是为了满足企业各管理层了解成本状况及进行经营决策的需要，以成本核算资料为基础，结合其他有关的核算、计划和统计资料，采用一定的方法解剖成本变动的原因、经营管理问题及业绩的管理活动。

通过成本分析，可以考核企业成本计划的执行情况，评价企业过去的成本管理工作；可以揭示问题和差距，促使企业挖掘降低成本的潜力，寻求降低成本的途径和方法；可以认识和掌握成本变动的规律性，从中总结成本管理的经验和教训，提高企业经营管理的水平；可以为企业编制成本计划、预算和进行经营决策提供可靠的依据；可以检查企业成本管理行为的合理、合法性，从而促进企业更好地贯彻执行有关成本管理的法规和制度；可以划清成本管理的经济责任，了解各项成本管理责任制度是否健全，促进企业完善成本管理责任制度。

成本分析方法是进行成本分析的重要手段，运用得当将对成本分析的整个过程带来有利的影响。

一、比较分析法

比较分析法是将分析期的实际数同某些选定的基准数进行对比来揭示实际数与基准数之间的差异，借以了解成本管理中的成绩和问题的一种分析方法。

比较的基数由于分析的目的不同而有所不同，一般有计划数、定额数、前期实际数、以往年度同期实际数以及该企业的历史先进水平和国内外同行业的先进水平等。

将实际数与计划数或定额数对比，可以揭示计划或定额的执行情况，但在分析时还应检查计划或定额本身是否既先进又切实可行，因为实际数与计划数或定额数之间差异，除了实际工作的原因以外，还可能是由于计划或定额太保守或不切实际而造成的；将本期实际数与前期实际数或以往年度同期实际数对比，可以考究成本的发展变化情况；将本期实际数与该企业的历史先进水平对比，将该企业实际数与国内外同行业的先进水平对比，可以发现与先进水平之间的差距，从而学习先进，赶上和超过先进。

在运用比较分析法时，必须注意指标的内容、计划标准、时间长短和计算方法的可比性，考虑所处的环境、客观条件。

二、比率分析法

比率分析法是通过计算各项指标之间的相对数，即比率，借以考察成本活动的相对效益的一种分析方法。比率分析法主要有相关指标比率分析法和结构比率分析法两种。

1．相关指标比率分析法

它是计算两个性质不同而又相关的指标的比率进行数量分析的方法。在实际工作中，由于企业规模不同等原因，单纯对比销售收入或利润等绝对数的多少，不能准确说明各个企业经济效益好坏。如果计算成本与销售收入或利润相比的相对数，即销售收入成本率或成本利润率，就可以较为准确地反映各企业经济效益的好坏。

销售收入成本率高的企业经济效益差，比率低的企业经济效益好。成本利润率则反之，即比率高的企业经济效益好，比率低的企业经济效益差。

2．结构比率分析法

结构比率分析法又称比重分析法和构成比率分析法。它主要是通过计算某项成本指标的各个组成部分占总体的比重来分析其内容构成的变化，例如，把构成产品生产成本的各个成本项目（直接材料、直接工资、制造费用）与产品生产成本比较，计算占总成本的比重，然后把不同时期同样产品的成本构成相比较，观察产品成本构成的变化与提高生产技术水平和加强经营管理的关系，就能为进一步降低成本指明方向。

三、因素分析法

以上两种方法，只能揭示实际数与其基数之间的差异，即揭示差距，但难以揭示产生差距的原因。因为一个经济指标的完成，往往是多种因素影响的结果。只有把这种综合性的指标分解为各种构成，从而找出主要因素，分清责任，才能了解指标完成好坏的真正原因。这种把综合性指标分解为各个因素的方法，称为因素分析法。

由于各构成因素之间相互关系的复杂性不同，因素分析法又可分为定量因素分析法和定性因素分析法。

1．定量的因素分析法

定量的因素分析法又称连环替代法，它是用来分析引起某个经济指标变动的各个因素影响程度的一种数量分析方法。

运用因素分析法的一般程序是：

（1）确定某项指标由哪几个因素构成；

（2）确定各个因素与该指标的关系，是加减关系还是乘除关系；

（3）采用适当方法分解因素；

（4）计算确定各个因素影响的数额。

[例 15-1]某企业 2014 年原材料费用实际为 5 610 元，计划为 5 400 元，实际比计划增加了 210 元，其原材料消耗情况如表 15-1 所示。

表 15-1 原材料消耗情况表

项目	单位	计划数	实际数	差异
产量	件	100	102	+2
单位产品原材料消耗	千克	9	10	+1
材料单价	元	6	5.5	–0.5
原材料费用总额	元	5 400	5 610	+210

从表 15-1 可知，原材料费用实际比计划多 210 元，是由于产量、单耗、材料价格所致，用连环替代法分析各因素的影响程度，计算如下：

计划指标 100×9×6=5 400

替　代（1）102×9×6=5 508　　　　→+108

（2）102×10×6=6 120　　　　→+612

（3）102×10×5.5=5 610　　　→–510

合计　→+210

分析结果告知，由于产量增加使原材料费用增加 108 元，由于单耗提高使原材料费用实际比计划增加 612 元，由于材料价格下降使实际比计划下降 510 元，因此全部因素的影响：108+615–510=210（元）

应用连环替代法，应注意这一方法是假定各个因素依照一定的顺序发生变动而进行替代计算的，因而，计算的结果具有一定程度的假定性。换言之，它与连锁替代的顺序有很大关系，顺序改变了，各个因素的数值也将不同。分析的替代顺序应该根据指标的经济性质、各个组成因素的内在联系和分析的具体要求而定。

2．定性的因素分析法

连环替代法是从数量上说明影响程度，但还有很多具体因素是无法用数量来加以说明的，如影响原材料费用高低的因素之一有单位产品原材料消耗，该因素使原材料费用上升 612 元，但影响单位产品消耗量的因素还有很多，如工人的技术水平、机器设备的先进水平、材料的质量、管理水平等都将影响单耗。为此，应在此基础上结合实际情况查明影响该项指标变动的具体原因。

知识链接

成本分析的评价标准

正确确定成本分析评价标准，对于发现问题、找出差距、正确评价至关重要。因为不同的成本分析评价标准，可能会对同一分析对象得出截然不同的分析结论。成本分析评价标准主要有历史标准、行业标准和预算（计划）标准。

1. 历史标准

历史标准是指以企业过去一段时间的实际业绩为标准。在实践中，历史标准可以是企业上年同期的成本水平，也可以是企业以前正常条件下的成本水平或企业的历史最高水平。采用历史标准的好处：一是具有较高的可比性；二是较为可靠；三是能够看出自身的发展变化趋势。这种方法的不足之处在于：一是这种标准比较保守，因为现实要求与历史条件可能不同；二是只能说明企业自身的发展变化，但不能评价企业在同行业中的地位和竞争能力。

2. 行业标准

行业标准是指某些成本指标按行业制定，反映行业成本状况的基本水平。企业在成本分析中运用这一标准，可以了解本企业在行业中所处的地位和水平。当然，也可以采用同行业某一比较先进企业的成本水平作为标准。

3. 预算（计划）标准

预算标准是指根据本企业经营条件和状况制定的成本标准。该标准主要用于内部分析，用来作为企业某些方面经营活动的奋斗目标，用于考核和评价企业各级、各部门经营者的经营业绩。但该标准的确定受人为因素影响，因而缺乏客观依据。

任务 15.2　成本计划完成的分析训练

成本计划完成情况分析是指对商品产品成本计划以及可比产品成本计划完成情况进行总的分析和评价。

一、商品产品成本计划完成情况分析

如前所述，企业商品产品包括可比产品和不可比产品。可比产品是指企业以

前正式生产过的、有历史成本资料的产品；不可比产品指企业以前从未生产过的、没有历史成本资料的产品。由于不可比产品没有历史成本资料，所以，商品产品成本的分析，不能用实际总成本与上年成本比较，只能用实际总成本同计划总成本对比。

实际总成本是以实际产量乘以实际单位成本计算的，而计划总成本是以计划产量乘以计划单位成本计算的，总成本的升降除受单位成本变动的影响外，还受到产量的影响。为了使成本指标具有可比性，在分析商品产品成本计划完成情况时，应剔除产量变动对成本计划完成情况的影响，实际总成本、计划总成本一律按实际产量来计算。

商品产品成本计划完成情况的分析，是一种总括性的分析，可以从以下三个角度进行分析：

（一）按产品种类分析商品产品成本计划的完成情况

此项分析，是将全部商品产品成本按产品品种汇总，将实际成本与计划成本对比，确定每种产品的成本降低情况。现以松江公司为例进行商品产品成本的分析，见表 15-2。

表 15-2　商品产品成本表

编制单位：松江公司　　　　2014 年 12 月　　　　金额单位：元

产品名称	计量单位	产量		单位成本			计划总成本（计划产量）		本年总成本（实际产量）		
		计划	实际	上年实际	本年计划	本年实际	按上年实际单位成本计算	按本年计划单位成本计算	按上年实际单位成本计算	按本年计划单位成本计算	按本年实际单位成本计算
		（1）	（2）	（3）	（4）	（5）	（6）	（7）	（8）	（9）	（10）
可比产品合计											
其中：甲	件	140	140	23.68	23	22.32	3 315.2	3 220	3 315.2	3 220	3 124.8
乙	件	90	100	50.52	50.52	54.76	4 548.6	4 546.8	5 054	5 052	5 476
不可比产品合计							7 863.8	7 766.8	8 369.2	8 272	8 600.8
其中：丙	件	70	280		1.74	1.75		121.8		487.2	490
产品成本合计								7 888.6		8 759.2	9 090.8

根据表 15-2 资料编制商品产品生产成本分析表，详见表 15-3。

表 15-3　商品产品生产成本分析表　　金额单位：万元

产品名称	计划总成本	实际总成本	降低额	降低率/%
可比产品合计				
其中：甲产品	3 220	3 124.8	+95.2	+2.96
乙产品	5 052	5 476	−424	−8.39
不可比产品合计				
其中：丙产品	487.2	490	−2.8	0.57
全部产品	8 759.2	9 090.8	−331.6	−3.79

从表 15-3 可以看出，该企业全部商品产品总成本实际比计划增加了 331.6 万元，上升了 3.79%，说明企业全部商品产品成本计划完成得相当不好。除甲产品的成本有一定下降外，乙产品和丙产品的成本都较计划上升，特别是乙产品较计划上升了 424 万元，上升了 8.39%，为此，应进一步分析乙产品成本上升的主要原因。

（二）按成本项目分析商品产品成本计划完成情况

此项分析是将全部商品产品的总成本按成本项目汇总，将实际总成本与计划总成本对比，确定每个成本项目的降低额和降低率。

现以松江公司为例进行分析，详见表 15-4。

表 15-4　商品产品成本分析表　　金额单位：万元

成本项目	商品产品成本		降低指标	
	计划	实际	降低额	降低率/%
直接材料	4 544.78	5 039.8	−485.02	−10.65
直接人工	2 277.39	2 250.4	+26.99	+1.19
制造费用	1 927.03	1 800.6	+126.43	+6.56
生产成本	8 759.2	9 090.8	−331.6	−3.79

从表 15-4 可以看出，总成本实际比计划上升了 331.6 万元，上升了 3.79%，但从三个成本项目中可以看出直接人工实际比计划下降了 1.19%，制造费用下降了 6.56%，但直接材料比计划上升了 485.02 万元，上升了 10.65%，说明总成本比计划上升是由于直接材料成本上升所致，为此，下一步应重点分析直接材料上升

的原因。

（三）按成本性态分析商品产品成本计划完成情况

此项分析是将商品产品成本按成本习性（性态）划分为变动成本和固定成本，确定变动成本和固定成本的降低额和降低率。

现以松江公司为例进行分析，详见表 15-5。

表 15-5 商品产品成本分析表 金额单位：万元

成本构成	商品产品成本		降低指标	
	计划	实际	降低额	降低率/%
变动成本				
直接材料	4 544.78	5 039.8	–485.02	–10.65
直接人工	2 277.39	2 250.4	+26.99	+1.19
变动制造费用	793.94	820.7	–26.76	–3.37
固定成本				
固定制造费用	1 133.09	979.9	+153.19	+13.52
生产成本	8 759.2	9 090.8	–331.6	–3.79

从表 15-5 可以看出，该公司实际成本比计划上升，主要是由于变动成本上升所造成的，变动成本中又主要是由于直接材料和变动制造费用上升所致；同时，还可看出，实际制造费用虽比计划下降，但其中的变动制造费用却上升了 26.76 万元，上升了 3.37%，应引起重视，进一步分析其上升的原因。

二、可比产品成本计划完成情况分析

在全部商品产品成本中，可比产品成本一般都占有相当大的比重，因此，在分析商品产品总成本之后，还必须对可比产品成本进行分析。

（一）可比产品成本降低计划完成情况分析

可比产品成本降低计划是以上年实际平均单位成本为依据确定的，具体包括降低额和降低率两个指标。可比产品成本降低计划完成情况分析，就是将可比产品的实际降低额（按实际产量计算）和降低率与计划降低额（按计划产量计算）和降低率进行比较，来检查是否完成成本降低任务。

现根据表 15-2 资料计算降低额和降低率，并填入可比产品成本降低计划分析表，详见表 15-6。

表 15-6 可比产品成本降低计划完成情况分析表 金额单位：万元

可比产品名称	计划成本降低任务		实际成本降低情况	
	降低额	降低率/%	降低额	降低率/%
甲产品	95.2	2.87	190.4	5.74
乙产品	1.8	0.26	–422	–8.35
合计	97	1.23	–231.6	–2.77

表 15-6 中有关数据计算如下：

计划降低额 = ∑[计划产量 ×（上年实际单位成本 − 本年计划单位成本）]

=140×（23.68–23）+90×（50.54–50.52）

=97（万元）

$$计划降低率=\frac{计划成本降低额}{\sum(计划产量\times 上年实际单位成本)}\times 100\%$$

$$=\frac{97}{140\times 23.68+90\times 50.54}\times 100\%=1.233.5\%$$

实际降低额 = ∑[实际产量 ×（上年实际单位成本 − 本年计划单位成本）]

=140×（23.68–23）+100×（50.54–54.76）

=–231.6（万元）

$$实际降低率=\frac{实际成本降低额}{\sum(实际产量\times 上年实际单位成本)}\times 100\%$$

$$=\frac{-231.6}{140\times 23.68+100\times 50.54}\times 100\%=-2.77\%$$

从表 15-6 可知，该公司可比产品成本降低任务完成情况相当不好，实际成本降低额为–231.6 万元，不但未完成计划降低额，反而有很大的上升。分品种来看，甲产品实际降低额、降低率超额完成了计划，但乙产品的实际降低额和降低率都未完成计划，成本还有较大的上升，应进一步分析其原因。

（二）可比产品成本降低计划完成情况的因素分析

影响可比产品成本降低计划完成情况的因素主要有产量、品种结构和单位成本。

1．产品产量因素

产品产量变动必然会直接影响成本降低额。但当产品品种结构和产品单位成本不变时，产量变动不会影响成本降低率，因为当品种结构不变时，说明各种产品的产量计划完成率都相同，在计算成本降低率时，因分子、分母都具有相同的产量增减比例而不变。产品产量变动对成本降低额影响的计算公式如下：

$$\text{产量变动对成本降低额的影响}=[\sum(\text{实际产量}\times\text{上年实际单位成本})-\sum(\text{计划产量}\times\text{上年实际单位成本})]\times\text{计划成本降低率}$$

根据表15-2资料计算，得：

$$\text{产量变动对成本降低额的影响}=[\sum(140\times23.68+100\times50.54)-\sum(140\times23.68+90\times50.54)]\times1.233\,5\%$$

$$=6.23\text{（万元）}$$

2．产品品种结构因素

由于各种产品成本降低率不同，当产品产量不是同比例增长时，就会使降低额和降低率同时发生变动。如果提高成本降低率大的产品在全部可比产品中的比重，就会使成本降低额绝对值增大，并使成本降低率相对值增大；相反，则会减少成本降低额的绝对额和降低率的相对值。产品品种结构变动对成本降低额和降低率的影响的计算公式为：

$$\text{品种结构变动对成本降低额的影响}=\sum(\text{实际产量}\times\text{上年实际单位成本})-\sum(\text{实际产量}\times\text{计划单位成本})-\sum(\text{实际产量}\times\text{上年实际单位成本})\times\text{计划成本降低率}$$

$$\text{品种结构变动对成本降低率的影响}=\frac{\text{品种结构变动对成本降低额的影响数}}{\sum\left(\text{实际产量}\times\text{上年实际单位成本}\right)}\times100\%$$

根据表15-2资料计算，得：

$$\text{品种结构变动对成本降低率的影响}=(140\times23.68+100\times540.54)-(140\times23+100\times50.52)-(140\times23.68+100\times50.54)\times1.233\,5\%$$

$$=-6.03\text{（万元）}$$

$$\text{品种结构变动对成本降低率的影响}=\frac{-6.03}{8\,369.2}=-0.07\%$$

3．产品单位成本因素

可比产品成本降低计划和实际完成情况，都是以上年单位成本为基础计算的。这样，各种产品单位成本实际比计划降低或升高，必然引起成本降低额和降低率实际比计划相应地升高或降低。产品单位成本的变动与成本降低额和降低率的变动呈反方向。计算公式为：

$$\text{产品单位成本变动对成本降低率的影响}=\sum\left[\text{实际产量}\times\left(\text{计划单位成本}-\text{实际单位成本}\right)\right]$$

$$\text{产品单位成本变动对成本降低率的影响}=\frac{\text{单位成本变动对成本降低额的影响数}}{\sum\left(\text{实际产量}\times\text{上年实际单位成本}\right)}\times 100\%$$

根据表 15-2 资料计算，得：

$$\text{产品单位成本变动对成本降低率的影响}=140\times(23-22.32)+100\times(50.52-54.76)=-328.8\text{（万元）}$$

从以上计算可知，该公司未完成成本降低任务的主要原因是单位成本上升所致，由于单位成本上升，使成本上升了 328.8 万元，因此，公司应进一步分析影响单位成本的因素。

知识链接

五十铃汽车公司的“拆卸法”成本分析法

五十铃汽车公司对其竞争对手的汽车部件进行详细的比较研究，为其汽车部件制定目标成本。为了更清楚地解释被普遍称为“拆却法”的成本分析法，五十铃汽车公司的成本管理专家吉彦里拆卸了三种不同型号的铅笔，将其不同组成部分摆在一个茶几上，然后告诉来访者，“这就是我们用来研究竞争对手的产品的方法……我们首先研究制造某种产品的原材料制作方法，然后分析组装工序，采用这种拆卸法，我们就能弄清这种产品的大致成本”。最后，五十铃就采用竞争对手同类产品中的最低成本作为自己部件的目标成本。

任务 15.3　主要产品单位成本分析训练

产品单位成本分析，通常是选择最主要的或成本水平升降幅度较大的产品，深入研究其单位成本以及各个成本项目的计划完成情况，寻求进一步降低成本的具体途径和方法。

一、主要产品单位成本计划完成情况分析

产品单位成本计划完成情况分析，应采用比较分析法，计算单位成本实际比计划、比上期、比历史先进水平的升降情况，然后着重对某些产品进一步按成本项目对比研究其成本变动情况，查明影响单位成本升降的原因。

从商品产品成本计划完成情况表（表 15-2）和可比产品成本计划完成情况分析中可以看出乙产品单位成本实际比计划有较大的上升，可作为深入分析的重点。现仍以松江公司为例，对乙产品单位成本进行分析，详见表 15-7。

表 15-7　乙产品单位成本表　　金额单位：万元

单位成本项目	历史先进水平	上年实际平均	本年计划	本年累计实际平均
直接材料	29.75	36.51	36.70	40.92
直接人工	6.96	7.8	7.8	7.81
制造费用	5.82	6.23	6.02	6.03
产品生产成本	42.53	50.54	50.52	54.76
主要技术经济指标	用量	用量	用量	用量

从表 15-7 可以看出，松江公司乙产品的单位成本较计划、较上年、较历史先进水平都有上升，且上升幅度较大。乙产品的单位成本较计划上升了 4.24 万元，上升了 8.39%；较上年上升了 4.22 万元，上升了 8.35%。分析表明，乙产品单位成本上升的主要原因是直接材料上升所致。因此公司应对材料上升的原因进行因素分析，看其是单位产品材料消耗量上升所致，还是材料采购价格上升或是其他原因所致。

二、主要产品单位成本的成本项目分析

为了进一步分析单位成本升降的原因，还必须按成本项目进行分析。

（一）直接材料费用的分析

从表 15-7 可以看出，乙产品的原材料费用超过了本年计划、上年平均以及历史先进水平，因此应作为重点分析。

影响单位产品材料费用的因素有产量、单位产品的材料消耗和材料单价，可用因素分析法计算三个因素变动对直接材料费用的影响，具体分析可参见本项目前面所述因素分析法中的例子。

在对直接材料进行综合分析之后，还必须进一步分析材料消耗量变动和价格变动的影响因素，只有这样，才能揭示直接材料发生差异的原因。

1．影响直接材料消耗量的原因分析

影响直接材料用量变动的因素较多，主要有：①产品设计的改进。在保证或提高产品功能的前提下，改进产品设计能减少材料的消耗量。②材料质量的变化。材料质量高，可以减少材料消耗量；反之，则会增加材料的消耗量。③加工操作技术的变化。加工操作技术高，可以充分利用材料的边角余料，从而减少材料消耗量。④代用材料的变化。以单价低廉的材料代替昂贵的材料，以国产材料代替进口材料，是减少材料用量、节约材料费用的有效措施。⑤加强材料管理，回收利用废料，避免材料损失浪费也能相对地减少材料用量。⑥材料的配比。

2．影响直接材料价格变动的原因分析

影响直接材料价格的原因主要有：①采购价格；②运输费用；如运输距离的远近、运输方式的不同；③运输途中的损耗；④采购部门的管理水平；⑤有关税金；⑥材料采购批量的大小；等等。

（二）直接工资费用分析

直接工资费用的分析必须结合工资制度来进行，因为工资制度的不同，会导致影响直接工资的因素不同。

在计件工资制度下，影响单位成本中工资费用的因素是计件单价，在计时工资制度下，产品单位成本中的费用受工时数和小时工资率变动的影响。现以松江公司甲产品为例进行分析，有关资料见表 15-8。

表 15-8　工资分析资料表

项目	计划	实际	差异
单位产品耗用工时	400	410	+10
小时工资单价/（元/时）	0.6	0.5	−0.1
单位产品的工资费用/元	240	205	−35

根据表 15-8 的资料，可以计算单位产品工时数量变动和小时工资单价变动对工资费用的影响程度：

单位产品工时数量变动影响=（实际工时数量−计划工时数量）×计划小时工资单价=（410−400）×0.6=6（元）

小时工资单价变动影响=（实际小时工资单价−计划小时工资单价）×实际工时单价=（0.5−0.6）×410=−41（元）

单位产品工时费用变动合计=单位产品工时数量变动影响+小时工资单价变动影响=6+（–41）=–35（元）

从上面的计算中可以看出，甲产品单位成本中工资费用实际比计划降低 35 元，主要是由于小时工资单价降低的结果。

在以上分析的基础上，还应该进一步分析影响工时数量变动和生产工人工资总额变动的原因。

1．影响工时变动的因素分析

影响工时变动的因素主要有：①生产组织，企业生产调度合理对提高劳动生产率、减少工时有很大的影响；②材料的质量和规格；③生产工艺和操作方法；④生产工作质量；⑤设备性能和保养；⑥工人技术熟练程度和劳动态度；等等。

2．影响生产工人工资总额变动的因素分析

生产工人工资总额的高低直接影响了小时工作率的高低，影响生产工人工资变动的因素主要有：①企业的工资制度、奖励制度；②企业产品特点；③企业的物质技术条件、企业工人的素质、企业的管理水平等。

（三）制造费用分析

产品单位成本中制造费用的分析，通常与计时工资制度下直接人工费用的分析类似，先要分析单位产品所耗工时变动和每小时制造费用变动两因素对制造费用变动的影响，然后查明这两个因素变动的具体原因。

对影响每小时制造费用的原因分析，主要是通过分析制造费用总额对比实际数和计划数来进行。现以松江公司为例，说明制造费用总额的分析，见表 15-9。

表 15-9　制造费用明细表

编制单位：松江公司　　2014 年度　　金额单位：万元

项目	本年实际	本年计划	降低额	降低率
职工薪酬	668.07	651.95		
折旧费	80.42	30.80		
修理费	38.97	28.97		
办公费	50.51	40.72		
水电费	282.89	261.72		
机物料消耗	60.18	68.92		
劳动保护费	22.51	20.4		
租赁费	25.81	34.64		
差旅费				

项目	本年实际	本年计划	降低额	降低率
保险费	7.24	7.02		
其他	42.48	40.81		
制造费用合计	1 279.08	1 185.95	–93.13	–7.85%

从表 15-9 可以看出，松江公司制造费用本年较上年增长了 93.13 万元，增长了 7.85%，对此应结合产量的增长加以分析，看其是否合理。此外，从各费用项目来看，公司各项费用都有一定的上升。其中，人工费、办公费、水电费和修理费等所占数额较大，公司应重点加以关注。

项目训练

一、单项选择题

1．比较分析法是指通过指标对比，从（ ）上确定差异的一种分析方法。

A．质量　　B．价值量　　C．数量　　D．劳动量

2．将两个性质不同但又相关的指标对比求出的比率，称为（ ）。

A．构成比率　　B．相关指标比率　　C．动态比率　　D．效益比率

3．连环替代法是用来分析引起某个经济指标变动的各个因素（ ）的一种分析方法。

A．影响原因　　B．影响数量　　C．影响程度　　D．影响金额

4．可比产品成本降低额是指可比产品累计实际总成本比按（ ）计算的累计总成本降低的数额。

A．本年计划单位成本　　B．上年实际平均单位成本

C．上年计划单位成本　　D．国内同类产品实际平均单位成本

5．产量变动之所以影响产品单位成本，是由于（ ）

A．在产品全部成本中包括了一部分变动费用

B．在产品全部成本中包括了一部分相对固定的费用

C．处在产品总成本不变的情况下

D．处在产品产量增长超过产品总成本增长的情况下

二、多项选择题

1．成本报表常用的分析方法有（ ）。

A．比较分析法　　B．比率分析法　　C．差额计算法　　D．连环替代法

2．影响可比产品成本降低额变动的因素有（ ）。

A．产品产量　　B．产品售价　　C．产品品种结构　　D．产品单位成本

3．影响可比产品成本降低率变动的因素有（ ）。

A．产品产量　　B．产品单位成本　　C．产品售价　　D．产品品种结构

4．主要产品单位成本表反映的单位成本，包括（ ）单位成本。

A．本月实际　　B．同行业同类产品实际

C．本年计划　　D．上年实际平均

5．单纯产品产量变动对可比产品成本降低计划完成情况的影响是（ ）。

A．使成本降低额增加或减少　　B．成本降低额不变

C．使成本降低率升高或降低　　D．成本降低率不变

三、判断题

1．比较分析法只适用于同质指标的数量对比。（ ）

2．影响可比产品成本降低率指标的因素有产品产量、产品品种结构和产品单位成本。（ ）

3．不管采用传统方法分析还是采用成本性态方法分析，产品产量变动都会影响可比产品成本降低率。（ ）

4．比率分析法是比较分析法的一种表现形式，因素分析法是比较分析的延伸。（ ）

5．因素分析法又可具体划分为连环替代法和差额分析法。（ ）

6．可比产品成本可能会出现这样的情况：各种产品均完成了降低率计划，但却没有完成总的成本降低率计划。（ ）

7．产量变动之所以影响产品单位成本，是由于在产品全部成本中包括了一部分变动费用。（ ）

8．假定产品品种构成和产品单位成本不变，单纯产量变动，只影响可比产品成本降低额，而不影响可比产品成本降低率。（ ）

9．比较分析法的主要作用在于揭示客观上存在的差距，并为进一步分析指出方向。（ ）

10．采用比率分析法，先要把对比的数值变成相对数，求出比率，然后再进行对比分析。（ ）

四、核算题

1．资料：松江公司生产甲、乙、丙三种产品，本年实际产量分别为 1 250 件、500 件和 500 件，实际平均单位成本分别为 2 896 元、2 455 元和 2 650 元；本年计划单位成本分别为 2 910 元、2 450 元和 2 775 元。丙产品为本年新生产产品，甲、乙两种产品上年实际平均单位成本分别为 3 000 元和 2 500 元。

要求：根据资料分析全部产品成本计划完成情况，并填列下表。

商品产品成本表

编制单位：松江公司　　2014 年 12 月　　金额单位：元

产品名称	计量单位	产量		单位成本			计划总成本（计划产量）		本年总成本（实际产量）		
		计划	实际	上年实际	本年计划	本年实际	按上年实际单位成本计算	按本年计划单位成本计算	按上年实际单位成本计算	按本年计划单位成本计算	实际成本
		（1）	（2）	（3）	（4）	（5）	（6）	（7）	（8）	（9）	（10）
可比产品合计											
其中：甲	件										
乙	件										
不可比产品合计											
其中：丙	件										
产品成本合计											

2．资料：某企业 2011 年 12 月有关可比产品成本资料如下表所示。

成本资料

金额单位：元

可比产品	计划产量	实际产量	单位成本	
			上年实际	本年实际
甲产品	10	9	10	9
乙产品	4	6	20	16
合计				

要求：（1）计算可比产品成本计划降低额和计划降低率；

（2）计算可比产品成本实际降低额与实际降低率；

（3）分析影响可比产品成本降低计划完成情况的各因素的影响程度。

项目 16　学习和训练成本控制

案例引入

美国钢管公司是一家生产乐器的制造商，多年来一直为初中和高中的音乐爱好者制造各种型号的短号、长号和低音大号。在庆祝该公司 50 华诞时，有人问该公司的创始人乔治·芬尼先生成功的秘密是什么。他简洁地回答说:

“质量控制和成本控制。”

“我们紧缩银根，产品具有极高的质量、极低的缺陷率并进行严密的成本控制。”

“我们的企业与当今其他企业一样面临高度激烈的竞争。我们以合理的成本生产了高质量的产品。我们通过监控生产来确保质量，并充分地利用我们的生产空间。我们用非常完善的标准成本法控制成本。”

芬尼先生继续说道：“我们为每件事情制定标准，如材料数量和价格、人工效率和工资率以及间接费用。我们的主计长不断提供详细的成本报告，告诉我们标准成本和实际成本有无差异。若差异是一种偶然因素所致，我们则忽略这种情况。”

芬尼先生补充说：“标准成本法不用于惩罚。我们从不用它过分地要求人们。它仅仅是一件诊断的工具。它帮助我们记录生产过程的财务情况。”

成本控制是企业成本管理体系的重要内容之一，也是企业实现成本目标的重要手段，因而在成本核算内容学习后有必要单列一章加以介绍。但为避免与其他课程有大的重复，本章仅对成本控制的程序和方法等内容进行扼要的阐述。

任务 16.1　认知成本控制的基本程序

知识准备

成本控制概念

从企业管理的角度来看，控制就是企业在动态的环境中检查、监督、调节、纠正各项活动，以保证它们按计划进行的过程。成本控制就是在成本形成过程（可能性空间）中，对各项成本活动进行监控，及时发现偏差，采取纠正措施，保证成本目标的实现。成本控制有狭义和广义之分。

狭义成本控制，也称为日常成本控制或过程控制，它是指在成本形成过程中，按预定的成本目标，对生产耗费进行严格的计量、监督和指导，并对发生的偏差及时分析原因，加以纠正和控制，所以狭义的成本控制仅指成本的过程控制。

广义成本控制包括事前成本控制、事中成本控制和事后成本控制。事前成本控制是在产品投产之前，进行产品成本的规划，通过成本决策，选择最佳成本方案，规划未来期的目标成本，编制成本预算，以利于成本控制。事中成本控制即日常成本控制或过程控制。事后成本控制是对产品成本形成之后的综合分析与考核。其目的是对实际成本脱离目标成本的原因进行深入的分析，查明其差异的主客观原因，并为下一成本循环提出积极改进意见。

成本控制的基本程序如下文所述。

1．制定成本控制标准

制定成本控制标准是成本控制的起点。成本的控制标准一般按直接材料、直接人工和制造费用分别制定。每一项控制标准的制定都要考虑到数量和单价两个基本要素。

2．执行成本控制标准

根据成本指标，审核费用开支和资源的消耗，监督成本的形成过程。

3．确定成本差异

将实际发生的费用与制定的标准进行比较，分析成本差异的程度和性质，确定成本差异形成原因和责任归属。差异的计算与分析通常分为直接材料、直接人工和制造费用三个项目进行。对例外情况应及时上报，并作进一步分析，找出出现差异的原因和责任者，从而进行处理。

4．成本反馈

成本控制中，成本差异的情况要及时反馈到有关部门，便于挖掘潜力，提出降低成本的措施或修订成本标准的建议。

任务 16.2 成本控制方法训练

这里所讲的成本控制方法，是指对日常生产成本的控制方法，并不是指广义的成本控制方法。

日常生产成本控制方法有两种：一是用定额法进行成本控制；二是采用标准成本法进行成本控制。定额法在前面已经讲述，这里仅对标准成本法作一简单阐述。

标准成本法，也称为“标准成本制度”，是在泰勒的生产过程标准化思想影响下，于20世纪20年代在美国产生的，是泰勒科学管理思想在成本会计中的具体体现。它开始只是一种比较简单的统计分析方法，即通过对生产工人动作行为和时间标准的研究分析，确定标准工时，来提高劳动生产率。与泰勒同时代的管理学家埃蒙森改革了劳动工资制度，创造了标准人工成本法。管理学家甘特又将标准人工成本法引申推广到材料和制造费用的成本管理中，至此标准成本法初步形成。

一、标准成本的类型

标准成本是根据历史成本资料，通过一定的经济技术分析所预先确定的制造（生产）某种产品的成本水平。标准成本按其制定的标准不同，通常可分为以下几种：

1．理想标准成本

理想标准成本是以现有生产技术和经营管理处于最佳状态为基础所确定的标准成本。所谓最佳状态是指最好的生产条件与最好的生产组织。最好的生产条件包括最好的生产设备、最低的原料价格、最经济的消耗、最合理的工资、最高的产量与销量；最好的生产组织即指生产中无任何浪费、无废料与废品、无停工与损坏等。这种标准不考虑现实可能性，一般难以达到，在实际工作中也很少采用。

2．基本标准成本

基本标准成本是根据某一时期正常的耗用水平、正常的价格和正常的生产经营能力利用程度制定的标准成本，即根据以往一段时期实际成本的平均值，剔除其中生产经营活动中的异常因素，并考虑今后的变动趋势而制定的标准成本。这是一种经过努力可以达到的成本，而且在生产技术和经营管理条件没有较大变动的情况下，可以不必修订而继续使用。

3．现实标准成本

现实标准成本是在现有生产技术条件下和有效经营管理的基础上制定的标准成本。在制定这种标准成本时，把生产经营中一般不可避免的损耗和低效率等情况也计算在内。这意味着它的实现并非轻而易举，也不是高不可攀。它既有严格的要求，同时经过努力又是可以达到的，也称为可达到的标准成本。由于这种标准成本包括管理当局认为一时还不能避免的某些低效、失误和超量，因此它最切实可行，最接近实际成本。

二、标准成本的制定

产品的生产成本包括产品在生产中耗用的直接材料、直接人工和制造费用三大部分，与此相适应，制定标准成本也按直接材料、直接人工和制造费用三大项分别进行。其基本形式是以“数量”标准乘以“价格”标准求得。其基本公式为：

标准成本=标准消耗量×标准价格

其中，“数量”标准是由工程技术部门研究确定，“价格”标准是由会计部门会同采购、人事等责任部门研究确定。

1．直接材料标准成本的制定

直接材料的标准成本等于产品的各种材料耗用量标准和各种材料价格标准的乘积之和。其中，直接材料耗用量标准的确定以正常生产条件下形成产品实体的材料数量与在正常范围内允许发生的损耗及不可避免的废品所耗费的材料数量为依据；直接材料价格标准是指取得某种材料所应支付的单位材料价格，包括买价和采购费用。

直接材料标准成本计算如下：

某产品直接材料标准成本=直接材料标准数量×直接材料标准价格

在制定产品直接材料的标准成本时，不仅应关注直接材料的数量和价格，同时应当关注直接材料的质量。直接材料的质量通常影响到生产过程中所需直接材料的数量，以及价格、加工时间与生产过程监管的内容与频率。企业通常要在价格较高、质量较好的与价格较低、质量稍差的直接材料之间进行抉择。工程技术部门、生产部门与管理者需要事先确定产品直接材料的质量。

2．直接人工标准成本的制定

在计件工资形式下，直接人工的标准成本就是计件单价。在计时工资形式下，直接人工的标准成本等于产品单位工作时间耗用量标准与工资率标准的乘积。其中：直接人工数量标准是在现有生产技术条件下生产单位需用的工作时间，包括工艺过程的时间与必要的间歇或停工时间及不可避免的废品损失时间；直接人工价格标准是指按现行的工资福利标准确定的每一单位工作时间的工资率。

直接人工标准成本计算公式如下：

某产品直接人工标准成本=直接人工标准工时×标准工资率

3．制造费用标准成本的制定

制造费用标准成本等于生产单位产品的直接人工小时数乘以制造费用分配率标准。其中，生产单位产品的直接人工小时为“数量”标准；制造费用分配率标准为“价格”标准，它取决于生产量标准和制造费用预算。生产量是指企业在充分利用现有生产能力的情况下可能达到的最高生产量。因多数企业不止生产一种产品，计量单位不统一，所以，生产量标准通常用直接人工工时标准表示。制造费用预算额又分为固定费用预算和变动费用预算两部分。有关制造费用标准成本的计算公式如下：

固定性制造费用标准分配率=固定性制造费用预算÷标准总工时

变动性制造费用标准分配率=变动性制造费用预算÷标准总工时

单位产品固定性
制造费用标准成本=固定性制造费用分配率×单位产品标准工时

单位产品变动性
制造费用标准成本=变动性制造费用分配率×单位产品标准工时

制造费用标准成本的计算可列表进行，其基本格式如表16-1所示。

表16-1　制造费用标准成本计算表

项目	固定部分	变动部分	合计
制造费用预算额/元	5 000	10 500	15 500
标准加工总工时/时		10 000	
制造费用分配率/%	0.5	1.05	1.55
单位产品标准工时/时		6	
单位产品制造费用标准成本/元	3	6.3	9.3

4．单位产品的标准成本制定

单位产品的标准成本是在直接材料标准成本、直接人工标准成本、制造费用标准成本的基础上汇总而成的。计算公式如下：

单位产品标准成本=直接材料标准成本+直接人工标准成本+制造费用标准成本

[例16-1]某企业计划期生产量标准为10 000小时，直接人工工资总额为8 000元，工厂间接费用总额为10 000元（其中变动费用预算总额为4 500元），假定制造每件产品的直接人工的定额工时为40小时，直接材料的消耗定额为20千克，每千克标准单价为10元，则甲产品的标准成本计算见表16-2。

表16-2　单位产品标准成本计算表

产品名称：甲产品

成本项目	标准单位	标准数量	标准成本
直接材料	10元/千克	20千克	200元
直接人工	0.8元/时	40时	32元
制造费用			
其中：			

成本项目	标准单位	标准数量	标准成本
变动费用	0.45 元/时	40 工时	18 元
固定费用	0.55 元/时	40 工时	22 元
标准单位成本			272 元

其中：

工资标准单价=8 000÷10 000=0.80（元/时）

变动费用标准单价=4 500÷10 000=0.45（元/时）

固定费用标准单价=5 500÷10 000=0.55（时）

知识链接

标准之源

企业通常通过多条途径来决定经营活动的适当标准。这些途径有历史数据分析、作业分析和其他同类企业标准（即标杆）。管理者在制定成本标准时，常综合应用历史数据分析、作业分析以及标杆等。

尽管历史成本数据在制定成本标准时具有相关性，但管理者必须警惕过分依赖历史数据。作业分析会提供确定标准的精确资料，但作业分析耗时且花费较大。标杆的优点在于企业可以以各地最好业绩作为标准。使用这样的标准有助于企业在当今全球竞争中保持较强竞争力。然而企业应注意其他企业的标准可能不完全适用于本企业的特定经营环境。

三、标准成本差异的计算与分析

标准成本制度下，对成本的事中控制是通过成本差异的计算和分析来进行的。在实际生产经营活动过程中，由于受各种因素的影响，实际成本与标准成本往往不同，会产生差异。实际成本与标准成本之间的差额，称为标准成本差异。实际成本高于标准成本的差异为超支差异，也称为不利差异，用正数表示；实际成本低于标准成本的差异为节约差异，也称为有利差异，用负数表示。由于成本是根据消耗的数量与价格两个基本因素计算而成，因而差异的分析，也要从消耗数量与价格两个因素入手。

（一）直接材料成本差异的计算与分析

直接材料成本差异是指产品的直接材料实际成本与标准成本之间的差额。其计算公式为：

直接材料成本差异=直接材料实际成本−直接材料标准成本

=实际用量×实际价格−标准用量×标准价格

其中，标准用量为实际用量乘以材料耗用量标准。

在总差异确定后，即可对差异额进行分析，差异额的分析通常有双因素分析和三因素分析两种。

1．双因素分析

直接材料成本差异按双因素分析时，直接材料成本差异是由材料数量差异和材料价格差异构成。

（1）直接材料数量差异。直接材料数量差异是直接材料实际耗用量同标准耗用量之间的差异。计算公式如下：

直接材料数量差异=∑（实际数量−标准数量）×标准价格

（2）直接材料价格差异。直接材料价格差异是指直接材料的实际价格同标准价格之间的差异。计算公式如下：

直接材料价格差异=∑（实际价格−标准价格）×实际数量

2．三因素分析

直接材料成本差异按三因素分析时，直接材料成本差异是由直接材料产出差异、直接材料结构差异和直接材料价格差异构成。

在纺织、化学、钢铁等制造企业中，通常需要按一定比例混合使用几种材料。在这种情况下，直接材料标准成本的计算按预定的比例计算，如果实际的混合比例与预定的混合比例不同，就会产生差异，这种差异叫直接材料结构差异，也就是耗用材料品种结构变动所引起的差异。实际混合材料投入后的产出量与预定的混合材料投入的产出量的差异叫材料产出差异。直接材料结构差异和直接材料产出差异均为直接材料数量差异的表现形式。三因素分析的计算公式如下：

直接材料数量差异=直接材料结构差异+直接材料产出差异

$$\text{直接材料结构差异}=\left(\begin{matrix}\text{以实际混合比例计算}\\\text{的平均标准价格}\end{matrix}-\begin{matrix}\text{以预定混合比例计算}\\\text{的平均标准价格}\end{matrix}\right)\times\text{实际数量}$$

$$\text{直接材料产出差异}=\left(\begin{matrix}\text{实际产出的}\\\text{实际用量}\end{matrix}-\begin{matrix}\text{实际产出的}\\\text{标准用量}\end{matrix}\right)\times\begin{matrix}\text{以预定混合比例计算的}\\\text{平均标准价格}\end{matrix}$$

$$\text{直接材料价格差异}=\left(\begin{matrix}\text{以实际混合比例计算}\\\text{的平均实际价格}\end{matrix}-\begin{matrix}\text{以预定混合比例计算}\\\text{的平均标准价格}\end{matrix}\right)\times\text{实际数量}$$

$=\sum$（实际价格–标准价格）×实际数量

[例 16-2]某公司生产甲产品，其单位产品预定材料混合成本资料如表 16-3 所示，该公司本月投入 C 材料 1 100 千克、D 材料 900 千克，实际产量为 975 件。按三因素分析材料成本差异。

表 16-3 材料成本资料

材料名称	预定数量/（千克/件）	标准价格/（元/千克）	实际价格/（元/千克）
C 材料	1	15	18
D 材料	1	12	10
合计	2		

计算如下：

$$直接材料结构差异=\left(\frac{15\times1\ 100+12\times900}{1\ 100+900}-\frac{15\times1+12\times1}{1+1}\right)\times(1\ 100+900)=300(元)$$

$$直接材料产出差异=\left[(1\ 100+900)-975\times2\right]\times\frac{15\times1+12\times1}{1+1}=675(元)$$

直接材料价格差异=（18–15）×1 100+（10–12）×900=1 500（元）

直接材料产出差异形成的原因主要有：①产品设计和工艺的变更；②工人技术操作水平和责任心的变化；③材料质量的变化；④废、次品数量的变化；⑤加工设备的变化等。

直接材料价格差异形成的原因主要有：①供应单位和供应价格发生变动；②材料运输方式和运输线路发生变动；③材料采购批量发生变动；④材料质量发生变化；⑤使用代用材料等。

对于产生的差异，要进一步落实责任归属。直接材料数量差异主要由生产部门负责。但如因材料质量低劣而增加了废品，或因材料的规格不符合要求而大材小用等原因而引起材料数量的超支差异，应由采购部门负责；因材料仓储保管不善造成材料的损坏变质，则应由仓储部门负责。直接材料价格差异，一般而言，应由采购部门负责，但因市场供求变动引起材料供应价格的变动，超出了采购部门的控制范围，或因生产上的临时需要而进行小批量采购或紧急采购，因不能享受折扣或由改变运输方式而引起价格的超支差异，不应由采购部门负责，而应由造成这种临时需要的生产部门负责。

（二）直接人工成本差异的计算与分析

直接人工成本差异是指产品的直接人工实际成本与标准成本之间的差额。

直接人工成本差异=实际工资–标准工资

=实际工时×实际工资率–标准工时×标准工资率

公式中的标准工时为单位产品工时耗用量标准乘以产品的实际产量。

对直接人工成本差异的分析通常有两种方式：双因素分析和三因素分析。

1．双因素分析

进行直接人工成本差异的双因素分析，即从直接人工效率差异和直接人工工资率差异两方面进行分析。

（1）直接人工效率差异。直接人工效率差异是直接人工实际工作时数同其标准工作时数之间的差异。计算公式如下：

直接人工效率差异=∑（实际工时–标准工时）×标准工资率

（2）直接人工工资率差异。直接人工工资率差异是直接人工实际工资与标准工资率之间的差异。计算公式如下：

直接人工工资率差异=∑（实际工资率–标准工资率）×实际工时

2．三因素分析

在实际生产中，一种产品的生产可能要由不同工资等级的工人来完成，而不同工资等级的工人的小时工资率是不同的。在这种情况下，将直接人工效率差异分为直接人工结构差异和直接人工产出差异两种。在一定量的总工时中，由于不同等级的人工完成的工时所占比重的变动而产生的差异叫人工结构差异。实际混合工时投入后的产出量与预定的混合工时投入的产出量的差异叫人工产出差异。三因素分析的直接人工成木差异的计算公式如下：

$$\text{直接人工结构差异}=\left(\begin{matrix}\text{以实际混合比例计算}\\\text{的平均标准价格工资率}\end{matrix}-\begin{matrix}\text{以预定混合比例计算}\\\text{的平均标准工资率}\end{matrix}\right)\times\text{实际工时}$$

$$\text{直接人工产出差异}=\left(\begin{matrix}\text{实际产出的}\\\text{实际工时}\end{matrix}-\begin{matrix}\text{实际产出的}\\\text{标准工时}\end{matrix}\right)\times\begin{matrix}\text{以预定混合比例计算的}\\\text{平均标准工资率}\end{matrix}$$

$$\text{直接人工工资率差异}=\left(\begin{matrix}\text{以实际混合比例计算}\\\text{的平均实际工资率}\end{matrix}-\begin{matrix}\text{以预定混合比例计算}\\\text{的平均标准工资率}\end{matrix}\right)\times\text{实际工时}$$

$$=\sum(\text{实际工资率}-\text{标准工资率})\times\text{实际工时}$$

[例 16-3]某公司生产丙产品，本期实际生产丙产品 100 件，单件丙产品的直接人工标准成本如表 16-4 所示，Ⅰ级工和Ⅱ级工实际发生的工时分别为 270 小时和 280 小时，Ⅰ级工和Ⅱ级工实际小时工资率分别为 11 元和 8 元。

表 16-4 直接人工标准成本

工人等级	产品成本的标准工时/时	标准小时工资率/（元/时）	标准人工成本/元
Ⅰ级工	3	10	30
Ⅱ级工	2	9	18

$$直接人工结构差异=\left(\frac{9\times280+10\times270}{270+280}-\frac{9\times2+10\times3}{2+3}\right)\times(270+280)=-60（元）$$

$$直接人工产出差异=\left[(270+280)-(2\times100+3\times100)\right]\times\frac{9\times2+10\times3}{2+3}=480（元）$$

直接人工价格差异=（14–10）×270+（8-9）×280=–10（元）

产生直接人工效率差异的原因主要有：①企业劳动组织和人员配备情况；②工人的技术熟练程度和责任感；③机器设备的运转情况；④工具配备情况；⑤动力供应情况；⑥材料的质量、规格和供应的及时性等。

产生直接人工工资率差异的原因有许多方面，主要有：①企业工资的调整、工资等级的变更；②奖金和津贴的变更；③对工人安排、使用的变化；④工人的技术等级与工作要求的技术等级的变化等。

根据差异产生的具体原因，最后应落实差异的责任归属。直接人工效率差异基本上应由生产部门负责，也可能有一部分应由其他部门负责；直接人工工资率差异，通常由负责安排工人工作的劳动人事部门或生产部门负责。

（三）制造费用差异的计算与分析

制造费用差异是制造费用的实际发生额与标准发生额之间的差额。制造费用一部分与当期生产量发生联系，而大部分则与企业的生产规模发生联系。因此，对其差异要按变动性制造费用与固定性制造费用进行计算与分析。

1．变动性制造费用差异的计算与分析

变动性制造费用包含耗用差异与效率差异两部分。计算公式如下：

$$\begin{matrix}变动性制造\\费用耗用差异\end{matrix}=\begin{matrix}变动性制造\\费用实际发生额\end{matrix}-\begin{matrix}按实际工时计算的变动\\性制造费用预算数\end{matrix}$$

$$=\left(\begin{matrix}变动性制造费用\\实际分配率\end{matrix}-\begin{matrix}变动性制造费用\\的标准分配率\end{matrix}\right)\times实际工时$$

$$\begin{matrix}变动性制造\\费用效率差异\end{matrix}=\begin{matrix}按实际工时计算的变动\\性制造费用预算数\end{matrix}-\begin{matrix}按标准工时计算的变动\\性制造费用预算数\end{matrix}$$

$$=（实际工时-标准工时）\times变动性制造费用标准分配率$$

[例 16-4]某企业生产某产品，某期间变动性制造费用预算数为 12 500 元，标准总工时为 12 500 小时，本期实际产量为 5 000 件，实际耗用工时为 10 000 小时，实际发生的变动性制造费用为 14 000 元。

计算公式如下：

变动性制造费用总差异=14 000–12 500=1 500（元）

变动性制造费耗用差异=（1.4–1）×10 000=4 000（元）

变动性制造费用效率差异=（10 000–12 500）×1=–2 500（元）

2．固定性制造费用差异的计算与分析

由于固定性制造费用数额大小一般与一定的生产规模相联系，故对固定性制造费用差异的分析通常分为三种，即耗用差异、效率差异、生产能力利用差异。其中，生产能力利用差异是指实际工作工时与预算工时之间的差异造成的固定性制造费用的差异。因为实际工时与预算工时之间的差异，实质上反映了实际生产能力利用程度与预算规定的水平的差异。计算公式如下：

固定性制造费用耗用差异=固定性制造费用实际发生额–固定性制造费用预算数

固定性制造费用效率差异=按实际工时计算标准固定性制造费用–按标准工时计算标准固定性制造费用

固定性制造费用生产能力利用差异=固定性制造费用预算数–按实际工时计算的标准固定性制造费用

[例 16-5]某企业生产甲产品，本期实际产量为 2 000 件，标准工时为 12 500 小时，实际耗用工时为 13 000 小时，该企业正常生产能力 15 000 小时。该企业本期固定性制造费用预算及实际发生额如表 16-5 所示。

表 16-5　固定性制造费用预算及实际发生额　　金额单位：元

预算数	管理人员薪酬	5 000
	固定资产折旧	10 000
	其他费用	3 000
合计		18 000
实际数	管理人员薪酬	5 500
	固定资产折旧	11 000
	其他费用	3 000
合计		19 500

固定性制造费用差异分析如下：

固定性制造费用标准分配率为 18 000÷15 000=1.2（元/时）

固定性制造费用耗用差异=19 500–18 000=1 500（元）

固定性制造费用效率差异=13 000×1.2–12 500×1.2=600（元）

固定性制造费用生产能力利用差异=18 000–13 000×1.2=2 400（元）

固定性制造费用总差异=1 500+600+2 400=4 500（元）

固定性制造费用耗费差异产生的原因主要有：工资率等资源价格的变动，资源数量比预算数量的增减变化，广告费、职工培训等费用因管理上的新决策而发生变动。固定性制造费用效率差异的形成原因与直接人工效率差异的形成原因相同。固定性制造费用能力利用差异主要是产品定价过高、材料供应不足等原因影响了产销量而造成。不论哪一种差异，均应具体情况具体分析，才能正确地落实责任归属。

四、定额法与标准成本控制的比较

标准成本制度与定额法实施的目的都是实现成本控制及业绩的考评。采用标准成本制度或定额法时，各项成本在生产过程中的转移，均以标准成本或定额成本为依据，同时进行成本差异的归集分配，达到计算产品成本、控制成本费用发生以及业绩考评的目的。因此，标准成本制度与定额法没有本质的区别。这两种方法都要事先制定成本的控制标准，都要在核算中按照成本要素将实际耗用与控制标准相比较，及时揭示实际与标准（或定额）之间的差异，并对产生差异的原因进行分析和采取控制措施。

标准成本制度和定额法在具体运用上还是存在一些差异，主要表现在：定额法要设置差异凭证，通过每一次领料揭示差异，工作量大。标准成本制度不设置差异凭证，它是通过对实际消耗和定期汇总来揭示差异，工作量较小；标准成本把成本分为变动成本与固定成本，并对每一成本要素的差异都区分数量差异与价格（费用率）差异，这有利于从成本性态和成本责任上对成本加以控制；标准成本制度下，成本计算只反映标准成本，不计算实际成本。而定额法下计算的仍是产品的实际成本，只不过在成本计算单中将定额成本、脱离定额差异、定额变动差异分别反映。

知识链接

关于在标准成本制度下怎样计算产品的实际成本

在西方国家，实行标准成本制度的企业，一般不计算产品的实际成本。我国企业实行标准成本制度是否计算各种产品的实际成本，理论界的观点不一，企业的做法也不一样。

有些学者认为，我国企业实施西方的标准成本制度，不应计算产品的实际成本。其理由是标准成本制度的重点不是为了计算各产品的实际成本，而主要为了实行成本预防性管理，更好地实际成本控制；标准成本差异的核算应侧重于与责任单位结合起来，以利于查明差异的原因，找出责任者。另外，在市场经济条件下，产品的定价并非以产品实际成本为依据，计算各种产品实际成本意义不大。

也有些学者认为，尽管企业成本核算的主要目的是改善企业的经营管理，但是还必须为宏观经济管理服务。同时为满足同行业间产品成本水平的比较，必须计算每种产品的实际成本。这与我国企业既是相对独立的商品生产者，又要接受国家的统一管理的要求是一致的。

目前，在实行标准制度的实践中，有些企业由于产品品种较多，生产工艺复杂，一般不计算各种产品的实际成本；但产品品种不多、生产工艺较简单的企业，通常计算各种产品的实际成本。而如何处理各种成本差异，这是标准成本制度在我国需要探讨的一个重要问题。这里介绍三种处理方式：

第一种方式，各成本责任单位的各种成本差异不必在各产品之间摊配，可将差异平行结转到厂部财会部门，经财会部门汇总后，按各种完工产品的标准成本比例进行分配。

第二种方式，各成本责任单位的成本差异，凡是可以直接按产品划分的，就直接计入各种产品成本；不能直接按产品品种划分的，如原材料、半成品数量差异，可按各产品品种实际产量的原材料、半成品的标准成本比例进行分配；其余成本项目的成本差异，不必在各产品之间进行分配。月末，各成本责任单位应将各种产品的成本差异，以及其他不按品种划分的成本差异结转到厂部财会部门。财会部门对产品划分的差异按产品的品种汇总，其他不分产品的成本差异，可分别项目按各种产品完工产量的该成本项目的标准成本比例进行分配，计算已完工产品的实际成本。

第三种方式，对于各成本责任单位的成本差异，凡是能直接按产品品种划分的，就直接计入各种产品成本；不能直接按产品品种划分的，则应按各种实际产量的该成本项目的标准成本比例进行分配。月末，应将各产品成本差异结转到厂部财会部门，财会部门可按以上第二种方式来处理成本差异，以计算各完工产品的实际成本。

项目训练

一、单项选择题

1．在实际工作中广泛应用的、最切实可行的标准成本种类是（ ）。

A．理想标准成本　　B．现实标准成本

C．基本标准成本　　D．平均标准成本

2．直接人工效率差异是一种（ ）。

A．数量差异　　B．价格差异

C．质量差异　　D．综合差异

3．责任成本是由各责任中心可以直接控制和调节的（ ）。

A．实际成本　　B．定额成本

C．标准成本　　D．可控成本

4．对成本差异控制的重点在于（ ）。

A．可控差异　　B．不可控差异

C．有利差异　　D．不利差异

二、多项选择题

1．下列项目中属于价格差异的有（ ）。

A．人工效率差异　　B．材料价格差异

C．工资率差异　　D．变动性制造费用耗用差异

2．标准成本制度包括（ ）等环节组成。

A．标准成本制定　　B．成本差异的计算分析

C．成本差异的处理　　D．产品成本计算方法的选择

3．广义成本控制包括（ ）几个方面。

A．事前成本控制　　B．过程成本控制

C．事后成本控制　　D．反馈控制

4．固定性制造费用的成本差异包括（ ）。

A．效率差异　　B．耗用差异

C．能力差异　　D．价格差异

5．成本控制的基本程序是（ ）。

A．制定控材标准　　B．编制成本计划

C．确定成本差异　　D．进行成本反馈

三、判断题

1．成本控制有广义和狭义之分，广义成本控制是指日常成本控制。（ ）

2．变动性制造费用的差异分为预算差异、效率差异和能力差异。（ ）

3．责任成本与产品成本既有联系又有区别，两者的性质相同、核算原则相同，但核算对象、内容和目的不同。（ ）

4．成本中心的负责人应对其管辖区内发生的一切成本费用负责。（ ）

5．成本中心发生的直接材料都是可控成本。（ ）

6．企业在生产或服务过程中的不同期望水平导致企业制定不同的标准成本。（ ）

7．材料结构差异是指实际材料混合比例与预定的混合比例不同而产生的差异。（ ）

四、核算题

1．资料：某公司甲产品需要耗用 A 材料和 B 材料，单位标准成本资料如下表所示。该公司 10 月共生产甲产品 4 200 件，实际消耗 A 材料和 B 材料为 39 000 千克和 11 000 千克。

单位标准成本表

材料名称	预定数量/（千克/件）	标准价格/（元/千克）	实际价格/（元/千克）
A 材料	4	13	12.4
B 材料	1	8.5	8.7
合计	5		

要求：计算该月直接材料的产出差异、材料结构差异和材料价格差异。

2．资料：某公司预算固定制造费用为 40 800 元，实际固定制造费用为 48 000 元；预算工时为 6 800 小时，实际工时为 6 000 小时；预计完成产量为 3 400 件，实际产量为 3 000 件。

要求：计算并分析固定制造费用的各项差异。

3．资料：某服装厂对各项产品均建立标准成本制度，本年度生产男式衬衫。该厂在本会计年度共生产男式衬衫 4 800 件，其标准总成本 88 704 元，实际总成本为 89 280 元，两者的差异为 576 元，该企业固定制造费用不存在差异。有关资料见下表。

资料表

成本项目	数量	价格	标准成本	实际成本
直接材料			8.4 元	8.8 元
标准	4 米	2.1 元/米		
实际	4.4 米	2 元/米		
直接人工			7.2 元	6.79 元
标准	1.6 工时	4.5 元/工时		
实际	1.4 工时	4.85 元/工时		
变动制造费用			2.88 元	3.01 元
标准	1.6 工时	1.8 元/工时		
实际	1.4 工时	2.15 元/工时		

要求：分析上述成本差异产生的原因，并说明各影响因素产生的影响程度。

参考文献

[1] 财政部会计司. 企业会计准则讲解 2010[M]. 北京：人民出版社，2011.
[2] 柯于珍. 成本核算实务[M]. 北京：高等教育出版社，2015.
[3] 江希和，向有才. 成本会计教程[M]. 北京：高等教育出版社，2011.
[4] 李传双. 成本会计实务[M]. 北京：中国人民大学出版社，2012.
[5] 祁金祥. 会计基本技能训练[M]. 北京：清华大学出版社，2013.
[6] 陈东领. 成本会计[M]. 北京：对外经济贸易大学出版社，2010.
[7] 罗晓娟. 成本会计[M]. 北京：中国广播电视出版社，2013.
[8] 沈艾林. 成本会计实务[M]. 北京：中国人民大学出版社，2013.
[9] 刘冬梅，李永宏，朱丽娜. 成本会计[M]. 北京：北京交通大学出版社，2012.
[10] 王书果，李凤英. 成本会计实务[M]. 北京：北京大学出版社，2011.